KB203328

한국

비로자나불 연구 上

韓國 毘盧遮那佛 研究

불상편

일러두기

1. 비로자나불은 크게 존상(尊像), 불화(佛畵), 벽화(壁畵)순으로 정리하였고, 유형 분류는 지권인(智拳印), 불두(佛頭), 법의(法衣), 광배(光背), 좌대(座臺) 등으로 나누어 분류하였다.

2. 비로자나불의 수록과 기술 순서는 가능한 시대순으로 하였다. 다만 분포도 정리의 경우에는 각 문화재의 현황을 면밀히 파악하기 위해 지역별, 시대별로 정리하였다.

3. 직접 촬영하지 않은 『도록(圖錄)』의 출처를 밝히기 위해 '소재지'란에 도록 명칭을 기입하였다.

4. 논문과 참고문헌은 뒷부분에 일괄 제시하였다.

한국밀교
문화총서 10

한국
비로자나불
연구 上

韓國 毘盧遮那佛 研究

불상편

대한불교진각종
한국밀교문화총람사업단
진언문화연구팀

머리말

비로자나불은 문수와 보현보살을 협시보살로 하여 삼존을 이룬다. 원래 문수보살과 보현보살은 석가모니불의 협시보살인데 비로자나불의 협시보살로써도 삼존을 이루고 있는 점은 곧 석가모니불과 하나이며 다른 모든 불보살들로도 화현(化現)하여 나타날 수 있다는 것이다.

또한 아미타불, 석가모니불, 약사불로 이루어진 삼불형식에 석가모니불 대신에 비로자나불을 위치시켜 비로자나삼불을 제작한 것이 있으며, 이외에도 삼신불 사상이 가미된 석가모니불, 비로자나불, 노사나불 형식도 등장한다. 이처럼 비로자나는 근원적이고 절대적이면서 동시에 가변적인 성격을 지니고 있다.

비로자나불의 세계를 지칭하는 곳을 연화장세계(蓮華藏世界)라고 하는데, 이는 곧 우주법계를 의미한다. 비로자나불을 상징하는 것은 크게 두 가지의 특징을 보인다. 첫째로 "비로자나불이 상호를 갖추어 사자좌(獅子座) 앉아 계신다(毘盧遮那具嚴好 坐蓮華藏師子座)."는 것은 『화엄경(華嚴經)』「세주묘엄품(世主妙嚴品)」서술되어 있다. 또한 『금강정경(金剛頂經)』에서 "왼손 둘째 손가락을 오른손으로 잡는다."는 내용이 있다. 따라서 獅子座와 智拳印은 비로자나불의 圖像的 특징을 서술하는데 있어서 가장 중요한 형식이다.

가장 이른 시기에 비로자나불의 형상을 기록한 경전으로는 광명편조(光明遍照)로써 등장하는 비로자나불이다. 8세기경에 번역되었다고 전해지는 『金剛頂經一字頂輪王瑜伽一切時處念誦成佛儀軌』를 살펴보면, "편조(遍照) 여래의 몸, 형상은 밝은 달과 같다. 일체의 잘생긴 모습, 법신(法身)을 장엄하였네. 금강보관(金剛寶冠)을 쓰고, 둥근 가발로 머리를 꾸몄다. 뭇 보배 장엄구로, 가지가지 몸을 꾸미고, 지권(智拳)의 큰 손짓을 지어, 사자좌의 둥근 백련대(白蓮臺)에 앉았다. 이른바 지권인이란 것은 크고 작은 여러 손가락으로 주먹을 쥐고, 두지(頭指 또는 食指)는 등을 보이며 기둥 세운다. 이에 금강권(金剛拳)이 이루어지면, 오른쪽 주먹으로 왼쪽 두지를 잡는다. 한 마디 심장에 대면, 이를 지권인이라 한다(遍照如來身, 形服如素月. 以一切相好, 用莊嚴法身. 戴金剛寶冠, 輪爲首飾. 衆寶莊嚴具, 種種校飾身. 持智拳大印, 處於獅子座, 日輪白蓮臺. 所謂智拳印, 中小名握. 頭指柱大背, 乃成金剛拳. 右握左頭指, 一節面當心, 是名智拳印)." 이를 보면 편조여래, 즉 비로자나불은 금강보관을 쓰고 둥근 가발로 머리를 장식하며 갖가지 보배 장신구로 몸을 꾸민 보살형이 틀림없다. 그런 보살형 여래가 지권인을 짓고 사자좌의 둥근 연화대좌 위에 앉아 있다는 것이다. 지권인이란 것은 양손을 주먹 쥐고 왼손 둘째손가락인 두지를 기둥처럼 곧추세운 다음 이를 오른손 주먹으로 잡고 심장 부근의 가슴에 대는 것이라 하였다.

한국에서 처음 문화재로 비로자나불이 조성되었던 시기는 통일신라로 석가모니불과 함께 통일신라를 대표하는 불상 형식으로 활발히 제작되었다. 고려시대에 들어와서도 통일신라시대와 대등할 정도로 많은 작품수가 보인다. 조선시대에는 화엄사상이 깃든 사찰을 제외하고는 비로자나불상 보다는 석가모니불상을 많이 제작하였다. 불교 회화는 조선후기 삼신불 사상의 발달로 비로자나불과 석가모니불이 동등한 개념을 지니게 됨으로 〈괘불화〉에 30점 가까이 조성된다.

비로자나불은 시대에 따른 사상의 변천과정을 통해 다양하게 조성되어져왔다. 다수의 경전(『화엄경』, 『범망경』, 『아함경』, 『법화경』)에서 알 수 있듯이 주불(主佛)로 또는 주불(主佛)까지는 아니지만 잠깐이라도 등장하고 있다. 이외에도 고대의 도상(圖像)에도 비로자불의 형상이 보이는 것을 볼 때 시대를 막론하고 비로자나불이 하나의 큰 테두리를 지닌 불격(佛格)으로 생각해 볼 수 있다.

2018.03
한국밀교문화총람사업단

간행사

|

밀교의 특징적인 신앙의 대상에는 '태장만다라'와 '금강계 만다라'가 있다. 태장만다라는 『대일경』에 의한 부처의 세계를 표현한 것이고, 금강계는 『금강정경』의 경전을 근거로 표현한 것이다. 두 만다라 모두 대일여래가 등장하는데, 범어 'mahāvairocana tathagata'의 의역(意譯)이다. 경전에서 마하비로자나, 대비로자나라고도 하는데, 마하는 '크다' 즉 단순히 물리적으로 큰 것을 말하는 것이 아니고 상대를 초월한 절대를 나타내는 의미이고, 바이로챠나는 '널리 비추는 것(光明遍照)'이라는 의미를 지니고 있다.

밀교의 중심적인 부처님은 대일여래와 사불을 포함해서 오불이 밀교 불타관(佛陀觀)의 핵심을 이루고 있다. 오불사상의 성립과정을 살펴보면 초기 대승불교에서 중기 대승불교로 발전해 갈 무렵에 먼저 사방의 사불사상이 성립한 것이다. 그 이후에 『대일경』이 성립하는 시대가 되면 대일여래가 새로운 신앙의 대상으로 나타나고 비로소 밀교의 오불사상이 성립되었다고 한다. 금강계의 오불은 중앙에 대일여래를 모시고 동남서북 순으로 아축여래, 보생여래, 아미타여래, 불공성취여래를 배치한 것이고 태장만다라 오불은 중앙에 대일여래, 사방에 보당여래, 개부화왕여래, 무량수여래, 천고뇌음여래를 배치한다. 이처럼 태장만다라와 금강계 만다라 모두 중심에는 비로자나가 모셔진다는 것을 알 수 있다.

한국에서 비로자나불을 모신 문화재는 다른 석가모니, 아미타불에 비하여 그 수가 상당히 적다. 그러나 금강산과 강원도의 오대산과 치악산 등에서 비로봉(毘盧峰)라는 명칭이 남아있는 것으로 볼 때 비로자나불 신앙 만큼은 오래 전 부터 널리 유행하였을 것으로 생각된다. 밀교 역사에서 비로자나불은 가장 중요한 위치에 속해있는데, 아쉽게도 한국은 일본이나 중국보다 비로자나불의 도상(圖像)이 많이 남아 있지 않다. 그러나 존상(尊像) 부문에서 다수를 차지하는 통일신라, 고려시대 유물과 조선시대의 불화(佛畵)를 통해 한국의 비로자나불 특징을 살펴보는 계기를 마련하고자 한다.

본 도록은 한국에 산재해 있는 존상(尊像), 불화(佛畵), 벽화(壁畵)만 정리한 것이 아니라 지권인, 불두, 법의, 광배, 좌대를 유형별로 정리하였고, 유형에 따른 세부적인 부분까지도 나누어 살펴보았기 때문에 한국 비로자나불의 변천 과정을 심도 있게 연구할 수 있는 계기가 될 것으로 생각한다.

2018.03
한국밀교문화총람사업단 단장
회성 김봉갑

목차

上

머리말	5
간행사	7
Ⅰ. 존상	11
1. 문화재 목록	13
1) 전체 분류표	21
2) 지역별 분류표	32
3) 시대별 분류표	44
2. 도판	61
3. 비로자나불의 유형 분류	231
1) 지권인(智拳印)	232
2) 불두(佛頭)	271
3) 법의(法衣)	308
4) 광배(光背)	360
5) 좌대(座臺)	380

I. 존상 尊像

1. 문화재 목록

1) 전체 분류표
2) 지역별 분류표
3) 시대별 분류표

	연대	형상	소재지
1	통일신라 8c	金銅, 丸彫, 坐像	경상북도 경주시 불국사
2	통일신라 8c 후기	金銅, 丸彫, 坐像	경상북도 국립경주박물관
3	통일신라 9c 전기	金銅, 丸彫, 立像	경상북도 국립경주박물관
4	통일신라 9c 후기	金銅, 丸彫, 立像	경상북도 국립경주박물관
5	통일신라 9c	石造, 丸彫, 坐像	경상북도 안동시 마애리
6	통일신라 9c	石造, 丸彫, 坐像	경상북도 국립경주박물관 (창림사지)
7	통일신라 9c	石造, 丸彫, 坐像	경상북도 국립경주박물관
8	통일신라 9c	石造, 丸彫, 坐像	경상북도 경주국립박물관 분황사 출토
9	통일신라 9c	鐵造, 丸彫, 坐像	광주광역시 증심사
10	통일신라 9c	石造, 丸彫, 坐像	서울특별시 국립중앙박물관
11	통일신라 9c	石造, 丸彫, 坐像	전라북도 임실군 용암리사지
12	통일신라 9~10c	石造, 丸彫, 坐像	경상북도 국립경주박물관
13	통일신라	靑銅, 丸彫, 立像	경기도 여주군 신륵사
14	통일신라	石造, 丸彫, 坐像	경상남도 양산시 통도사성보박물관
15	통일신라	石造, 丸彫, 坐像	경상북도 영주시 부석사 자인당 북지리 東佛像
16	통일신라	石造, 丸彫, 坐像	경상북도 영주시 부석사 자인당 북지리 西佛像
17	통일신라	石造, 丸彫, 坐像	경상북도 영주시 비로사 적광전
18	통일신라	石造, 丸彫, 坐像	경상북도 영주시 성혈사 나한전
19	통일신라	石造, 丸彫, 坐像	경상북도 예천군 한천사 대적광전
20	통일신라	石造, 丸彫, 坐像	경상북도 봉화군 축서사 보광전
21	통일신라	石造, 丸彫, 坐像	충청북도 괴산군 각연사 비로전
22	통일신라	石造, 丸彫, 坐像	충청북도 청주시 청주대 박물관(용암사지)
23	통일신라 858	鐵造, 丸彫, 坐像	전라남도 장흥군 보림사 대적광전
24	통일신라 863 추정	石造, 丸彫, 坐像	대구광역시 동화사 비로암 대적광전
25	통일신라 865	鐵造, 丸彫, 坐像	강원도 철원시 도피안사 대적광전
26	나말여초	石造, 丸彫, 坐像	경기도 가평군 대원사 대웅전
27	나말여초	石造, 丸彫, 坐像	경상북도 경주시 감산사 대적광전
28	나말여초	石造, 丸彫, 坐像	경상북도 김천시 청암사 수도암 대적광전
29	나말여초	石造, 丸彫, 坐像	충청북도 청주시 동화사 대적광전
30	나말여초	石造, 坐像	강원도 원주시 원주역사박물관 일산동 석불1
31	나말여초	石造, 坐像	강원도 원주시 원주역사박물관 일산동 석불2
32	고려 전기	鐵造, 丸彫, 坐像	경상북도 상주시 남장사 보광전
33	고려 전기	石造, 丸彫, 坐像	충청북도 청주시 탑리사지

	연대	형상	소재지
34	고려 전기	石造, 丸彫, 坐像	경상북도 의성군 장춘리
35	고려 전기	石造, 丸彫, 坐像	강원도 원주시 용운사지
36	고려 후기	靑銅, 丸彫, 坐像	서울특별시 국립중앙박물관
37	고려 10c	石造, 丸彫, 坐像	경기도 평택시 심복사 대적광전
38	고려	石造, 丸彫, 坐像	경기도 안성시 운수암 비로전
39	고려	石造, 丸彫, 坐像	경상북도 영양군 비로사 비로전
40	고려	塑造, 丸彫, 坐像	경상북도 포항시 보경사 적광전
41	고려	石造, 丸彫, 立像	경상북도 영주시 부석사성보박물관
42	고려	石造, 丸彫, 坐像	경상북도 예천군 청룡사 대웅전
43	고려	石造, 丸彫, 坐像	경상북도 김천시 직지사성보박물관
44	고려	石造, 丸彫, 坐像	충청남도 부여군 석목리
45	고려	石造, 丸彫, 坐像	전라북도 정읍시 후지리 탑동
46	고려	石造, 坐像	전라남도 화순군 운주사
47	조선전기	木造, 丸彫, 坐像	충청남도 공주시 마곡사 대광보전
48	조선전기	乾漆, 坐像	전라남도 나주시 대웅전
49	조선후기	石造, 丸彫, 坐像	강원도 삼척시 영은사 대웅보전
50	조선후기	木造, 丸彫, 坐像	경상남도 양산시 통도사 대광명전
51	조선후기	木造, 丸彫, 坐像	경상북도 고령군 반룡사 대적광전
52	조선후기	木造, 丸彫, 坐像	부산광역시 금정구 범어사 비로전
53	조선후기	石造, 丸彫, 坐像	충청북도 보은군 법주사 능인전
54	조선 17c 중기	木造, 丸彫, 坐像	대전광역시 비래사 대적광전
55	조선	石造, 丸彫, 坐像	경기도 화성시 홍법사 대웅전
56	조선	塑造, 丸彫, 坐像	충청남도 서산시 일락사 대적광전
57	조선	塑造, 丸彫, 坐像	충청남도 공주시 대원정사 智拳印×五方佛灌頂(吽)
58	조선	塑造, 丸彫, 坐像	경상북도 청도군 운문사 대적광전
59	조선	塑造, 丸彫, 坐像	경상북도 경주시 기림사 대적광전
60	조선 1626	塑造, 丸彫, 坐像	충청북도 보은군 법주사 대웅보전
61	조선 1633경	塑造, 丸彫, 坐像	전라북도 김제시 귀신사 대적광전
62	조선 1634	丸彫, 坐像	전라북도 고창군 선운사 대웅보전
63	조선 1636	丸彫, 坐像	전라남도 구례군 화엄사 대웅전
64	근대	塑造, 浮彫, 坐像	경상북도 포항사 오어사 원효암 菩薩形式
65	근대 1922	石造 丸彫, 坐像	전라북도 군산 동국사범종각 智拳印×(日本式)
66	근현대	木造 丸彫, 坐像	강원도 홍천군 수타사 대적광전

	연대	형상	소재지
67	현대	丸彫, 坐像	경상남도 양산시 통도사 비로암
68	현대	丸彫, 坐像	경기도 안양시 삼막사 천불전
69	현대	丸彫, 坐像	경기도 화성시 용주사 천불전
70	현대	丸彫, 坐像	강원도 동해시 삼화사 비로전
71	현대	丸彫, 坐像	경기도 수원시 봉녕사 대적광전
72	현대	丸彫, 坐像	경상남도 하동군 쌍계사 화엄전
73	현대	丸彫, 坐像	경상북도 예천군 용문사 보광명전
74	현대	丸彫, 坐像	부산광역시 범어사 청련암 대웅전
75	현대	丸彫, 坐像	서울특별시 종로구 묘각사 대불보전
76	현대	丸彫, 坐像	서울특별시 서대문구 봉원사 삼천불전
77	현대	丸彫, 坐像	전라북도 김제시 금산사 대적광전
78	현대	丸彫, 坐像	충청남도 부여군 광덕사 보화루 1
79	현대	丸彫, 坐像	충청남도 부여군 광덕사 보화루 2
80	현대	丸彫, 坐像	충청북도 진천군 보탑사 목조다보탑
81	현대	丸彫, 坐像	충청북도 제천시 덕주사 대웅전
82	현대	丸彫, 坐像	경기도 남양주시 수종사
83	연대 미상	石造, 丸彫, 坐像	경상북도 경주시 감산사

『도록(圖錄)』

번호	연대	형상	소재지	출처
1	통일신라 후기	石造, 丸彫, 坐像	경상북도 봉화군 물야면 월계길739 축서사	『깨달음의 빛 비로자나불 下, 2017』
2	통일신라	石造, 丸彫, 坐像	경상남도 양산시 통도사성보박물관	『한국의 사찰문화재』「경상남도 Ⅲ 1권」
3	통일신라	石造, 丸彫, 坐像	경상남도 양산시 통도사성보박물관	『한국의 사찰문화재』「경상남도 Ⅲ 1권」
4	통일신라	石造, 丸彫, 坐像	경상북도 예천군 동악사 보광명전	『한국의 사찰문화재』「경상북도 Ⅱ 2권」
5	통일신라	石造, 丸彫, 坐像	부산광역시 관음정사 감로당	『한국의 사찰문화재』「부산광역시, 울산광역시, 경상남도 Ⅱ 1권」
6	통일신라	石造, 丸彫, 坐像	경상남도 밀양시 천황사 대적광전	『한국의 사찰문화재』「부산광역시, 울산광역시, 경상남도 Ⅱ 2권」
7	통일신라	石造, 丸彫, 坐像	경상남도 창원시 불곡사 비로전	『한국의 사찰문화재』「부산광역시, 울산광역시, 경상남도 Ⅱ 2권」
8	통일신라	石造, 丸彫, 坐像	경상북도 김천시 갈항사	『한국의 사찰문화재』「전국 Ⅰ」
9	통일신라	石造, 丸彫, 坐像	강원도 양양군 서면 구룡령로 2115 서림사지	『깨달음의 빛 비로자나불 上, 2017』
10	통일신라	石造, 丸彫, 坐像	충청남도 국립공주박물관 서혈사지(佛頭×)	『깨달음의 빛 비로자나불 上, 2017』
11	통일신라	石造, 丸彫, 坐像	경상북도 문경시 동로면 생달리사지	『깨달음의 빛 비로자나불 下, 2017』
12	통일신라	石造, 丸彫, 坐像	경상북도 영천시 신녕면 화남리 499 한광사	『깨달음의 빛 비로자나불 下, 2017』
13	통일신라	石造, 丸彫, 坐像	대구광역시 경북대학교박물관 1	『깨달음의 빛 비로자나불 下, 2017』
14	통일신라	石造, 丸彫, 坐像	대구광역시 경북대학교박물관 2	『깨달음의 빛 비로자나불 下, 2017』
15	통일신라	石造, 丸彫, 坐像	대구광역시 경북대학교박물관(3軀)	『깨달음의 빛 비로자나불 下, 2017』
16	통일신라	金銅, 丸彫, 坐像	경상북도 경주시 국립경주박물관1	『깨달음의 빛 비로자나불 下, 2017』
17	통일신라	金銅, 丸彫, 立像	경상북도 경주시 국립경주박물관2	『깨달음의 빛 비로자나불 下, 2017』
18	통일신라	石造, 丸彫, 坐像	경상북도 경주시 동국대 경주캠퍼스박물관(佛頭×)	『깨달음의 빛 비로자나불 下, 2017』
19	통일신라	石造, 丸彫, 坐像	경상남도 거창군 거창읍 수남로 2181 거창박물관	『깨달음의 빛 비로자나불 下, 2017』
20	통일신라 (조선 1490 중수)	木造, 丸彫, 坐像	경상남도 합천 해인사 대비로전	『한국의 사찰문화재』「경상남도 Ⅱ 2권」
21	통일신라 (조선 1490 중수)	木造, 丸彫, 坐像	경상남도 합천 해인사 법보전	『한국의 사찰문화재』「경상남도 Ⅱ 2권」
22	통일신라 776	石造, 丸彫, 坐像	경상남도 산청군 내원사	『한국의 사찰문화재』「경상남도 Ⅰ 2권」
23	통일신라 863	金銅, 打出, 坐像	국립대구박물관 (동화사 비로암 삼층석탑 금동사리함)	『깨달음의 빛 비로자나불 下, 2017』
24	나말여초	石造, 丸彫, 坐像	경상북도 영천시 한광사 대적광전	『한국의 사찰문화재』「대구광역시, 경상북도」
25	나말여초	鐵造, 丸彫, 坐像	서울특별시 용산구 국립중앙박물관	『깨달음의 빛 비로자나불 上, 2017』
26	나말여초	石造, 丸彫, 立像	대구광역시 국립대구박물관	『깨달음의 빛 비로자나불 下, 2017』
27	고려 전기	石造, 丸彫, 坐像	경상남도 진주시 한산사 고산암 대적광전	『한국의 사찰문화재』「경상남도 Ⅰ 1권」
28	고려 전기	石造, 丸彫, 坐像	충청남도 서산시 용현리사지(도난 문화재)	『한국의 사찰문화재』「충청남도, 대전광역시」
29	고려 전기	鐵造, 丸彫, 坐像	충청남도 청양군 장곡사	『한국의 사찰문화재』「충청남도, 대전광역시」
30	고려 후기	金銅, 佛龕, 打出	전라남도 구례군 천은사	『한국의 사찰문화재』「전라남도 Ⅱ」

번호	연대	형상	소재지	출처
31	고려	石造, 浮彫, 坐像	강원도 태백시 백단사	『한국의 사찰문화재』 「강원도편」
32	고려	金銅, 丸彫, 三尊	충청남도 당진시 영탑사 비로자나 삼존상	문화재청
33	고려	石造, 丸彫, 坐像	경상남도 진주시 한산사	『한국의 사찰문화재』 「경상남도 Ⅰ 1권」
34	고려	石造, 丸彫, 坐像	경상북도 군위군 석굴암	『한국의 사찰문화재』 「대구광역시, 경상북도」
35	고려	石造, 丸彫, 坐像	경상북도 의성군 지장사 비로전 월소동 비로자나	『한국의 사찰문화재』 「경상북도Ⅱ 2권」
36	고려	石造, 浮彫, 坐像	경상남도 합천군 상홍사	『한국의 사찰문화재』 「경상남도 Ⅰ 2권」
37	고려	石造, 丸彫, 立像	경상북도 군위군 법성사	『한국의 사찰문화재』 「대구광역시, 경상북도」
38	고려	金銅, 佛龕, 打出	전라남도 순천시 송광사 성보박물관	『한국의 사찰문화재』 「광주광역시, 전라남도 Ⅰ」
39	고려	石造, 丸彫, 坐像	서울특별시 성북구 성북로 102-11 간송미술관	『깨달음의 빛 비로자나불 上, 2017』
40	고려	金銅, 丸彫, 坐像	서울특별시 용산구 국립중앙박물관 소장(佛頭×)	『깨달음의 빛 비로자나불 上, 2017』
41	고려	靑銅, 丸彫, 坐像	서울특별시 용산구 국립중앙박물관 소장(佛頭×)	『깨달음의 빛 비로자나불 上, 2017』
42	고려	靑銅, 丸彫, 坐像	서울특별시 용산구 국립중앙박물관 소장	『깨달음의 빛 비로자나불 上, 2017』
43	고려	石造, 丸彫, 坐像	경기도 안성시 장기로 91번길22 안성공원	『깨달음의 빛 비로자나불 上, 2017』
44	고려	金銅, 丸彫, 坐像	경기도 용인시 처인구 호암미술관 소장	『깨달음의 빛 비로자나불 上, 2017』
45	고려	石造, 丸彫, 坐像	강원도 강릉시 구정면 학산리 603-1 굴산사지(2軀)	『깨달음의 빛 비로자나불 上, 2017』
46	고려	磨崖, 坐像	강원도 원주시 소초면 수암리 1346-3	『깨달음의 빛 비로자나불 上, 2017』
47	고려	石造, 丸彫, 坐像	강원도 인제 인제읍 인제로 193번길 17-12 백련정사	『깨달음의 빛 비로자나불 上, 2017』
48	고려	石造, 丸彫, 坐像	강원도 횡성군 횡성읍 태기로 15 읍하리석불	『깨달음의 빛 비로자나불 上, 2017』
49	고려	石造, 丸彫, 坐像	강원도 횡성 갑천면 포동리 산40-2 포동리사지	『깨달음의 빛 비로자나불 上, 2017』
50	고려	石造, 丸彫, 坐像	강원도 국립춘천박물관 소장	『깨달음의 빛 비로자나불 上, 2017』
51	고려	石造, 丸彫, 坐像	충청남도 부여군 부여읍 계백로334-47 조왕사	『깨달음의 빛 비로자나불 上, 2017』
52	고려	石造, 丸彫, 立像	충청남도 논산시 관촉로 31번길 18-1	『깨달음의 빛 비로자나불 上, 2017』
53	고려	石造, 丸彫, 坐像	충청북도 진천군 진천읍 연곡리사지	『깨달음의 빛 비로자나불 上, 2017』
54	고려	石造, 浮彫, 坐像	충청북도 청원군 가덕면 한계길35-23 한계리	『깨달음의 빛 비로자나불 上, 2017』
55	고려	石造, 浮彫, 坐像	충청북도 청주시 청원구 정하동 산9-1	『깨달음의 빛 비로자나불 上, 2017』
56	고려	石造, 丸彫, 坐像	충청북도 청주시 서원구 모충동 산36-4 청화사	『깨달음의 빛 비로자나불 上, 2017』
57	고려	石造, 丸彫, 坐像	전라남도 구례군 광의면 대전리 산46	『깨달음의 빛 비로자나불 上, 2017』
58	고려	磨崖, 坐像	전라북도 남원시 산내면 덕동리 산215 개령암지	『깨달음의 빛 비로자나불 上, 2017』
59	고려	鐵造, 丸彫, 坐像	전라남도 해남군 마산면 은적사길 404 은적사	『깨달음의 빛 비로자나불 上, 2017』
60	고려	石造, 丸彫, 坐像	경상북도 경주시 도지동1-2 이거사지	『깨달음의 빛 비로자나불 下, 2017』
61	고려	石造, 浮彫, 立像	대구광역시 달성군 가창면 광덕사	『깨달음의 빛 비로자나불 下, 2017』
62	고려	磨崖, 立像	경상북도 봉화군 재산면 동면리 산268	『깨달음의 빛 비로자나불 下, 2017』
63	고려	石造, 丸彫, 坐像	경상북도 상주시 서성동163-48 복용동 석불	『깨달음의 빛 비로자나불 下, 2017』

번호	연대	형상	소재지	출처
64	고려	石造, 浮彫, 坐像	경상북도 구미시 도개면 문수사 선산 궁기동 석불	『깨달음의 빛 비로자나불 下, 2017』
65	고려	石造, 丸彫, 坐像	경상북도 성주군 가천면 금봉1길67 금봉리	『깨달음의 빛 비로자나불 下, 2017』
66	고려	石造, 丸彫, 坐像	경상북도 영양군 일월면 도곡리 705 선운사	『깨달음의 빛 비로자나불 下, 2017』
67	고려	金銅, 丸彫, 坐像	대구광역시 경북대학교박물관	『깨달음의 빛 비로자나불 下, 2017』
68	고려	石造, 浮彫, 坐像	경상북도 경주시 국립경주박물관(2軀)	『깨달음의 빛 비로자나불 下, 2017』
69	고려	石造, 丸彫, 坐像	경상북도 고령군 대가야읍 대가야박물관(2軀, 佛頭×)	『깨달음의 빛 비로자나불 下, 2017』
70	고려	磨崖, 坐像	경상북도 경산시 영남대학교박물관	『깨달음의 빛 비로자나불 下, 2017』
71	고려	石造, 丸彫, 坐像	경상남도 거창군 신원면 감악사지(佛頭×)	『깨달음의 빛 비로자나불 下, 2017』
72	고려	石造, 丸彫, 坐像	경상남도 합천군 적중면 죽고리 산101	『깨달음의 빛 비로자나불 下, 2017』
73	고려 1022	石造, 丸彫, 立像	충청북도 제천시 빈신사지 4사자 9층석탑	『깨달음의 빛 비로자나불 上, 2017』
74	조선전기	鐵造, 丸彫, 坐像	경상북도 영천시 은해사성보박물관	『한국의 사찰문화재』「대구광역시, 경상북도」
75	조선후기	木造, 丸彫, 坐像	경상남도 합천 해인사 대적광전	『한국의 사찰문화재』「경상남도 II 2권」
76	조선	金銅, 丸彫 坐像, 菩薩形	경기도 남양주시 성보사	『한국의 사찰문화재』「경기도 I」
77	조선	木造, 丸彫, 坐像	강원도 평창군 월정사 중대 사자암	『한국의 사찰문화재』「강원도편」
78	조선	木造, 丸彫, 坐像	경상남도 합천군 해인사 국일암	『한국의 사찰문화재』「경상남도 I 2권」
79	조선	石造, 丸彫, 立像	경상북도 김천시 대항면 직지사 성보박물관	『깨달음의 빛 비로자나불 下, 2017』
80	조선 1622	木造, 丸彫, 坐像	서울특별시 종로구 낙산성곡동길 57-2 지장암	『깨달음의 빛 비로자나불 上, 2017』
81	조선 1628	金銅, 丸彫, 坐像	경기도 남양주시 수종사 오층석탑 출토 서울특별시 불교중앙박물관 소장	『한국의 사찰문화재』「경기도 I」
82	조선 1668	木造, 丸彫, 坐像	경상북도 김천시 직지사 비로전	『한국의 사찰문화재』「경상북도 II 1권」
83	조선 1684	石造, 丸彫, 坐像	전라남도 순천시 송광사 불조전	『한국의 사찰문화재』「광주광역시, 전라남도 I」
84	조선 1736	木造, 丸彫, 坐像	전라남도 순천시 선암사성보박물관	『한국의 사찰문화재』「광주광역시, 전라남도 I」
85	연대 미상	石造, 丸彫, 坐像	경상남도 합천군 합천읍 영창리 778 석골암	『깨달음의 빛 비로자나불 下, 2017』

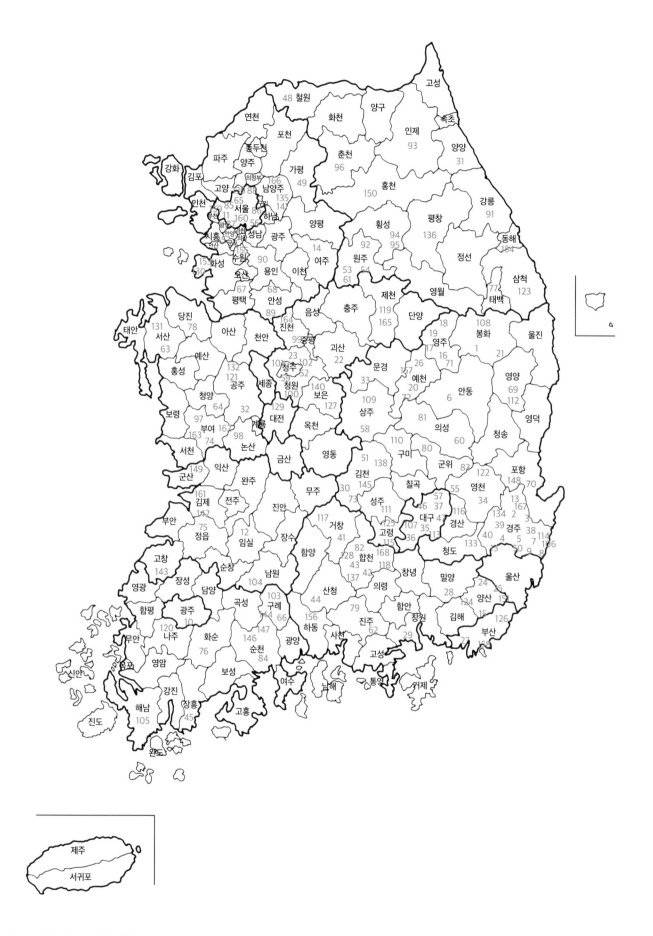

1) 전체 분류표

도판	번호 / 연대 / 소재지 / 출처

001

통일신라 후기
경상북도 봉화군 물야면 월계길739 축서사
『깨달음의 빛 비로자나불 下, 2017』

008

통일신라 9c
경상북도 국립경주박물관

002

통일신라 8c
경상북도 경주시 불국사

009

통일신라 9c
경상북도 경주국립박물관 분황사 출토

003

통일신라 8c 후기
경상북도 국립경주박물관

010

통일신라 9c
광주광역시 증심사

004

통일신라 9c 전기
경상북도 국립경주박물관

011

통일신라 9c
서울특별시 국립중앙박물관

005

통일신라 9c 후기
경상북도 국립경주박물관

012

통일신라 9c
전라북도 임실군 용암리사지

006

통일신라 9c
경상북도 안동시 마애리

013

통일신라 9~10c
경상북도 국립경주박물관

007

통일신라 9c
경상북도 국립경주박물관 (창림사지)

014

통일신라
경기도 여주군 신륵사

015

통일신라
경상남도 양산시 통도사성보박물관

016

통일신라
경상북도 영주시 부석사 자인당 북지리 東佛像

017

통일신라
경상북도 영주시 부석사 자인당 북지리 西佛像

018

통일신라
경상북도 영주시 비로사 적광전

019

통일신라
경상북도 영주시 성혈사 나한전

020

통일신라
경상북도 예천군 한천사 대적광전

021

통일신라
경상북도 봉화군 축서사 보광전

022

통일신라
충청북도 괴산군 각연사 비로전

023

통일신라
충청북도 청주시 청주대 박물관(용암사지)

024

통일신라
경상남도 양산시 통도사성보박물관
『한국의 사찰문화재』「경상남도 Ⅲ 1권」

025

통일신라
경상남도 양산시 통도사성보박물관
『한국의 사찰문화재』「경상남도 Ⅲ 1권」

026

통일신라
경상북도 예천군 동악사 보광명전
『한국의 사찰문화재』「경상북도 Ⅱ 2권」

027

통일신라
부산광역시 관음정사 감로당
『한국의 사찰문화재』
「부산광역시, 울산광역시, 경상남도 Ⅱ 1권」

028

통일신라
경상남도 밀양시 천황사 대적광전
『한국의 사찰문화재』
「부산광역시, 울산광역시, 경상남도 Ⅱ 2권」

029

통일신라
경상남도 창원시 불곡사 비로전
『한국의 사찰문화재』
「부산광역시, 울산광역시, 경상남도 Ⅱ 2권」

030

통일신라
경상북도 김천시 갈항사
『한국의 사찰문화재』「전국 Ⅰ」

031

통일신라
강원도 양양군 서면 구룡령로 2115 서림사지
『깨달음의 빛 비로자나불 上, 2017』

032

통일신라
충청남도 국립공주박물관 서혈사지(佛頭×)
『깨달음의 빛 비로자나불 上, 2017』

033

통일신라
경상북도 문경시 동로면 생달리사지
『깨달음의 빛 비로자나불 下, 2017』

034

통일신라
경상북도 영천시 신녕면 화남리 499 한광사
『깨달음의 빛 비로자나불 下, 2017』

035

통일신라
대구광역시 경북대학교박물관1
『깨달음의 빛 비로자나불 下, 2017』

036

통일신라
대구광역시 경북대학교박물관2
『깨달음의 빛 비로자나불 下, 2017』

037

통일신라
대구광역시 경북대학교박물관(3軀)
『깨달음의 빛 비로자나불 下, 2017』

038

통일신라
경상북도 경주시 국립경주박물관1
『깨달음의 빛 비로자나불 下, 2017』

039

통일신라
경상북도 경주시 국립경주박물관2
『깨달음의 빛 비로자나불 下, 2017』

040

통일신라
경상북도 경주시 동국대 경주캠퍼스박물관(佛頭×)
『깨달음의 빛 비로자나불 下, 2017』

041

통일신라
경상남도 거창군 거창읍 수남로 2181 거창박물관
『깨달음의 빛 비로자나불 下, 2017』

042

통일신라(조선 1490 중수)
경상남도 합천 해인사 대비로전
『한국의 사찰문화재』「경상남도 Ⅱ 2권」

043

통일신라(조선 1490 중수)
경상남도 합천 해인사 법보전
『한국의 사찰문화재』「경상남도 Ⅱ 2권」

044

통일신라 776
경상남도 산청군 내원사
『한국의 사찰문화재』「경상남도 Ⅰ 2권」

045

통일신라 858
전라남도 장흥군 보림사 대적광전

046

통일신라 863 추정
대구광역시 동화사 비로암 대적광전

047

통일신라 863
국립대구박물관(동화사 비로암 삼층석탑 금동사리함),
『깨달음의 빛 비로자나불 下, 2017』

055

나말여초
경상북도 영천시 한광사 대적광전
『한국의 사찰문화재』「대구광역시, 경상북도」

048

통일신라 865
강원도 철원시 도피안사 대적광전

056

나말여초
서울특별시 용산구 국립중앙박물관 소장
『깨달음의 빛 비로자나불 上, 2017』

049

나말여초
경기도 가평군 대원사 대웅전

057

나말여초
대구광역시 국립대구박물관
『깨달음의 빛 비로자나불 下, 2017』

050

나말여초
경상북도 경주시 감산사 대적광전

058

고려 전기
경상북도 상주시 남장사 보광전

051

나말여초
경상북도 김천시 청암사 수도암 대적광전

059

고려 전기
충청북도 청주시 탑리사지

052

나말여초
충청북도 청주시 동화사 대적광전

060

고려 전기
경상북도 의성군 장춘리

053

나말여초
강원도 원주시 원주역사박물관 일산동 석불1

061

고려 전기
강원도 원주시 용운사지

054

나말여초
강원도 원주시 원주역사박물관 일산동 석불2

062

고려 전기
경상남도 진주시 한산사 고산암 대적광전
『한국의 사찰문화재』「경상남도 Ⅰ 1권」

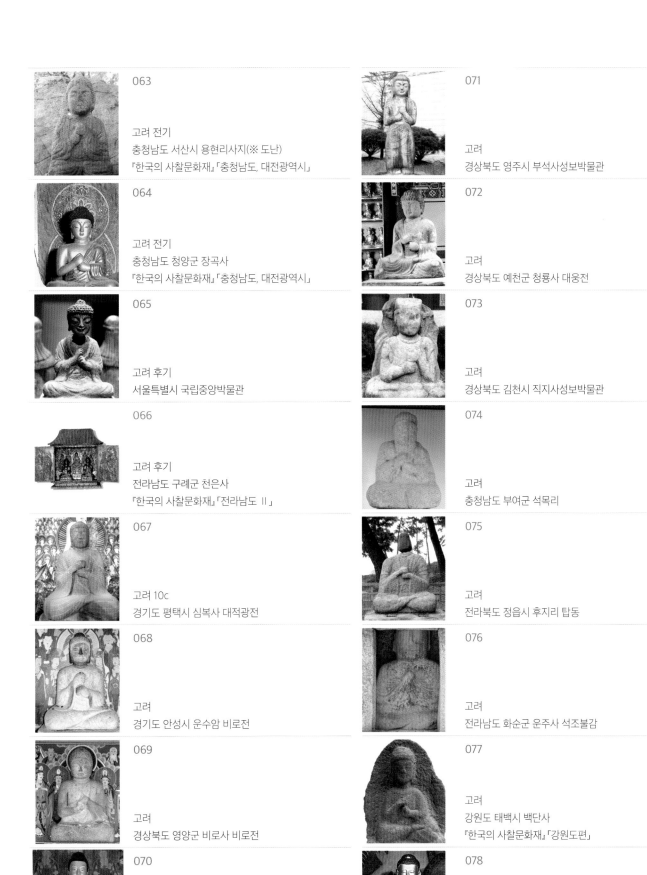

063
고려 전기
충청남도 서산시 용현리사지(※ 도난)
『한국의 사찰문화재』「충청남도, 대전광역시」

064
고려 전기
충청남도 청양군 장곡사
『한국의 사찰문화재』「충청남도, 대전광역시」

065
고려 후기
서울특별시 국립중앙박물관

066
고려 후기
전라남도 구례군 천은사
『한국의 사찰문화재』「전라남도 Ⅱ」

067
고려 10c
경기도 평택시 심복사 대적광전

068
고려
경기도 안성시 운수암 비로전

069
고려
경상북도 영양군 비로사 비로전

070
고려
경상북도 포항시 보경사 적광전

071
고려
경상북도 영주시 부석사성보박물관

072
고려
경상북도 예천군 청룡사 대웅전

073
고려
경상북도 김천시 직지사성보박물관

074
고려
충청남도 부여군 석목리

075
고려
전라북도 정읍시 후지리 탑동

076
고려
전라남도 화순군 운주사 석조불감

077
고려
강원도 태백시 백단사
『한국의 사찰문화재』「강원도편」

078

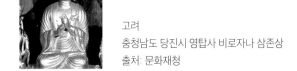

고려
충청남도 당진시 영탑사 비로자나 삼존상
출처: 문화재청

079

고려
경상남도 진주시 한산사
『한국의 사찰문화재』「경상남도 Ⅰ 1권」

080

고려
경상북도 군위군 석굴암
『한국의 사찰문화재』「대구광역시, 경상북도」

081

고려
경상북도 의성군 지장사 비로전
의성 월소동 비로자나좌상
『한국의 사찰문화재』「경상북도Ⅱ 2권」

082

고려
경상남도 합천군 상홍사
『한국의 사찰문화재』「경상남도 Ⅰ 2권」

083

고려
경상북도 군위군 법성사
『한국의 사찰문화재』「대구광역시, 경상북도」

084

고려
전라남도 순천시 송광사 성보박물관
『한국의 사찰문화재』「광주광역시, 전라남도 Ⅰ」

085

고려
서울특별시 성북구 성북로 102-11 간송미술관
『깨달음의 빛 비로자나불 上, 2017』

086

고려
서울특별시 용산구 국립중앙박물관 소장(佛頭×)
『깨달음의 빛 비로자나불 上, 2017』

087

고려
서울특별시 용산구 국립중앙박물관 소장(佛頭×)
『깨달음의 빛 비로자나불 上, 2017』

088

고려
서울특별시 용산구 국립중앙박물관 소장
『깨달음의 빛 비로자나불 上, 2017』

089

고려
경기도 안성시 장기로 91번길22 안성공원
『깨달음의 빛 비로자나불 上, 2017』

090

고려
경기도 용인시 처인구 호암미술관 소장
『깨달음의 빛 비로자나불 上, 2017』

091

고려
강원도 강릉시 구정면 학산리 603-1 굴산사지(2軀)
『깨달음의 빛 비로자나불 上, 2017』

092

고려
강원도 원주시 소초면 수암리 1346-3
『깨달음의 빛 비로자나불 上, 2017』

093

고려
강원도 인제 인제읍 인제로 193번길 17-12 백련정사
『깨달음의 빛 비로자나불 上, 2017』

094

고려
강원도 횡성군 횡성읍 태기로 15 읍하리석불
『깨달음의 빛 비로자나불 上, 2017』

095

고려
강원도 횡성 갑천면 포동리 산40-2 포동리사지
『깨달음의 빛 비로자나불 上, 2017』

096

고려
강원도 국립춘천박물관 소장
『깨달음의 빛 비로자나불 上, 2017』

097

고려
충청남도 부여군 부여읍 계백로334-47 조왕사
『깨달음의 빛 비로자나불 上, 2017』

098

고려
충청남도 논산시 관촉로 31번길 18-1
『깨달음의 빛 비로자나불 上, 2017』

099

고려
충청북도 진천군 진천읍 연곡리사지
『깨달음의 빛 비로자나불 上, 2017』

100

고려
충청북도 청원군 가덕면 한계길35-23 한계리
『깨달음의 빛 비로자나불 上, 2017』

101

고려
충청북도 청주시 청원구 정하동 산9-1
『깨달음의 빛 비로자나불 上, 2017』

102

고려
충청북도 청주시 서원구 모충동 산36-4 청화사
『깨달음의 빛 비로자나불 上, 2017』

103

고려
전라남도 구례군 광의면 대전리 산46
『깨달음의 빛 비로자나불 上, 2017』

104

고려
전라북도 남원시 산내면 덕동리 산215 개령암지
『깨달음의 빛 비로자나불 上, 2017』

105

고려
전라남도 해남군 마산면 은적사길 404 은적사
『깨달음의 빛 비로자나불 上, 2017』

106

고려
경상북도 경주시 도지동1-2 이거사지
『깨달음의 빛 비로자나불 下, 2017』

107

고려
대구광역시 달성군 가창면 광덕사
『깨달음의 빛 비로자나불 下, 2017』

108

고려
경상북도 봉화군 재산면 동면리 산268
『깨달음의 빛 비로자나불 下, 2017』

109

고려
경상북도 상주시 서성동163-48 복용동 석불
『깨달음의 빛 비로자나불 下, 2017』

110

고려
경상북도 구미시 도개면 문수사 선산 궁기동 석불
『깨달음의 빛 비로자나불 下, 2017』

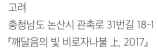

111

고려

경상북도 성주군 가천면 금봉1길67 금봉리

『깨달음의 빛 비로자나불 下, 2017』

112

고려

경상북도 영양군 일월면 도곡리 705 선운사

『깨달음의 빛 비로자나불 下, 2017』

113

고려

대구광역시 경북대학교박물관

『깨달음의 빛 비로자나불 下, 2017』

114

고려

경상북도 경주시 국립경주박물관(2軀)

『깨달음의 빛 비로자나불 下, 2017』

115

고려

경상북도 고령군 대가야읍 대가야박물관(2軀, 佛頭×)

『깨달음의 빛 비로자나불 下, 2017』

116

고려

경상북도 경산시 영남대학교박물관

『깨달음의 빛 비로자나불 下, 2017』

117

고려

경상남도 거창군 신원면 감악사지(佛頭×)

『깨달음의 빛 비로자나불 下, 2017』

118

고려

경상남도 합천군 적중면 죽고리 산101

『깨달음의 빛 비로자나불 下, 2017』

119

고려 1022

충청북도 제천시 빈신사지 4사자 9층석탑

『깨달음의 빛 비로자나불 上, 2017』

120

여말선초

전라남도 나주시 대웅전

121

조선전기

충청남도 공주시 마곡사 대광보전

122

조선전기

경상북도 영천시 은해사성보박물관

『한국의 사찰문화재』「대구광역시, 경상북도」

123

조선후기

강원도 삼척시 영은사 대웅보전

124

조선후기

경상남도 양산시 통도사 대광명전

125

조선후기

경상북도 고령군 반룡사 대적광전

126

조선후기

부산광역시 금정구 범어사 비로전

127

조선후기
충청북도 보은군 법주사 능인전

135

조선
경기도 남양주시 성보사
『한국의 사찰문화재』「경기도 Ⅰ」

128

조선후기
경상남도 합천 해인사 대적광전
『한국의 사찰문화재』「경상남도 Ⅱ 2권」

136

조선
강원도 평창군 월정사 중대 사자암
『한국의 사찰문화재』「강원도편」

129

조선 17c 중기
대전광역시 비래사 대적광전

137

조선
경상남도 합천군 해인사 국일암
『한국의 사찰문화재』「경상남도 Ⅰ 2권」

130

조선
경기도 화성시 홍법사 대웅전

138

조선
경상북도 김천시 대항면 직지사 성보박물관
『깨달음의 빛 비로자나불 下, 2017』

131

조선
충청남도 서산시 일락사 대적광전

139

조선 1622
서울특별시 종로구 낙산성곡동길 57-2 지장암
『깨달음의 빛 비로자나불 上, 2017』

132

조선
충청남도 공주시 대원정사

140

조선 1626
충청북도 보은군 법주사 대웅보전

133

조선
경상북도 청도군 운문사 대적광전

141

조선 1628
경기도 남양주시 수종사 오층석탑 출토
서울특별시 불교중앙박물관 소장
『한국의 사찰문화재』「경기도 Ⅰ」

134

조선
경상북도 경주시 기림사 대적광전

142

조선 1633경
전라북도 김제시 귀신사 대적광전

143

조선 1634
전라북도 고창군 선운사 대웅보전

144

조선 1636
전라남도 구례군 화엄사 대웅전

145

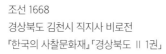

조선 1668
경상북도 김천시 직지사 비로전
『한국의 사찰문화재』「경상북도 Ⅱ 1권」

146

조선 1684
전라남도 순천시 송광사 불조전
『한국의 사찰문화재』「광주광역시, 전라남도 Ⅰ」

147

조선 1736
전라남도 순천시 선암사성보박물관
『한국의 사찰문화재』「광주광역시, 전라남도 Ⅰ」

148

근대
경상북도 포항사 오어사 원효암

149

근대 1922
전라북도 군산 동국사범종각

150

근현대
강원도 홍천군 수타사 대적광전

151

현대
경상남도 양산시 통도사 비로암

152

현대
경기도 안양시 삼막사 천불전

153

현대
경기도 화성시 용주사 천불전

154

현대
강원도 동해시 삼화사 비로전

155

현대
경기도 수원시 봉녕사 대적광전

156

현대
경상남도 하동군 쌍계사 화엄전

157

현대
경상북도 예천군 용문사 보광명전

158

현대
부산광역시 범어사 청련암 대웅전

159

현대
서울특별시 종로구 묘각사 대불보전

160

현대
서울특별시 서대문구 봉원사 삼천불전

161

현대
전라북도 김제시 금산사 대적광전

162

현대
충청남도 부여군 광덕사 보화루 1

163

현대
충청남도 부여군 광덕사 보화루 2

164

현대
충청북도 진천군 보탑사 목조다보탑

165

현대
충청북도 제천시 덕주사 대웅전

166

현대
경기도 남양주시 수종사

167

연대 미상
경상북도 경주시 감산사

168

연대 미상
경상남도 합천군 합천읍 영창리 778 석골암
『깨달음의 빛 비로자나불 下, 2017』

2) 지역별 분류표

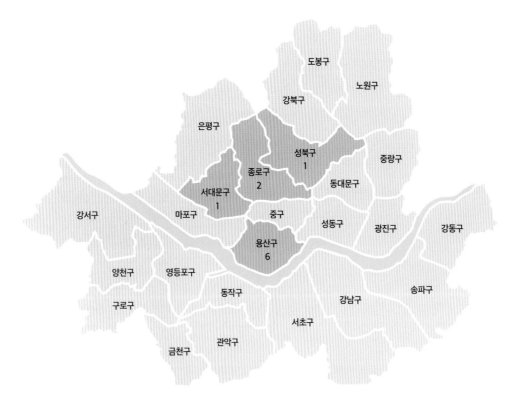

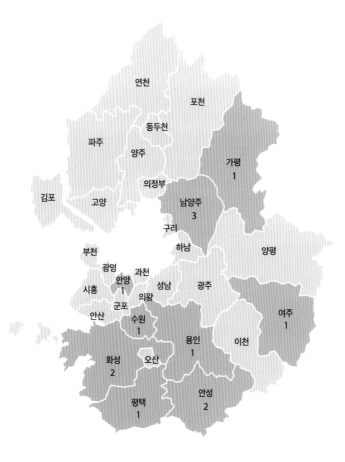

번호	연대	소재지
1	통일신라 9c	서울특별시 용산구 국립중앙박물관
2	나말여초	서울특별시 용산구 국립중앙박물관 소장, 『깨달음의 빛 비로자나불 上, 2017』
3	고려 후기	서울특별시 용산구 국립중앙박물관
4	고려	서울특별시 성북구 성북로 102-11 간송미술관, 『깨달음의 빛 비로자나불 上, 2017』
5	고려	서울특별시 용산구 국립중앙박물관 소장(佛頭x), 『깨달음의 빛 비로자나불 上, 2017』
6	고려	서울특별시 용산구 국립중앙박물관 소장(佛頭x), 『깨달음의 빛 비로자나불 上, 2017』
7	고려	서울특별시 용산구 국립중앙박물관 소장, 『깨달음의 빛 비로자나불 上, 2017』
8	현대	서울특별시 종로구 묘각사 대불보전
9	현대	서울특별시 서대문구 봉원사 삼천불전
10	통일신라	경기도 여주군 신륵사
11	나말여초	경기도 가평군 대원사 대웅전
12	고려 10c	경기도 평택시 심복사 대적광전
13	고려	경기도 안성시 운수암 비로전
14	고려	경기도 안성시 장기로 91번길22 안성공원, 『깨달음의 빛 비로자나불 上, 2017』
15	고려	경기도 용인시 처인구 호암미술관 소장, 『깨달음의 빛 비로자나불 上, 2017』
16	조선	경기도 화성시 홍법사 대웅전
17	조선	경기도 남양주시 성보사, 『한국의 사찰문화재』「경기도 Ⅰ」
18	조선 1622	서울특별시 종로구 낙산성곽동길 57-2 지장암, 『깨달음의 빛 비로자나불 上, 2017』
19	조선 1628	경기도 남양주시 수종사 오층석탑 출토, 서울특별시 불교중앙박물관 소장, 『한국의 사찰문화재』「경기도 Ⅰ」
20	현대	경기도 안양시 삼막사 천불전
21	현대	경기도 화성시 용주사 천불전
22	현대	경기도 수원시 봉녕사 대적광전
23	현대	경기도 남양주시 수종사

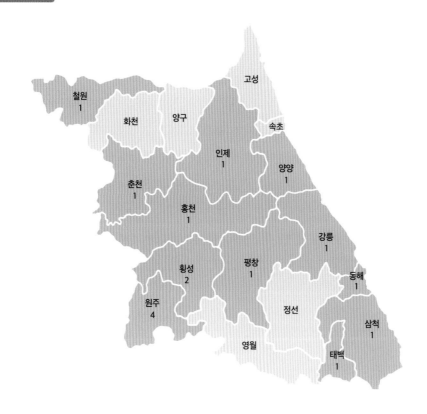

번호	연대	소재지
1	통일신라	강원도 양양군 서면 구룡령로 2115 서림사지, 『깨달음의 빛 비로자나불 上, 2017』
2	통일신라 865	강원도 철원시 도피안사 대적광전
3	나말여초	강원도 원주시 원주역사박물관 일산동 석불1
4	나말여초	강원도 원주시 원주역사박물관 일산동 석불2
5	고려 전기	강원도 원주시 용운사지
6	고려	강원도 태백시 백단사, 『한국의 사찰문화재』「강원도편」
7	고려	강원도 강릉시 구정면 학산리 603-1 굴산사지(2軀), 『깨달음의 빛 비로자나불 上, 2017』
8	고려	강원도 원주시 소초면 수암리, 『깨달음의 빛 비로자나불 上, 2017』
9	고려	강원도 인제 인제읍 인제로 193번길 17-12 백련정사, 『깨달음의 빛 비로자나불 上, 2017』
10	고려	강원도 횡성군 횡성읍 태기로 15 읍하리석불, 『깨달음의 빛 비로자나불 上, 2017』
11	고려	강원도 횡성군 갑천면 포동리 산40-2 포동리사지, 『깨달음의 빛 비로자나불 上, 2017』
12	고려	강원도 춘천시 국립춘천박물관 소장, 『깨달음의 빛 비로자나불 上, 2017』
13	조선후기	강원도 삼척시 영은사 대웅보전
14	조선	강원도 평창군 월정사 중대 사자암, 『한국의 사찰문화재』「강원도편」
15	근현대	강원도 홍천군 수타사 대적광전
16	현대	강원도 동해시 삼화사 비로전

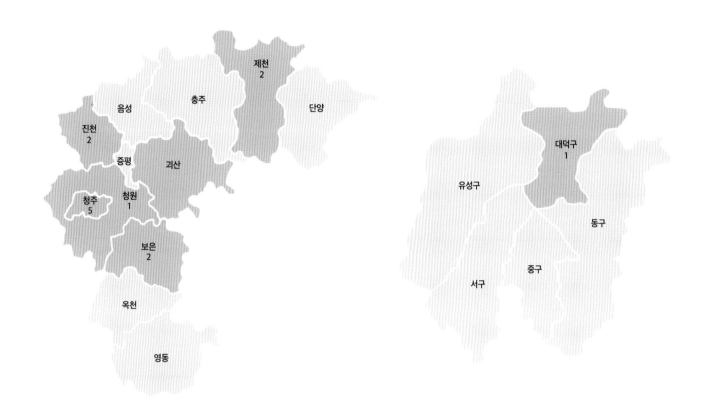

번호	연대	소재지
1	통일신라	충청북도 청주시 청주대 박물관(용암사지)
2	통일신라	충청북도 괴산군 각연사 비로전
3	나말여초	충청북도 청주시 동화사 대적광전
4	고려 전기	충청북도 청주시 탑리사지
5	고려	충청북도 진천군 진천읍 연곡리사지, 『깨달음의 빛 비로자나불 上, 2017』
6	고려	충청북도 청원군 가덕면 한계길35-23 한계리, 『깨달음의 빛 비로자나불 上, 2017』
7	고려	충청북도 청주시 청원구 정하동 산9-1, 『깨달음의 빛 비로자나불 上, 2017』
8	고려	충청북도 청주시 서원구 모충동 산36-4 청화사, 『깨달음의 빛 비로자나불 上, 2017』
9	고려 1022	충청북도 제천시 빈신사지 4사자 9층석탑, 『깨달음의 빛 비로자나불 上, 2017』
10	조선후기	충청북도 보은군 법주사 능인전
11	조선 1626	충청북도 보은군 법주사 대웅보전
12	현대	충청북도 진천군 보탑사 목조다보탑
13	현대	충청북도 제천시 덕주사 대웅전
14	조선 17c 중기	대전광역시 대덕구 비래사 대적광전

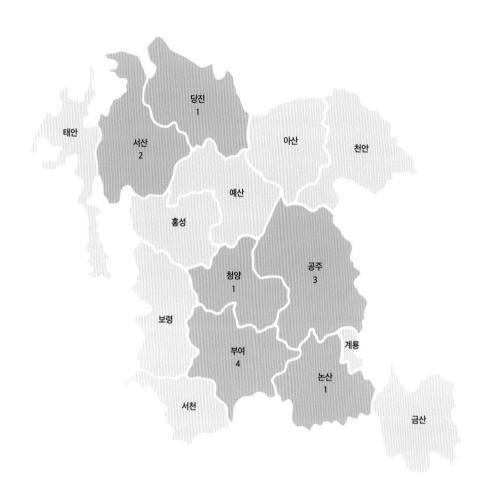

번호	연대	소재지
1	통일신라	충청남도 공주시 국립공주박물관 서혈사지(佛頭×), 『깨달음의 빛 비로자나불 上, 2017』
2	고려 전기	충청남도 서산시 용현리사지(※도난), 『한국의 사찰문화재』「충청남도, 대전광역시」
3	고려 전기	충청남도 청양군 장곡사, 『한국의 사찰문화재』「충청남도, 대전광역시」
4	고려	충청남도 부여군 석목리
5	고려	충청남도 당진시 영탑사 비로자나 삼존상, 출처: 문화재청
6	고려	충청남도 부여군 부여읍 계백로334-47 조왕사, 『깨달음의 빛 비로자나불 上, 2017』
7	고려	충청남도 논산시 관촉로 31번길 18-1. 『깨달음의 빛 비로자나불 上, 2017』
8	조선전기	충청남도 공주시 마곡사 대광보전
9	조선	충청남도 서산시 일락사 대적광전
10	조선	충청남도 공주시 대원정사
11	현대	충청남도 부여군 광덕사 보화루 1
12	현대	충청남도 부여군 광덕사 보화루 2

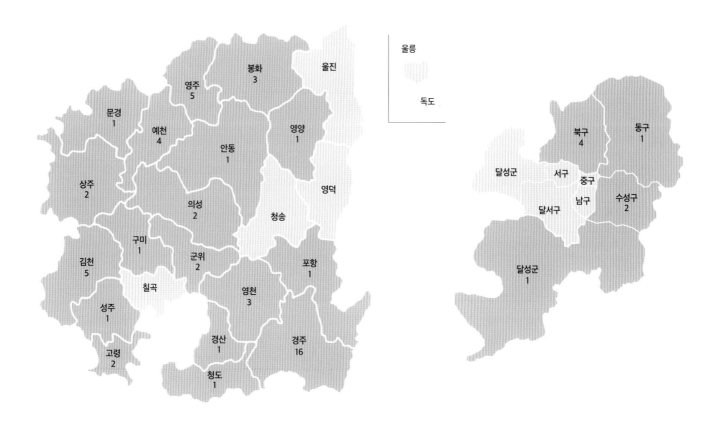

번호	연대	소재지
1	통일신라 후기	경상북도 봉화군 물야면 월계길739 축서사
2	통일신라 8c	경상북도 경주시 불국사
3	통일신라 8c 후기	경상북도 경주시 국립경주박물관
4	통일신라 9c 전기	경상북도 경주시 국립경주박물관
5	통일신라 9c 후기	경상북도 경주시 국립경주박물관
6	통일신라 9c	경상북도 안동시 마애리
7	통일신라 9c	경상북도 경주시 국립경주박물관 (창림사지)
8	통일신라 9c	경상북도 경주시 국립경주박물관
9	통일신라 9c	경상북도 경주시 경주국립박물관 분황사 출토
10	통일신라 9~10c	경상북도 경주시 국립경주박물관
11	통일신라	경상북도 영주시 부석사 자인당 북지리 東佛像
12	통일신라	경상북도 영주시 부석사 자인당 북지리 西佛像

번호	연대	소재지
13	통일신라	경상북도 영주시 비로사 적광전
14	통일신라	경상북도 영주시 성혈사 나한전
15	통일신라	경상북도 예천군 한천사 대적광전
16	통일신라	경상북도 봉화군 축서사 보광전
17	통일신라	경상북도 문경시 동로면 생달리사지, 『깨달음의 빛 비로자나불 下, 2017』
18	통일신라	경상북도 영천시 신녕면 화남리 499 한광사, 『깨달음의 빛 비로자나불 下, 2017』
19	통일신라	경상북도 경주시 국립경주박물관1, 『깨달음의 빛 비로자나불 下, 2017』
20	통일신라	경상북도 경주시 국립경주박물관2, 『깨달음의 빛 비로자나불 下, 2017』
21	통일신라	경상북도 경주시 동국대 경주캠퍼스박물관(佛頭×), 『깨달음의 빛 비로자나불 下, 2017』
22	통일신라	경상북도 예천군 동악사 보광명전, 『한국의 사찰문화재』 『경상북도 Ⅱ 2권』
23	통일신라	경상북도 김천시 갈항사 『한국의 사찰문화재』 『전국 Ⅰ』
24	나말여초	경상북도 경주시 감산사 대적광전
25	나말여초	경상북도 김천시 청암사 수도암 대적광전
26	나말여초	경상북도 영천시 한광사 대적광전, 『한국의 사찰문화재』 『대구광역시, 경상북도』
27	고려 전기	경상북도 상주시 남장사 보광전
28	고려 전기	경상북도 의성군 장춘리
29	고려	경상북도 영양군 비로사 비로전
30	고려	경상북도 포항시 보경사 적광전
31	고려	경상북도 영주시 부석사성보박물관
32	고려	경상북도 예천군 청룡사 대웅전
33	고려	경상북도 김천시 직지사성보박물관
34	고려	경상북도 군위군 석굴암, 『한국의 사찰문화재』 『대구광역시, 경상북도』
35	고려	경상북도 의성군 지장사 비로전 의성 월소동 비로자나좌상, 『한국의 사찰문화재』 『경상북도Ⅱ 2권』
36	고려	경상북도 군위군 법성사, 『한국의 사찰문화재』 『대구광역시, 경상북도』
37	고려	경상북도 경주시 도지동1-2 이거사지, 『깨달음의 빛 비로자나불 下, 2017』
38	고려	경상북도 봉화군 재산면 동면리 산268, 『깨달음의 빛 비로자나불 下, 2017』
39	고려	경상북도 상주시 서성동163-48 복용동 석불, 『깨달음의 빛 비로자나불 下, 2017』
40	고려	경상북도 구미시 도개면 문수사 선산 궁기동 석불, 『깨달음의 빛 비로자나불 下, 2017』
41	고려	경상북도 성주군 가천면 금봉1길67 금봉리, 『깨달음의 빛 비로자나불 下, 2017』
42	고려	경상북도 영양군 일월면 도곡리 705 선운사, 『깨달음의 빛 비로자나불 下, 2017』
43	고려	경상북도 경주시 국립경주박물관(2軀), 『깨달음의 빛 비로자나불 下, 2017』
44	고려	경상북도 고령군 대가야읍 대가야박물관(2軀, 佛頭×), 『깨달음의 빛 비로자나불 下, 2017』
45	고려	경상북도 경산시 영남대학교박물관, 『깨달음의 빛 비로자나불 下, 2017』

번호	연대	소재지
46	조선전기	경상북도 영천시 은해사성보박물관, 『한국의 사찰문화재』 「대구광역시, 경상북도」
47	조선후기	경상북도 고령군 반룡사 대적광전
48	조선	경상북도 청도군 운문사 대적광전
49	조선	경상북도 경주시 기림사 대적광전
50	조선	경상북도 김천시 대항면 직지사 성보박물관, 『깨달음의 빛 비로자나불 下, 2017』
51	조선 1668	경상북도 김천시 직지사 비로전, 『한국의 사찰문화재』 『경상북도 II 1권』
52	현대	경상북도 예천군 용문사 보광명전
53	연대미상	경상북도 경주시 감산사
54	통일신라	대구광역시 북구 경북대학교박물관1, 『깨달음의 빛 비로자나불 下, 2017』
55	통일신라	대구광역시 북구 경북대학교박물관2, 『깨달음의 빛 비로자나불 下, 2017』
56	통일신라	대구광역시 북구 경북대학교박물관(3軀), 『깨달음의 빛 비로자나불 下, 2017』
57	통일신라 863	대구광역시 수성구 국립대구박물관(동화사 비로암 삼층석탑 금동사리함), 『깨달음의 빛 비로자나불 下, 2017』
58	통일신라 863 추정	대구광역시 동구 동화사 비로암 대적광전
59	나말여초	대구광역시 수성구 국립대구박물관, 『깨달음의 빛 비로자나불 下, 2017』
60	고려	대구광역시 달성군 가창면 광덕사, 『깨달음의 빛 비로자나불 下, 2017』
61	고려	대구광역시 북구 경북대학교박물관, 『깨달음의 빛 비로자나불 下, 2017』

번호	연대	소재지
1	통일신라	경상남도 양산시 통도사성보박물관
2	통일신라	경상남도 양산시 통도사성보박물관, 『한국의 사찰문화재』「경상남도 Ⅲ 1권」
3	통일신라	경상남도 양산시 통도사성보박물관, 『한국의 사찰문화재』「경상남도 Ⅲ 1권」
4	통일신라	경상남도 밀양시 천황사 대적광전, 『한국의 사찰문화재』「부산광역시, 울산광역시, 경상남도 Ⅱ 2권」
5	통일신라	경상남도 창원시 불곡사 비로전, 『한국의 사찰문화재』「부산광역시, 울산광역시, 경상남도 Ⅱ 2권」
6	통일신라	경상남도 거창군 거창읍 수남로 2181 거창박물관, 『깨달음의 빛 비로자나불 下, 2017』
7	통일신라 조선 1490 중수	경상남도 합천군 해인사 대비로전, 『한국의 사찰문화재』「경상남도 Ⅱ 2권」
8	통일신라 조선 1490 중수	경상남도 합천군 해인사 법보전, 『한국의 사찰문화재』「경상남도 Ⅱ 2권」
9	통일신라 776	경상남도 산청군 내원사, 『한국의 사찰문화재』「경상남도 Ⅰ 2권」
10	고려 전기	경상남도 진주시 한산사 고산암 대적광전, 『한국의 사찰문화재』「경상남도 Ⅰ 1권」
11	고려	경상남도 진주시 한산사, 『한국의 사찰문화재』「경상남도 Ⅰ 1권」
12	고려	경상남도 합천군 상홍사, 『한국의 사찰문화재』「경상남도 Ⅰ 2권」
13	고려	경상남도 거창군 신원면 감악사지(佛頭×), 『깨달음의 빛 비로자나불 下, 2017』
14	고려	경상남도 합천군 적중면 죽고리 산101, 『깨달음의 빛 비로자나불 下, 2017』
15	조선후기	경상남도 양산시 통도사 대광명전
16	조선후기	경상남도 합천군 해인사 대적광전, 『한국의 사찰문화재』「경상남도 Ⅱ 2권」
17	조선	경상남도 합천군 해인사 국일암, 『한국의 사찰문화재』「경상남도 Ⅰ 2권」
18	현대	경상남도 양산시 통도사 비로암
19	현대	경상남도 하동군 쌍계사 화엄전
20	미상	경상남도 합천군 합천읍 영창리 778 석골암, 『깨달음의 빛 비로자나불 下, 2017』
21	통일신라	부산광역시 해운대구 관음정사 감로당, 『한국의 사찰문화재』「부산광역시, 울산광역시, 경상남도 Ⅱ 1권」
22	조선후기	부산광역시 금정구 범어사 비로전
23	현대	부산광역시 금정구 범어사 청련암 대웅전

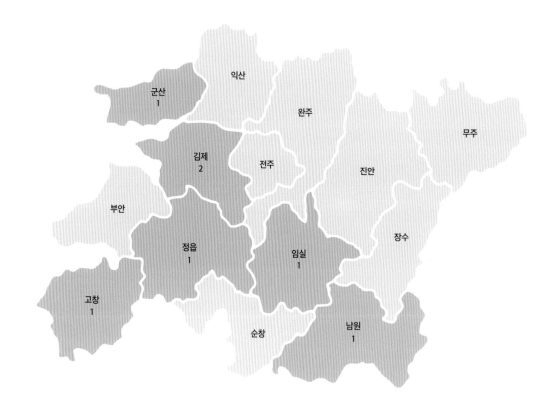

번호	연대	소재지
1	통일신라 9c	전라북도 임실군 용암리사지
2	고려	전라북도 정읍시 후지리 탑동
3	고려	전라북도 남원시 산내면 덕동리 산215 개령암지, 『깨달음의 빛 비로자나불 上, 2017』
4	조선 1633경	전라북도 김제시 귀신사 대적광전
5	조선 1634	전라북도 고창군 선운사 대웅보전
6	근대 1922	전라북도 군산 동국사범종각
7	현대	전라북도 김제시 금산사 대적광전

번호	연대	소재지
1	통일신라 858	전라남도 장흥군 보림사 대적광전
2	고려 후기	전라남도 구례군 천은사. 『한국의 사찰문화재』「전라남도 Ⅱ」
3	고려	전라남도 순천시 송광사 성보박물관, 『한국의 사찰문화재』「광주광역시, 전라남도 Ⅰ」
4	조선 1636	전라남도 구례군 화엄사 대웅전
5	조선 1684	전라남도 순천시 송광사 불조전, 『한국의 사찰문화재』「광주광역시, 전라남도 Ⅰ」
6	조선 1736	전라남도 순천시 선암사성보박물관, 『한국의 사찰문화재』「광주광역시, 전라남도 Ⅰ」
7	통일신라 9c	광주광역시 동구 증심사
8	고려	전라남도 화순군 운주사 석조불감
9	고려	전라남도 구례군 광의면 대전리 산46, 『깨달음의 빛 비로자나불 上, 2017』
10	고려	전라남도 해남군 마산면 은적사길 404 은적사, 『깨달음의 빛 비로자나불 上, 2017』
11	여말선초	전라남도 나주시 대웅전

통일신라

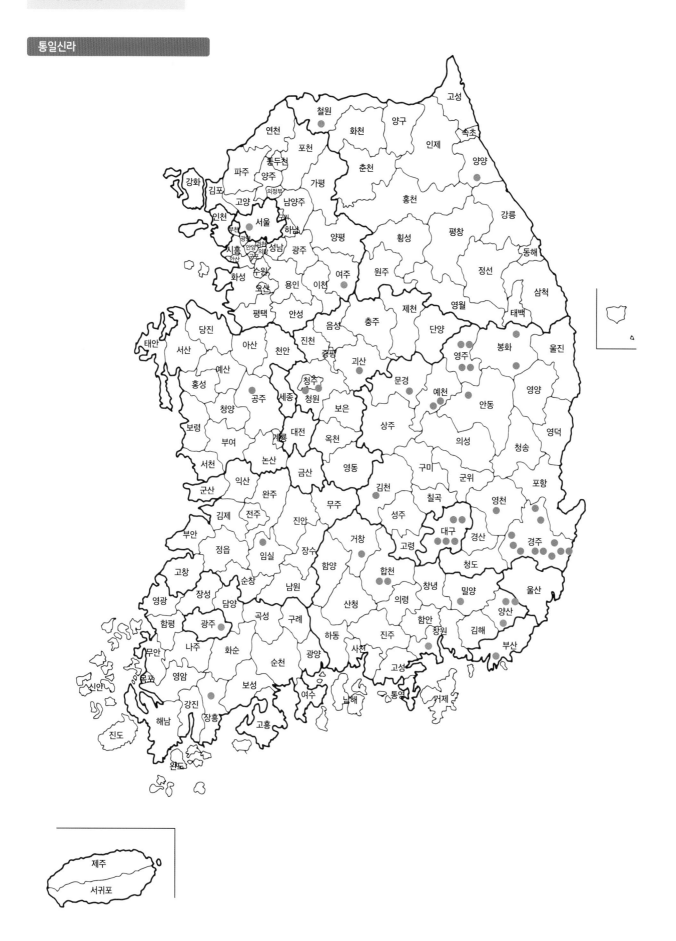

번호	연대	소재지
1	통일신라 후기	경상북도 봉화군 물야면 월계길739 축서사, 『깨달음의 빛 비로자나불 下, 2017』
2	통일신라 8c	경상북도 경주시 불국사
3	통일신라 8c 후기	경상북도 국립경주박물관
4	통일신라 9c 전기	경상북도 국립경주박물관
5	통일신라 9c 후기	경상북도 국립경주박물관
6	통일신라 9c	경상북도 안동시 마애리
7	통일신라 9c	경상북도 국립경주박물관 (창림사지)
8	통일신라 9c	경상북도 국립경주박물관
9	통일신라 9c	경상북도 경주국립박물관 분황사 출토
10	통일신라 9c	광주광역시 증심사
11	통일신라 9c	서울특별시 국립중앙박물관
12	통일신라 9c	전라북도 임실군 용암리사지
13	통일신라 9~10c	경상북도 국립경주박물관
14	통일신라	경기도 여주군 신륵사
15	통일신라	경상남도 양산시 통도사성보박물관
16	통일신라	경상북도 영주시 부석사 자인당 북지리 東佛像
17	통일신라	경상북도 영주시 부석사 자인당 북지리 西佛像
18	통일신라	경상북도 영주시 비로사 적광전
19	통일신라	경상북도 영주시 성혈사 나한전
20	통일신라	경상북도 예천군 한천사 대적광전
21	통일신라	경상북도 봉화군 축서사 보광전
22	통일신라	경상북도 괴산군 각연사 비로전
23	통일신라	충청북도 청주시 청주대 박물관(용암사지)
24	통일신라	강원도 양양군 서면 구룡령로 2115 서림사지, 『깨달음의 빛 비로자나불 上, 2017』
25	통일신라	충청남도 국립공주박물관 서혈사지(佛頭×), 『깨달음의 빛 비로자나불 上, 2017』
26	통일신라	경상남도 양산시 통도사성보박물관, 『한국의 사찰문화재』「경상남도 Ⅲ 1권」
27	통일신라	경상남도 양산시 통도사성보박물관, 『한국의 사찰문화재』「경상남도 Ⅲ 1권」
28	통일신라	경상북도 예천군 동악사 보광명전, 『한국의 사찰문화재』「경상북도 Ⅱ 2권」
29	통일신라	부산광역시 관음정사 감로당, 『한국의 사찰문화재』「부산광역시, 울산광역시, 경상남도 Ⅱ 1권」
30	통일신라	경상남도 밀양시 천황사 대적광전, 『한국의 사찰문화재』「부산광역시, 울산광역시, 경상남도 Ⅱ 2권」
31	통일신라	경상남도 창원시 불곡사 비로전, 『한국의 사찰문화재』「부산광역시, 울산광역시, 경상남도 Ⅱ 2권」
32	통일신라	경상북도 김천시 갈항사, 『한국의 사찰문화재』「전국 Ⅰ」
33	통일신라	경상북도 문경시 동로면 생달리사지, 『깨달음의 빛 비로자나불 下, 2017』

번호	연대	소재지
34	통일신라	경상북도 영천시 신녕면 화남리 499 한광사,『깨달음의 빛 비로자나불 下, 2017』
35	통일신라	대구광역시 경북대학교박물관1,『깨달음의 빛 비로자나불 下, 2017』
36	통일신라	대구광역시 경북대학교박물관2,『깨달음의 빛 비로자나불 下, 2017』
37	통일신라	대구광역시 경북대학교박물관(3軀),『깨달음의 빛 비로자나불 下, 2017』
38	통일신라	경상북도 경주시 국립경주박물관1,『깨달음의 빛 비로자나불 下, 2017』
39	통일신라	경상북도 경주시 국립경주박물관2,『깨달음의 빛 비로자나불 下, 2017』
40	통일신라	경상북도 경주시 동국대 경주캠퍼스박물관(佛頭×),『깨달음의 빛 비로자나불 下, 2017』
41	통일신라	경상남도 거창군 거창읍 수남로 2181 거창박물관,『깨달음의 빛 비로자나불 下, 2017』
42	통일신라, 조선 1490 중수	경상남도 합천 해인사 비로전,『한국의 사찰문화재』「경상남도 Ⅱ 2권」
43	통일신라, 조선 1490 중수	경상남도 합천 해인사 법보전,『한국의 사찰문화재』「경상남도 Ⅱ 2권」
44	통일신라 776	경상남도 산청군 내원사,『한국의 사찰문화재』「경상남도 Ⅰ 2권」
45	통일신라 858	전라남도 장흥군 보림사 대적광전
46	통일신라 863 추정	대구광역시 동화사 비로암 대적광전
47	통일신라 863	국립대구박물관(동화사 비로암 삼층석탑 금동사리함),『깨달음의 빛 비로자나불 下, 2017』
48	통일신라 865	강원도 철원시 도피안사 대적광전

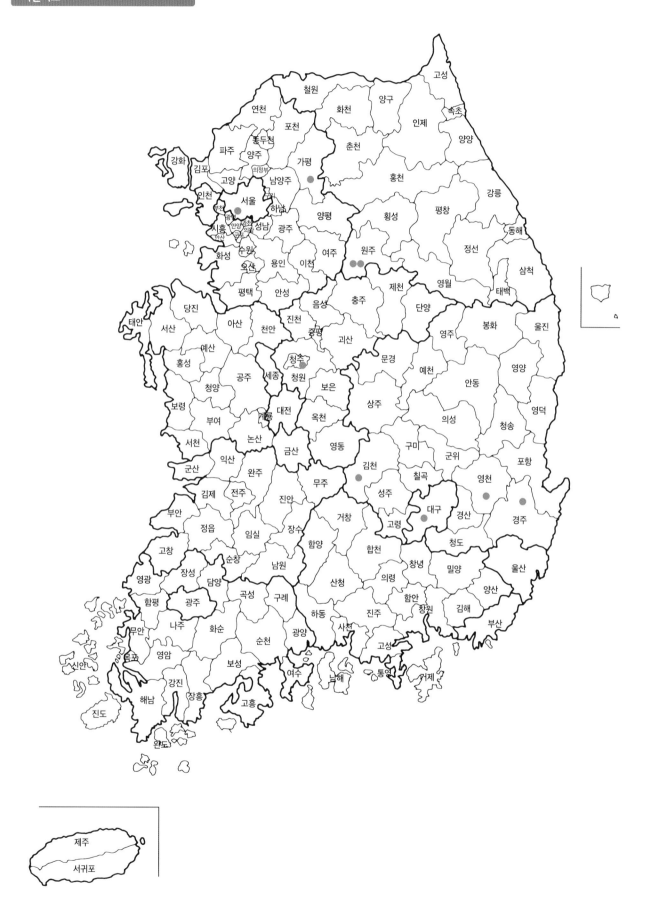

강화
김포
고양
인천
서울
부천
시흥
안산
화성
오산
수원
용인
성남
하남
광주
이천
여주
평택
안성
음성
충주
제천
당진
태안
서산
아산
천안
진천
증평
괴산
예산
홍성
공주
세종
청주
청원
보은
문경
예천
안동
봉화
영주
울진
영양
청양
보령
부여
대전
계룡
옥천
상주
의성
청송
영덕
서천
논산
금산
영동
구미
군위
포항
군산
익산
완주
무주
김천
칠곡
영천
경주
부안
김제
전주
진안
성주
고령
대구
경산
정읍
임실
장수
거창
함양
합천
창녕
밀양
울산
고창
순창
남원
산청
의령
함안
김해
양산
영광
장성
담양
곡성
구례
하동
진주
창원
부산
함평
광주
화순
순천
광양
사천
고성
통영
거제
무안
나주
영암
순천
여수
남해
목포
신안
강진
장흥
고흥
해남
진도
완도

연천
철원
화천
양구
고성
포천
동두천
파주
양주
의정부
남양주
가평
춘천
인제
속초
양양
홍천
강릉
양평
횡성
평창
원주
정선
동해
삼척
영월
태백
단양

제주
서귀포

번호	연대	소재지
1	나말여초	경기도 가평군 대원사 대웅전
2	나말여초	경상북도 경주시 감산사 대적광전
3	나말여초	경상북도 김천시 청암사 수도암 대적광전
4	나말여초	충청북도 청주시 동화사 대적광전
5	나말여초	강원도 원주시 원주역사박물관 일산동 석불1
6	나말여초	강원도 원주시 원주역사박물관 일산동 석불2
7	나말여초	경상북도 영천시 한광사 대적광전, 『한국의 사찰문화재』「대구광역시, 경상북도」
8	나말여초	서울특별시 용산구 국립중앙박물관 소장, 『깨달음의 빛 비로자나불 上, 2017』
9	나말여초	대구광역시 국립대구박물관, 『깨달음의 빛 비로자나불 下, 2017』

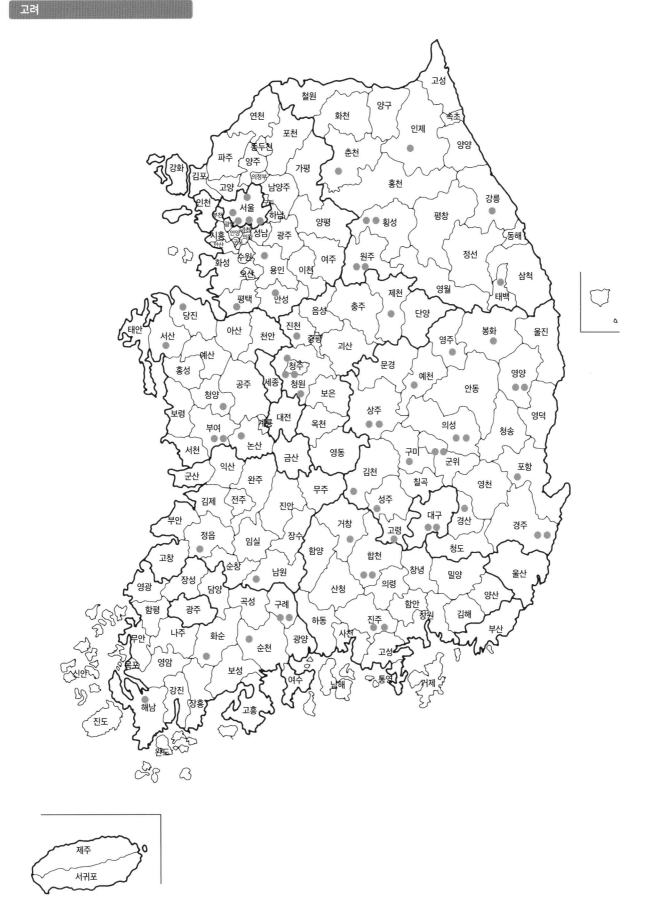

번호	연대	소재지
1	고려 전기	경상북도 상주시 남장사 보광전
2	고려 전기	충청북도 청주시 탑리사지
3	고려 전기	경상북도 의성군 장춘리
4	고려 전기	강원도 원주시 용운사지
5	고려 전기	경상남도 진주 한산사 고산암 대적광전, 『한국의 사찰문화재』 「경상남도 I 1권」
6	고려 전기	충청남도 서산 용현리사지(※도난), 『한국의 사찰문화재』 「충청남도, 대전광역시」
7	고려 전기	충청남도 청양군 장곡사, 『한국의 사찰문화재』 「충청남도, 대전광역시」
8	고려 후기	서울특별시 국립중앙박물관
9	고려 후기	전라남도 구례군 천은사, 『한국의 사찰문화재』 「전라남도 II」
10	고려 10c	경기도 평택시 심복사 대적광전
11	고려	경기도 안성시 운수암 비로전
12	고려	경상북도 영양군 비로사 비로전
13	고려	경상북도 포항시 보경사 적광전
14	고려	경상북도 영주시 부석사성보박물관
15	고려	경상북도 예천군 청룡사 대웅전
16	고려	경상북도 김천시 직지사성보박물관
17	고려	충청남도 부여군 석목리
18	고려	전라북도 정읍시 후지리 탑동
19	고려	전라남도 화순군 운주사 석조불감
20	고려	강원도 태백시 백단사, 『한국의 사찰문화재』 「강원도편」
21	고려	충청남도 당진시 영탑사 비로자나 삼존상 출처: 문화재청
22	고려	경상남도 진주시 한산사, 『한국의 사찰문화재』 「경상남도 I 1권」
23	고려	경상북도 군위군 석굴암, 『한국의 사찰문화재』 「대구광역시, 경상북도」
24	고려	경상북도 의성군 지장사 비로전, 의성 월소동 비로자나좌상, 『한국의 사찰문화재』 「경상북도II 2권」
25	고려	경상남도 합천군 상홍사, 『한국의 사찰문화재』 「경상남도 I 2권」
26	고려	경상북도 군위군 법성사, 『한국의 사찰문화재』 「대구광역시, 경상북도」
27	고려	전라남도 순천시 송광사 성보박물관, 『한국의 사찰문화재』 「광주광역시, 전라남도 I」
28	고려	서울특별시 성북구 성북로 102-11 간송미술관, 『깨달음의 빛 비로자나불 上, 2017』
29	고려	서울특별시 용산구 국립중앙박물관 소장(佛頭×), 『깨달음의 빛 비로자나불 上, 2017』
30	고려	서울특별시 용산구 국립중앙박물관 소장(佛頭×), 『깨달음의 빛 비로자나불 上, 2017』
31	고려	서울특별시 용산구 국립중앙박물관 소장, 『깨달음의 빛 비로자나불 上, 2017』
32	고려	경기도 안성시 장기로 91번길22 안성공원, 『깨달음의 빛 비로자나불 上, 2017』
33	고려	경기도 용인시 처인구 호암미술관 소장, 『깨달음의 빛 비로자나불 上, 2017』

번호	연대	소재지
34	고려	강원도 강릉시 구정면 학산리 603-1 굴산사지(2軀), 『깨달음의 빛 비로자나불 上, 2017』
35	고려	강원도 원주시 소초면 수암리 1346-3, 『깨달음의 빛 비로자나불 上, 2017』
36	고려	강원도 인제 인제읍 인제로 193번길 17-12 백련정사, 『깨달음의 빛 비로자나불 上, 2017』
37	고려	강원도 횡성군 횡성읍 태기로 15 읍하리석불, 『깨달음의 빛 비로자나불 上, 2017』
38	고려	강원도 횡성 갑천면 포동리 산40-2 포동리사지, 『깨달음의 빛 비로자나불 上, 2017』
39	고려	강원도 국립춘천박물관 소장, 『깨달음의 빛 비로자나불 上, 2017』
40	고려	충청남도 부여군 부여읍 계백로334-47 조왕사, 『깨달음의 빛 비로자나불 上, 2017』
41	고려	충청남도 논산시 관촉로 31번길 18-1, 『깨달음의 빛 비로자나불 上, 2017』
42	고려	충청북도 진천군 진천읍 연곡리사지, 『깨달음의 빛 비로자나불 上, 2017』
43	고려	충청북도 청원군 가덕면 한계길35-23 한계리, 『깨달음의 빛 비로자나불 上, 2017』
44	고려	충청북도 청주시 청원구 정하동 산9-1, 『깨달음의 빛 비로자나불 上, 2017』
45	고려	충청북도 청주시 서원구 모충동 산36-4 청화사, 『깨달음의 빛 비로자나불 上, 2017』
46	고려	전라남도 구례군 광의면 대전리 산46, 『깨달음의 빛 비로자나불 上, 2017』
47	고려	전라북도 남원시 산내면 덕동리 산215 개령암지, 『깨달음의 빛 비로자나불 上, 2017』
48	고려	전라남도 해남군 마산면 은적사길 404 은적사, 『깨달음의 빛 비로자나불 上, 2017』
49	고려	경상북도 경주시 도지동1-2 이거사지, 『깨달음의 빛 비로자나불 下, 2017』
50	고려	대구광역시 달성군 가창면 광덕사, 『깨달음의 빛 비로자나불 下, 2017』
51	고려	경상북도 봉화군 재산면 동면리 산268, 『깨달음의 빛 비로자나불 下, 2017』
52	고려	경상북도 상주시 서성동163-48 복용동 석불, 『깨달음의 빛 비로자나불 下, 2017』
53	고려	경상북도 구미시 도개면 문수사 선산 궁기동 석불, 『깨달음의 빛 비로자나불 下, 2017』
54	고려	경상북도 성주군 가천면 금봉1길67 금봉리, 『깨달음의 빛 비로자나불 下, 2017』
55	고려	경상북도 영양군 일월면 도곡리 705 선운사, 『깨달음의 빛 비로자나불 下, 2017』
56	고려	대구광역시 경북대학교박물관, 『깨달음의 빛 비로자나불 下, 2017』
57	고려	경상북도 경주시 국립경주박물관(2軀), 『깨달음의 빛 비로자나불 下, 2017』
58	고려	경상북도 고령군 대가야읍 대가야박물관(2軀, 佛頭×), 『깨달음의 빛 비로자나불 下, 2017』
59	고려	경상북도 경산시 영남대학교박물관, 『깨달음의 빛 비로자나불 下, 2017』
60	고려	경상남도 거창군 신원면 감악사지(佛頭×), 『깨달음의 빛 비로자나불 下, 2017』
61	고려	경상남도 합천군 적중면 죽고리 산101, 『깨달음의 빛 비로자나불 下, 2017』
62	고려 1022	충청북도 제천시 빈신사지 4사자 9층석탑, 『깨달음의 빛 비로자나불 上, 2017』

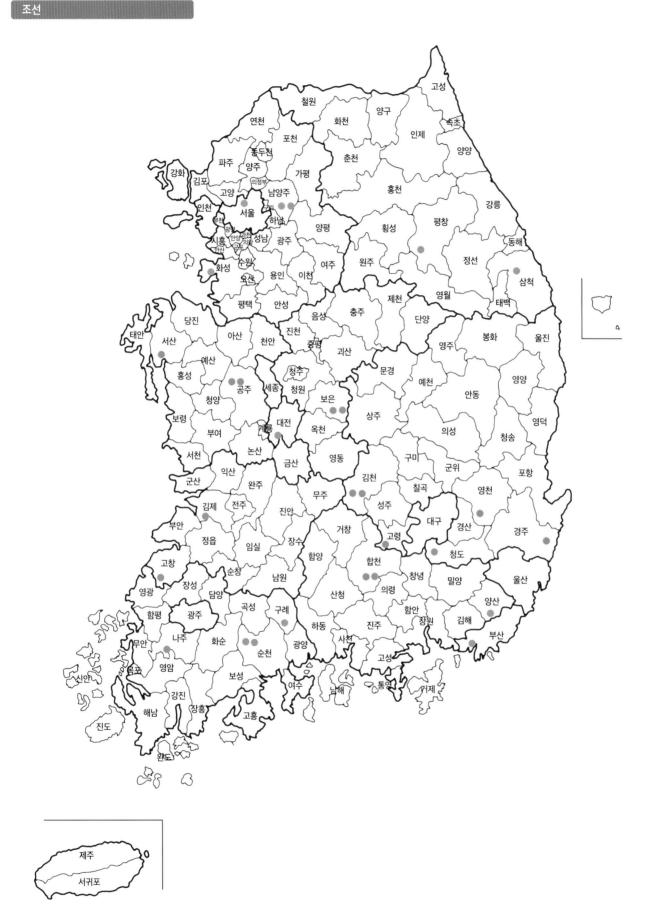

철원
연천
포천
파주
동두천 양주
강화 김포 의정부
고양 남양주
인천 서울 하남
부천 광주
광명 안양 과천 성남
시흥 의왕
안산 수원
화성 오산 용인
평택 안성
당진 아산
태안 서산 천안
예산
홍성 공주 세종
청양 청원
보령 부여 대전
서천 논산
익산 금산
군산 완주
김제 전주
부안 진안
정읍 임실
고창 장성 순창 남원
영광 담양
함평 광주 곡성 구례
무안 나주 화순 순천
신안 영암
목포 보성
강진 여수
해남 장흥 고흥
진도

고성
화천 양구
속초
인제 양양
춘천
가평
홍천 강릉
양평 횡성 평창
여주 원주 정선 동해
이천 삼척
음성 충주 제천 영월 태백
괴산 단양
진천 영주 봉화 울진
문경 예천
보은 안동
상주 영양
옥천 의성 청송 영덕
영동 구미
군위 포항
김천 칠곡
성주 영천
거창 대구 경산 경주
고령 청도
합천 울산
함양 창녕 밀양
산청 의령 양산
하동 진주 함안 창원 김해 부산
사천 고성
남해 통영 거제

제주
서귀포

번호	연대	소재지
1	조선전기	전라남도 나주시 대웅전
2	조선전기	충청남도 공주시 마곡사 대광보전
3	조선전기	경상북도 영천시 은해사성보박물관, 『한국의 사찰문화재』「대구광역시, 경상북도」
4	조선후기	강원도 삼척시 영은사 대웅보전
5	조선후기	경상남도 양산시 통도사 대광명전
6	조선후기	경상북도 고령군 반룡사 대적광전
7	조선후기	부산광역시 금정구 범어사 비로전
8	조선후기	충청북도 보은군 법주사 능인전
9	조선후기	경상남도 합천 해인사 대적광전, 『한국의 사찰문화재』「경상남도 Ⅱ 2권」
10	조선 17c 중기	대전광역시 비래사 대적광전
11	조선	경기도 화성시 홍법사 대웅전
12	조선	충청남도 서산시 일락사 대적광전
13	조선	충청남도 공주시 대원정사
14	조선	경상북도 청도군 운문사 대적광전
15	조선	경상북도 경주시 기림사 대적광전
16	조선	경기도 남양주시 성보사, 『한국의 사찰문화재』「경기도 Ⅰ」
17	조선	강원도 평창군 월정사 중대 사자암, 『한국의 사찰문화재』「강원도편」
18	조선	경상남도 합천군 해인사 국일암, 『한국의 사찰문화재』「경상남도 Ⅰ 2권」
19	조선	경상북도 김천시 대항면 직지사 성보박물관, 『깨달음의 빛 비로자나불 下, 2017』
20	조선 1622	서울특별시 종로구 낙산성곽동길 57-2 지장암, 『깨달음의 빛 비로자나불 上, 2017』
21	조선 1626	충청북도 보은군 법주사 대웅보전
22	조선 1628	경기도 남양주시 수종사 오층석탑 출토, 서울특별시 불교중앙박물관 소장, 『한국의 사찰문화재』「경기도 Ⅰ」
23	조선 1633경	전라북도 김제시 귀신사 대적광전
24	조선 1634	전라북도 고창군 선운사 대웅보전
25	조선 1636	전라남도 구례군 화엄사 대웅전
26	조선 1668	경상북도 김천시 직지사 비로전, 『한국의 사찰문화재』「경상북도 Ⅱ 1권」
27	조선 1684	전라남도 순천시 송광사 불조전, 『한국의 사찰문화재』「광주광역시, 전라남도 Ⅰ」
28	조선 1736	전라남도 순천시 선암사성보박물관, 『한국의 사찰문화재』「광주광역시, 전라남도 Ⅰ」

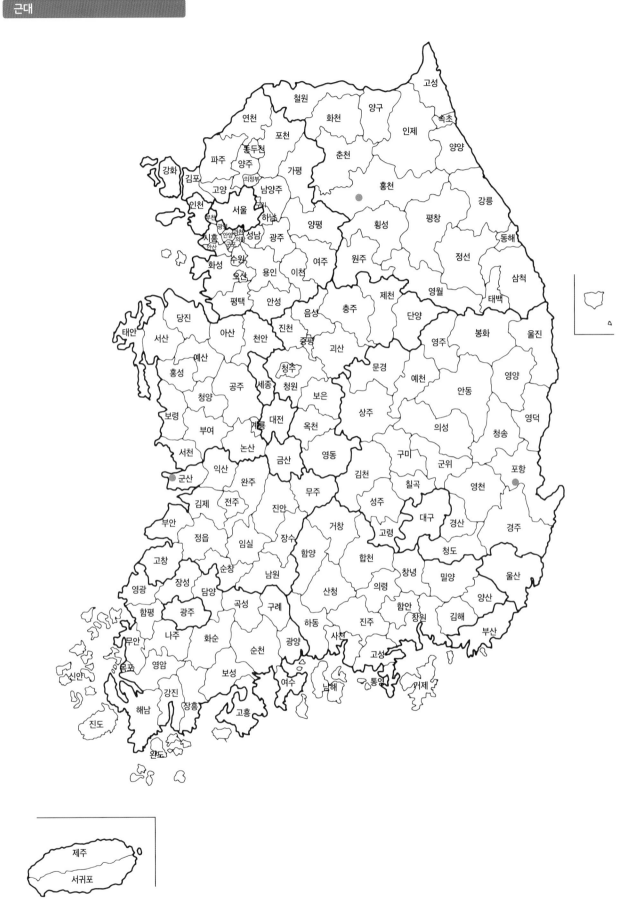

번호	연대	소재지
1	근대	경상북도 포항사 오어사 원효암
2	근대 1922	전라북도 군산 동국사범종각
3	근현대	강원도 홍천군 수타사 대적광전

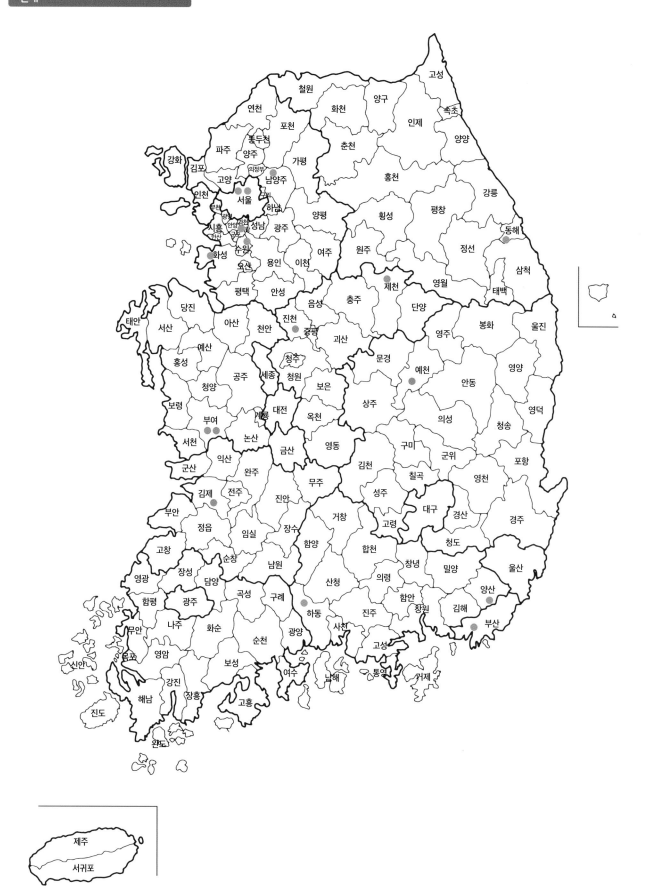

번호	연대	소재지
1	현대	경상남도 양산시 통도사 비로암
2	현대	경기도 안양시 삼막사 천불전
3	현대	경기도 화성시 용주사 천불전
4	현대	강원도 동해시 삼화사 비로전
5	현대	경기도 수원시 봉녕사 대적광전
6	현대	경상남도 하동군 쌍계사 화엄전
7	현대	경상북도 예천군 용문사 보광명전
8	현대	부산광역시 범어사 청련암 대웅전
9	현대	서울특별시 종로구 묘각사 대불보전
10	현대	서울특별시 서대문구 봉원사 삼천불전
11	현대	전라북도 김제시 금산사 대적광전
12	현대	충청남도 부여군 광덕사 보화루 1
13	현대	충청남도 부여군 광덕사 보화루 2
14	현대	충청북도 진천군 보탑사 목조다보탑
15	현대	충청북도 제천시 덕주사 대웅전
16	현대	경기도 남양주시 수종사

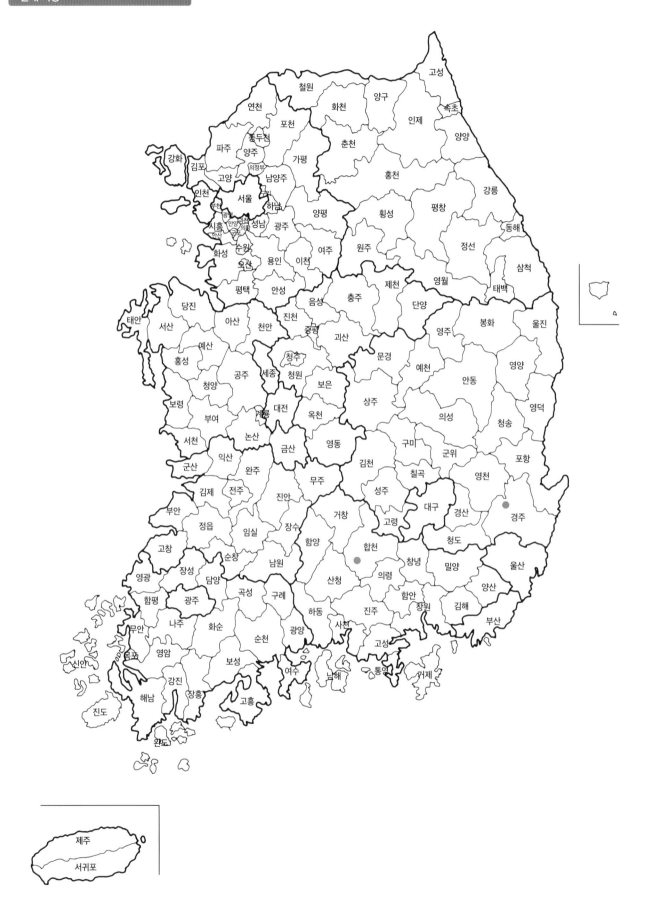

제주
서귀포

번호	연대	소재지
1	연대 미상	경상북도 경주시 감산사
2	연대 미상	경상남도 합천군 합천읍 영창리 778 석골암, 『깨달음의 빛 비로자나불 下, 2017』

2. 도판

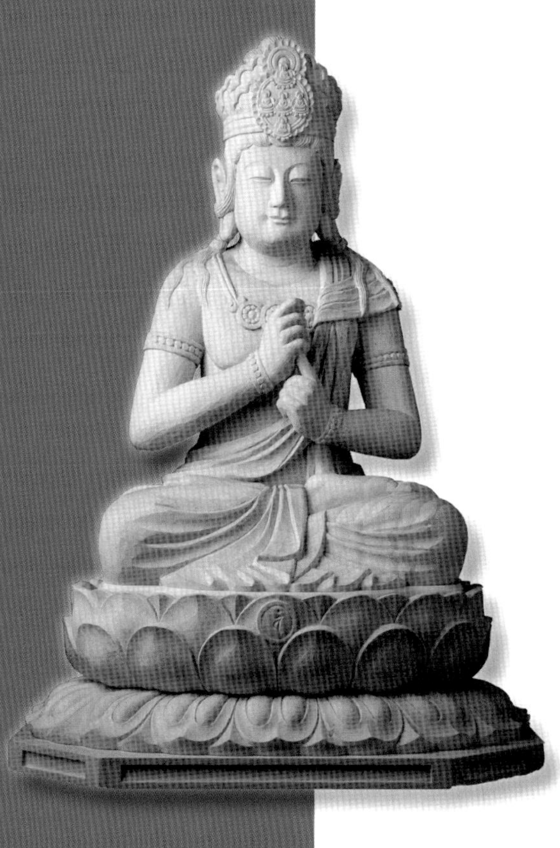

경주 불국사 비로전 금동비로자나불좌상
慶州 佛國寺 毘盧殿 金銅毘盧遮那佛坐像

001

통일신라 8c
국보 제26호
경상북도 경주시 진현동

金銅毘盧遮那佛坐像이 奉安되어있는 毘盧殿은 정면 5칸, 측면 3칸의 팔작지붕으로 1973년 대규모 復原佛事 때 재건된 것이다.[01] 이 尊像은 높이가 177cm, 무릎 폭이 136cm 크기로 偏袒右肩의 大衣를 걸쳤다. 대의는 밀착되었고 장신형 체구이다. 오른손 검지를 왼손이 감싼 智拳印을 結하고 있다. 기록을 통해 887년 憲康王의 명복을 빌기 위하여 그의 後妃로 추정되는 秀圓 비구니가 발원, 9세기 후반에 조성되었다.[02]

---

01   김래성, 「불국사의 가람배치」 동국대학교 석사학위논문, 2014, pp.19-20. 참고.
02   이숙희, 『깨달음의 빛, 비로자나불 下』 영축산 법성사, 2017, p.27.

경주 국립경주박물관 금동비로자나불좌상
慶州 國立慶州博物館 金銅毘盧遮那佛坐像

002

통일신라 8c 후기
경상북도 경주시 경주국립박물관

국립경주박물관에 소장되어 있는 金銅毘盧遮那佛坐像은 높이 12cm의 상으로 肉髻가 표현된 素髮의 佛頭에 둥근 얼굴형을 가지고 있다. 눈썹과 콧대가 이어져있으며 눈두덩이는 살짝 도톰하고 눈은 가늘게 표현하였다. 귀는 일자로 길게 내려왔으며 목은 짧다. 法衣는 偏袒右肩식이나, 옷자락이 오른쪽 어깨 끝을 살짝 덮고 있다. 오른손이 왼손 검지를 감싸고 있는 智拳印의 手印을 결하고 있다. 특히 오른손의 엄지가 감싼 왼손의 검지와 맞닿는 지권인의 특징을 표현하기 위해 엄지를 말아 손 안으로 넣고 있다. 옷주름은 깊게 표현되어 있으며 옷자락이 대좌를 덮는 裳縣座이다. 또 상의 背面에 부러진 촉의 흔적이 있어 광배가 있었을 것으로 추정되며, 상 곳곳에 개금을 했던 흔적이 보인

다. 이 상은 전반적으로 8세기 불상형식을 따르고 있으나 옷주름과 같은 세부표현 방식에 따라 9세기 전반에 조성된 것으로 추정된다.[01]

---

01 이숙희, 『깨달음의 빛, 비로자나불 下』 영축산 법성사, 2017, p.266.

경주 국립경주박물관 금동비로자나불입상
慶州 國立慶州博物館 金銅毘盧遮那佛立像

003

통일신라 9c 전기
경상북도 경주시 인왕동

국립경주박물관에 소장되어있는 金銅毘盧遮那佛立像은 살짝 기울인 얼굴을 비스듬히 숙이고 있는 것이 특징이다. 肉髻가 크게 표현된 螺髮의 佛頭와 圓滿한 얼굴형을 가지고 있으며 길게 내려온 귀는 끝이 反轉되어 있다. 눈썹은 얕게 표현되어 있으며 콧대는 날카롭다. 눈은 가늘고 길게 표현되어있으며 끝이 살짝 올라가 있다. 인중은 깊고 입술은 선명하며 목에는 三道가 표현되어있다. 오른손 검지를 왼손이 智拳印의 手印을 결하고 있는데, 이는 보편적인 지권인과는 손의 위치가 반대인 逆智拳印이다. 두꺼운 法衣를 입고 있으며, 옷자락이 양쪽 어깨를 덮고 무릎까지 길게 내려와 있다. 옷주름은 무릎 밑까지 폭이 넓으며 규칙적으로 U자형을 그리며 표현되어있다. 이 상은 불상양식으로 보아 통일신라 9세기 전반에 조성되었을 것으로 추정된다.[01]

---

01   이숙희, 『깨달음의 빛, 비로자나불 下』, 영축산 법성사, 2017, p.271.

경주 국립경주박물관 금동비로자나불입상
慶州 國立慶州博物館 金銅毘盧遮那佛立像

004

통일신라 9c 후기
경상북도 경주시 인왕동

국립중앙박물관에 소장되어있는 金銅毘盧遮那佛立像은 크고 둥근 肉髻가 표현된 素髮의 佛頭에 方形을 얼굴을 가지고 있다. 弧線을 이루며 얇게 표현된 눈썹과 높은 콧대, 아래로 내려다보듯 가늘게 뜬 눈과 깊게 표현된 인중, 도톰한 입술이 선명하게 남아 있다. 귀는 일자로 길게 내려와 있으며. 三道가 표현된 목은 짧은 편이다. 얼굴에 비해 어깨는 좁고 양어깨를 모두 덮는 通肩의 옷차림을 하고 있다. 옷자락은 팔에 걸쳐져 발목까지 이어지는데, 옷자락의 소매부분을 구불구불하게 표현하였다. 옷주름은 규칙적이고 일정하게 표현되어 있으며 허리부분부터는 U자형으로 층계를 이루며 내려온다. 手印은 智拳印을 결하는 비로자나불상 중에서도 그 모습이 독특한데, 왼손은 검지를 세워 들어 손바닥이 바깥을 향하게 들고 오른손 검지의 마디를 접어 왼손 검지와 맞

대는 형태이다. 이 상은 불상의 양식적 특징을 종합하였을 때 통일신라 9세기 후반에 조성되었을 것으로 추정된다.[01]

---

01   이숙희, 『깨달음의 빛, 비로자나불 上』 영축산 법성사, 2017, p.44. 참고.

안동 마애리 석조비로자나불좌상
安東 麻厓里 石造毘盧遮那佛坐像

005

통일신라 9c
경상북도 유형문화재 제17 호
경상북도 경주시 진형동

安東 麻厓里의 소나무 숲에 자리한 石造毘盧遮那佛坐像은 方形의 얼굴에 둥글고 낮은 肉髻가 표현된 螺髮의 佛頭를 가지고 있다. 미간에는 白毫가 크고 깊게 표현되어있으며, 눈썹선과 콧대가 이어져 있다. 코는 상대적으로 큰 편이며, 입술은 작고 얇게 표현되어있다. 왼손 검지를 오른손이 감싸는 智拳印의 手印을 결하고 있다. 通肩을 하고 있으며, 法衣의 주름은 규칙적이다. 배에는 僧祇支 매듭이 표현되어있다. 대좌는 삼단의 팔각연화대좌로 중대석에는 보살상이 새겨져있으며, 하대석에는 眼象을 넣고 그 안에는 사자를 새겨 넣었다. 이 상의 정확한 조성시기는 알 수 없지만 불상의 양식적 특징으로 살펴보았을 때 통일신라 불상으로 추정된다.[01]

석조대좌 중대석 보살상

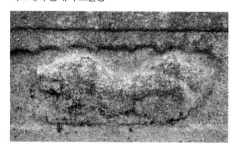

석조대좌 하대석 사자상

01   이숙희, 『깨달음의 빛, 비로자나불 下』 영축산 법성사, 2017, p.148. 참고.

경주 국립경주박물관 창림사지 석조비로자나불좌상 1
慶州 國立慶州博物館 昌林寺址 石造毘盧遮那佛坐像 1

006

통일신라 9c
경상북도 경주시 인왕동

국립경주박물관 야외전시장에는 佛頭가 사라진 여러 점의 불상이 소장되어있다. 그 중 창림사지에서 발견된 2구의 불상이 있는데, 그 중 1구가 바로 이 불상이다. 이 石造毘盧遮那佛坐像은 佛頭가 결실되었으며, 목에는 三道가 표현되어있다. 둥글게 표현된 손은 왼손의 검지를 오른손이 감싸는 智拳印의 手印을 결하고 있다. 둥근 어깨를 양쪽 모두 덮은 通肩의 착의법을 하고 있으며, 옷주름은 양어깨에서 내려오는 부분과 裙衣의 표현으로 보이는 부분을 제외하고는 얇고 마멸된 부분이 많다. 하반신은 파손의 흔적이 보이며, 남아있는 부분의 표현은 상반신에 비해 간략화 되어있음을 알 수 있다. 이 尊像은 창림사지 삼층석탑에서 발견된 『無垢淨塔願記』에 따라 신라 문성왕 17년(855)에 조성된 것으로 보고 있다.[01]

01   이숙희, 『깨달음의 빛, 비로자나불 下』 영축산 법성사, 2017, p.284.

경주 국립경주박물관 창림사지 석조비로자나불좌상 2
慶州 國立慶州博物館 昌林寺址 石造毘盧遮那佛坐像 2

007

통일신라 9c
경상북도 경주시 인왕동

국립중앙박물관 야외전시장에 전시되어 있는 이 상은 佛頭가 결실되고 다리부분이 파손되었으며, 마멸이 심해 그 형태를 알아보기가 어렵다. 다만 같은 절터에서 발견된 재질과 크기가 유사한 상을 통해 그 형태를 추정해볼 수 있다. 목에는 三道의 표현으로 보이는 가로선이 얕게 남아있으며, 옷주름의 표현으로 보이는 흔적과 팔을 덮고 내려오는 옷자락의 윤곽은 확인이 가능하다. 오른손은 일부 파손되었으나 오른손과 왼손의 형태와 위치를 보아 智拳印의 手印을 결한 것임을 알 수 있다. 이 상은 1824년 창림사지 삼층석탑에서 발견된 『無垢淨塔願記』의 내용을 통해 신라 문성왕 17년(855)에 조성된 것으로 보고 있다.[01]

---

01 이숙희, 『깨달음의 빛, 비로자나불 下』 영축산 법성사, 2017, p.284.

경주 국립경주박물관 분황사 출토 석조비로자나불좌상
慶州 國立慶州博物館 芬皇寺 出土 石造毘盧遮那佛坐像

008

통일신라 9c
경상북도 경주시 인왕동

국립경주박물관에 소장되어있는 石造毘盧遮那佛坐像은 1965년 12월 芬皇寺 인근에 위치한 경상북도 문화재자료 제9호 芬皇寺 石井에서 佛坐像, 菩薩立像, 佛頭 등의 여러 유물과 함께 발견된 것이다. 舟形의 擧身光背를 가지고 있으며, 거신광배 안에 원형의 頭光과 身光이 표현되어있다. 素髮의 불두에 둥근 얼굴형을 가졌으나, 얼굴의 표현은 마멸이 심해 위치만 가늠 될 뿐 그 형태를 확인하기 어렵다. 둥글게 떨어지는 어깨에 두꺼운 法衣를 입은 모습으로 팔의 소맷자락은 폭이 넓고 굵은 옷주름이 표현되어있다. 손 부분 역시 마멸이 심하지만 가슴 앞에 모은 두 손의 위치와 형태가 智拳印의 手印을 결한 것으로 보인다. 이 尊像은 양식적 특징으로 살펴볼 때 통일신라 8세기에서 9

세기에 조성된 것으로 추정된다.[01]

01 이숙희,『깨달음의 빛, 비로자나불 下』영축산 법성사, 2017, p.262.

광주 증심사 비로전 철조비로자나불좌상
光州 證心寺 毘盧殿 鐵造毘盧遮那佛坐像

009

통일신라 9c
보물 제131호
광주광역시 동구 운림동

證心寺 大雄殿 뒤편에 위치하고 있는 毘盧殿은 1971년 復原佛事 이후에 재건된 정면 3 칸, 측면 2칸 규모의 맞배지붕 건물이다. 栱包는 기둥 위에만 포가 존재하는 柱心包式 이며, 각 기둥에 검은 바탕에 흰 글씨로 쓴 柱聯이 달려있다. 御間과 左右夾間 모두 3 分閤 빗살문을 달았다. 側面의 板壁에는 山神圖가 그려져 있다. 비로전 내부에 모셔진 鐵造毘盧舍那佛坐像은 肉髻가 표현된 螺髮의 佛頭에 얼굴은 圓滿하다. 눈썹의 표현 이 콧대와 이어졌으며 입술이 비교적 도톰하게 표현되었다. 목에는 三道가 나타나있으 며 상반신이 긴 편이지만 무릎이 넓어 안정감이 있다. 通肩의 옷차림을 하고 있으며 오 른쪽에는 1조의 띠주름, 왼쪽에는 3조의 띠주름이 표현되어있다. 手印은 비로자나불

의 智拳印을 결하고 있는데 왼손이 오른손 위로 올라가 있어 보통의 지권인과는 반대 인 逆智拳印의 모습을 보인다. 이 철조비로자나불좌상은 본래 증심사의 불상이 아니 라 1934년에 광주시 서창면 동계리에 있던 것을 증심사로 옮겨온 것이다.[01] 이 상의 정 확한 제작연대는 알 수 없지만 불상의 양식을 통해 신라 하대 9세기경로 추정할 수 있 다.[02]

---

01   김형우, 『한국의 사찰 上』, 대한불교진흥원, 2004, p.333.
02   황태성, 「통일신라 비로자나불상의 조성과정과 시대구분 연구」, 중앙승가대학교 석사학위논문, 2015, p.62.

국립중앙박물관 소장 석조비로자나불좌상
國立中央博物館 所藏 石造毘盧遮那佛坐像

010

통일신라 9c
서울특별시 용산구 용산동

국립중앙박물관에 소장되어있는 石造毘盧遮那佛坐像은 팔각연화대좌 위에 結跏趺坐의 자세로 앉아있다. 頭光과 身光은 당초문과 보상화문 등 다양한 문양으로 장식하였다. 佛頭는 螺髮과 낮은 肉髻로 표현되어 있으며, 얼굴은 둥글다. 눈썹은 弧線을 이루며 짙게 표현되어있으며, 콧대와 이어져 있다. 눈은 가로로 길게 뜨고 있으며, 입술을 작지만 선명하다. 전체적으로 이목구비를 얼굴에 꽉 채워 표현하였다. 오른손을 안쪽으로 살짝 말아 쥐듯이 하여 왼손 검지를 쥐고 있는 智拳印의 手印을 결하고 있다. 대좌의 중대석에는 공양자상이 새겨져있으며 하대석에는 眼象을 넣고 사자상을 새겨 넣어 안동 마애리 석조비로자나불좌상의 대좌와 비슷한 모습을 보인다. 이 상의 정확한 제작

연대는 알 수 없지만 옷주름의 표현, 광배와 팔각의 연화대좌 등 불상의 양식적 특징을 통해 통일신라 불상으로 추정할 수 있다.[01]

---

01 이숙희, 『깨달음의 빛, 비로자나불 上』, 영축산 법성사, 2017, p.30.

임실 용암리사지 석조비로자나불좌상
任實 龍岩里寺址 石造毘盧遮那佛坐像

011

통일신라 9c
전라북도 유형문화재 제82호
전라북도 임실군 신평면

龍岩里寺址 石造毘盧遮那佛坐像은 1900년경에 서쪽 저수지에서 발견되었는데 얼굴은 마모가 심해 형체를 알기 어렵다. 이 존상은 높이 110cm, 무릎 폭 85cm의 크기로 通肩의 大衣를 걸치고 있다. 왼손이 결실되어 있지만 오른손의 자세와 위치를 통해 智拳印을 결하고 있음을 알 수 있다. 대좌는 팔각연화대좌로 하대석에는 眼象과 獸像, 중대석에는 보살상을 새겨 넣었다. 이 존상의 조성연대는 옷주름의 표현과 대좌 등의 양식적 특징을 통해 볼 때 통일신라시대로 추정된다.[01]

01   이숙희, 『깨달음의 빛, 비로자나불 上』 영축산 법성사, 2017, p.386.

경주 국립경주박물관 석조비로자나불좌상
慶州 國立慶州博物館 石造毘盧遮那佛坐像

012

통일신라 9~10c
경상북도 경주시 인왕동

국립경주박물관 옥외전시장에는 佛頭가 결실된 불상들을 비롯하여 훼손된 불상들이 여러 구 전시되어 있다. 이 상 역시 불두를 비롯하여 오른쪽 佛身이 크게 훼손되었고 마멸의 정도도 심각하여 그 양식적 특징이나 세부표현에 대해 살펴보기가 어렵다. 다만 남아있는 부분을 통해 살펴보자면, 이 상은 結跏趺坐의 자세로 앉아있으며 오른쪽 발을 드러내고 있다. 옷주름이 굵게 표현된 두꺼운 法衣를 입고 있으며, 옷자락의 폭이 넓다. 또 오른손이 위로 왼손이 아래로 위치하고 있는 것으로 보아 智拳印의 手印을 결하고 있는 것으로 보인다. 이를 통해 그 존명을 비로자나불로 추정해볼 수 있다.

여주 신륵사 대웅전 청동비로자나불입상
驪州 神勒寺 大雄殿 靑銅毘盧遮那佛立像

통일신라
경기도 여주시 천송동

神勒寺 極樂寶殿 靑銅毘盧遮那佛立像은 2010년 극락보전 해체보수 중 불단 아래에서 발견된 청동불상 3점 중 1구이다. 佛頭는 素髮이며, 턱이 낮은 肉髻를 이중으로 표현하였다. 얼굴은 圓滿하며, 눈썹선과 콧대가 이어져 있고 입술은 작다. 귀는 길게 늘어지지 않고 얼굴선을 따라 표현되어 있다. 목은 짧고 굵으며, 어깨는 둥글게 떨어진다. 양쪽 어깨를 모두 덮은 通肩의 옷차림을 하고 있는데 옷자락이 팔꿈치까지 걷어져있으며, 팔 안쪽으로 붙은 옷자락의 끝단은 갈기처럼 뾰족하게 표현되어 있다. 옷주름은 허리부터 일정한 간격으로 半圓을 그리며 내려오고 있다. 소형의 불상이기 때문에 손의 상세표현이 간략화 되어 있지만 왼손의 검지를 오른손이 감싸고 있는 智拳印의 手印을

결하고 있다. 이 상은 정확한 제작연대를 알 수 없지만, 옷주름의 표현 등 양식적인 특징으로 보아 신라 하대 9세기경으로 추정해볼 수 있다.

양산 통도사 성보박물관 석조비로자나불좌상
梁山 通度寺 聖寶博物館 石造毘盧遮那佛坐像

014

통일신라
경상남도 양산시 하북면

通度寺 聖寶博物館에 소장되어 있는 石造毘盧遮那佛坐像은 얼굴과 상반신이 파손되어 근래 복원한 것이다. 佛頭는 素髮이며 낮은 肉髻가 표현되어 있고 얼굴은 方形에 가깝다. 미간에는 白毫가 표현되어 있으며 콧대는 넓고 평평하다. 눈과 입술 모두 가로로 길 다. 귀는 크고 길며, 목에는 三道가 표현되어 있다. 양쪽 어깨를 모두 덮은 通肩의 옷차림을 하고 있는데, 옷자락이 내려와 가슴이 드러나 있으며, 옷깃이 굵게 표현되어 있다. 옷주름은 팔에서 사선으로 3조씩 내려와 팔을 타고 넘어오는 모습이다. 배 부분에서는 반원형으로 주름이 내려오고 있으며 오른쪽 발바닥이 표현되어 있다. 비스듬하게 뻗은 오른손 검지를 왼손이 감싸고 있는 逆智拳印의 手印을 결하고 있다. 좌대는 팔각

연화대좌로 복원작업 때 새로 만든 것이다. 얼굴과 상반신, 대좌가 새롭게 복원된 것으로 양식적 특징을 통해 연대를 추정하기 어렵다. 다만 신체의 양감이 줄어들고 두 손의 표현이 어색하며 형식적인 옷주름 표현 등에서 연대가 내려가는 요소가 보인다.[01]

---

01   이숙희, 『깨달음의 빛, 비로자나불 下』 영축산 법성사, 2017, p.344.

영주 부석사 북지리 석조비로자나불좌상 동편
榮州 浮石寺 北枝里 石造毘盧遮那佛坐像 東便

015

통일신라
보물 제220-1호
경상북도 영주시 부석면

浮石寺 慈忍堂에 奉安되어있는 3존 중 하나로 동쪽에 배치되어있으며, 높이는 99.5cm
이다. 舟形의 擧身光背와 팔각연화대좌를 갖추고 있으며 通肩의 法衣를 걸치고 있다.
오른손이 왼손 검지를 감싸는 智拳印을 結하고 있는데, 이는 후에 복원된 것이다. 이
尊像은 서편 존상과 크기와 재질, 양식적 특징이 유사하여 같은 시기에 조성되었을 것
으로 보이는데, 통일신라 9세기경으로 추정된다.[01]

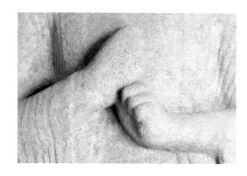

석조광배 화불

석조대좌 하대석 사자상

---

01   김상영, 『전통사찰총서 16, 경상북도의 전통사찰 III』, 사찰문화연구원, 2001, p.313. 참고.

영주 부석사 북지리 석조비로자나불좌상 서편
榮州 浮石寺 北枝里 石造毘盧遮那佛坐像 西便

016

통일신라
보물 제220-2호
경상북도 영주시 부석면

浮石寺 慈忍堂의 西便 石造毘盧遮那佛坐像은 높이 103cm로 通肩의 法衣를 걸치고 있다. 손은 결실 되었던 것을 오른손이 왼손을 감싸 쥐는 智拳印으로 복원한 것이다. 光背는 두 조각으로 나눠져 있으며 三尊化佛과 寶相華紋, 蓮花文紋이 표현되어있다. 이 존상은 동편 불상과 같은 시기에 같은 제작자에 의해 조성되었을 것으로 보이며, 그 시기는 통일신라 9세기경으로 추정된다.

석조광배 화불

석조대좌 하대석 사자상

영주 비로사 적광전 석조비로자나불좌상
榮州 毘盧寺 寂光殿 石造毘盧遮那佛坐像

017

통일신라
보물 제996-2호
경상북도 영주시 풍기읍

寂光殿은 毘盧寺의 주법당으로 정면 3칸, 측면 2칸의 맞배지붕 건물이다. 栱包는 柱心包式이며, 각 기둥마다 검은 바탕에 흰 글씨로 쓴 柱聯을 달았다. 御間은 4分閤 빗살문을, 左右 夾間에는 3分閤 빗살문을 달았다. 측면 벽은 벽화로 장엄하였으며 지붕 옆면에는 風板을 달았다. 한국전쟁 때 비로사의 모든 전각이 소실되어 1995년에 복원된 건물이다.[01] 적광전에 금동아미타불좌상과 나란히 봉안되어 있는 金銅毘盧遮那佛坐像은 螺髮의 佛頭에 肉髻와 髻珠가 표현되어 있으며, 얼굴은 圓滿하다. 눈썹은 弧線을 이루며 콧대와 이어져있고 입술을 작은 편이다. 귀는 길게 내려와 끝이 反轉되어있으며, 목에는 三道가 나타나있다. 어깨는 方形에 가깝고 양쪽 어깨를 덮는 通肩의 옷차림을 하고 있다. 옷주름은 일정한 간격을 가지고 팔뚝과 팔목, 발목부분에 표현되어있으며 배

부분에는 僧祇支 매듭이 있다. 왼손은 검지를 세우고 오른손이 왼손 검지를 감싸는 智拳印의 手印을 결하고 있다. 이 상의 조성연대에 관련한 기록은 찾을 수 없지만, 불상의 양식적 특징을 살펴보았을 때 통일신라 9세기경으로 추정 할 수 있다.[02]

---

01 김상영, 『전통사찰총서 16, 경상북도의 전통사찰 Ⅲ』 사찰문화연구원, 2001, p.319.
02 김상영, 위의 책, 2001, p.321. 참고.

영주 성혈사 나한전 석조비로자나불좌상
榮州 聖穴寺 羅漢殿 石造毘盧遮那佛坐像

018

통일신라
경상북도 유형문화재 제402호
경상북도 영주시 순흥면

聖穴寺 羅漢殿은 정면 3칸, 측면 1칸의 맞배지붕으로 1984년 지붕 해체 보수공사 시 종도리에서 발견된 상량문에 따르면 1553년에 창건되었으며 1634년에 重創되었다고 한다.[01] 내부에는 石造毘盧遮那佛坐像이 奉安되어 있다. 이 尊像은 높이가 81.5cm로 현재는 호분이 칠해져 있는 상태이다. 通肩의 大衣를 걸치고 있으며, 옷자락 끝에는 띠주름, 배 부분에는 僧祇支 매듭이 있다. 오른손으로 왼손 검지를 감싼 智拳印을 結하고 있으며 오른손은 결실되었던 것을 보수하였다. 이 존상은 부석사 인근 비로자나불좌상들과 함께 9세기 후반의 불상 특징을 보여주는 석조불좌상이다.[02]

01 문화재청, 『성혈사 나한전 실측조사 정밀실측조사보고서』, 2007, p.76. 참고.
02 문화재청, 위의 책, 2007, p.104.

예천 한천사 대적광전 철조비로자나불좌상
醴泉 寒天寺 大寂光殿 鐵造毘盧遮那佛坐像

통일신라
보물 제667호
경상북도 예천군 감천면

寒天寺 大寂光殿은 정면 5칸, 측면 3칸의 팔작지붕으로 본래 유리광전이라는 현판을
달고 있었는데 奉安된 존상의 手印이 변경 되면서 殿閣名도 변경되었다. 이 전각은 한
국전쟁 시 戰火를 입으면서 소실된 후 1994년에 새롭게 조성한 것이다.[01] 대적광전에
봉안된 鐵造毘盧遮那佛坐像은 偏袒右肩의 法衣를 걸치고 있으며 장대한 체구이다. 이
존상은 오른팔과 왼손이 결실된 상태로 보물지정 당시 오른손을 들어 올리고 왼손에
藥器를 든 약사여래로 복원하였다.[02] 이후 비로자나불로 밝혀져 智拳印을 결한 현재의
모습을 갖추게 되었다. 조성시기는 통일신라시대로 추정된다.[03]

01 김상영, 『전통사찰총서 16, 경상북도의 전통사찰 Ⅲ』 사찰문화연구원, 2001, p.34. 참고.

02 『문화재대관 Ⅰ』 경상북도, 2003, p.606. 참고.

03 이숙희는 『깨달음의 빛, 비로자나불 下』(영축산 법성사, 2017)에서 이 상을 현존하는 철불 중에 가장
    오래된 비로자나불로 보며, 그 조성시기를 8세기 후반으로 보았다.
    『문화재대관 Ⅰ』(경상북도, 2003)에서는 불국사 금동불이 제작된 887년 이후인 9세기 말에서 10세
    기 초로 보았다.

봉화 취서사 보광전 석조비로자나불좌상
奉化 鷲棲寺 普光殿 石造毘盧遮那佛坐像

020

통일신라
보물 제995호
경상북도 봉화군 물야면

鷲棲寺 普光殿은 정면 3칸, 측면 2칸의 팔작지붕으로 보광전 상량문에 의해 1881년 이전의 건물로 추정된다.[01] 내부에는 石造毘盧遮那佛坐像이 奉安되어있다. 이 尊像은 높이가 108cm이며, 대좌는 96cm이다. 木造 光背는 조선시대에 조성된 것으로 花紋과 火焰紋, '옴'자가 조각되어있다. 본래의 석조광배는 윗부분만 남아있다.[02] 通肩의 大衣를 걸치고 있으며, 오른손으로 왼손 검지를 감싸 쥔 智拳印을 結하고 있다. 이 존상의 제작연대는 삼층석탑에서 발견된 사리호의 명문을 통해 신라 경문왕 7년(867)에 석탑과 함께 조성하였음을 알 수 있다.[03]

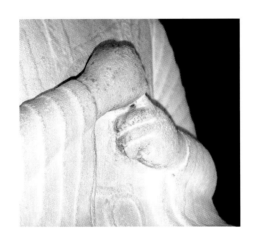

---

01 『전통사찰총서 16, 경상북도의 전통사찰 Ⅲ』, 사찰문화연구원, 2001, p.374. 참고.

02 『문화재대관 Ⅱ』, 경상북도, 2003, p.72. 참고.

03 경상북도, 위의 책, 2003, p.72.

괴산 각연사 비로전 석조비로자나불좌상
槐山 覺淵寺 毘盧殿 石造毘盧遮那佛坐像

021

통일신라
보물 제433호
충청북도 괴산군 칠성면

覺淵寺 毘盧殿은 정면 3칸, 측면 3칸의 팔작지붕으로 인조 26년(1648), 효종 6년 (1655), 광무 3년(1899), 1975년, 1980년 등 여러 차례 重修를 거쳐 현재의 모습을 갖추게 되었다.[01] 비로전에 奉安되어있는 石造毘盧遮那佛坐像은 높이 123cm, 무릎 폭 95.5cm의 크기로 擧身光背를 가지고 있으며 호분과 채색의 흔적이 보인다. 偏袒右肩 大衣를 걸치고 있으며 오른손이 왼손 검지를 감싸고 있는 智拳印을 結하고 있다. 존상의 세부표현이 대구광역시 동화사 비로암 석조비로자나불상(863)과 매우 유사하여 비슷한 시기에 조성된 것으로 추정된다.[02]

석조광배 화불

석조광배 후면부 탁본

석조대좌 중대석 사자상

---

01 『전통사찰총서 10, 충청북도의 전통사찰 Ⅰ』 사찰문화연구원, 2008, pp.214-217. 참고.
02 이숙희, 『깨달음의 빛, 비로자나불 上』 영축산 법성사, 2017, p.208.

청주 청주대학교박물관 석조비로자나불좌상
淸州 淸州大學校博物館 石造毘盧遮那佛坐像

022

통일신라
충청북도 유형문화재 제23호
충청북도 청주시 내덕2동

청주대학교박물관에 소장되어 있는 石造毘盧遮那佛坐像은 본래 龍巖寺의 불상으로 알려져 있다. 佛頭는 螺髮이며, 큰 肉髻와 계주가 표현되어 있다. 이마에는 白毫가 표현되어 있으며 눈썹선은 弧線을 이루며, 코는 크고 콧대가 평평하다. 입술은 얇으며 군살진 턱이 표현되어있다. 귀는 길게 내려와 어깨에 닿고 있으며 목에는 三道가 나타나 있다. 佛身은 方形에 가까우며, 어깨가 佛頭에 비해 좁다. 양쪽 어깨를 덮고 있는 通肩의 옷차림을 하고 있으며, 소매 폭이 넓다. 오른손 검지를 왼손이 감싸 쥐고 있는 逆智拳印의 手印을 결하고 있는데, 손이 작은 편이다. 結跏趺坐의 자세를 취하고 있으며, 오른쪽

발만 法衣자락 바깥으로 드러나 있다. 대좌는 팔각연화대좌로 중대석에는 향로와 반가상을 비롯한 보살상이 새겨져있다. 상대석은 원형으로 연화문이 陽刻되어있다. 이 상은 정확한 조성연대는 알 수 없지만, 불상의 양식적 특징을 통해 통일신라 불상으로 추정된다.[01]

---

01   이숙희, 『깨달음의 빛, 비로자나불 上』, 영축산 법성사, 2017, p.308.

장흥 보림사 대적광전 철조비로자나불좌상
長興 寶林寺 大寂光殿 鐵造毘盧遮那佛坐像

023

통일신라 858
국보 제117호
전라남도 장흥군 유치면

寶林寺 大寂光殿은 정면 5칸, 측면 5칸 규모의 팔작지붕 건물이다. 栱包는 多包系 양식이며, 包壁에는 불좌상을 그려 장엄하였다. 御間과 左夾右間 모두 문을 달았으며, 위에는 長方形의 交窓을 냈다. 대적광전은 『寶林寺重創記』의 내용에 따르면 1561년 重創 기록을 시작으로, 1664년에 重修, 1666년에는 단청을 했다. 1692년에는 장자분합 2쌍을 새로 만들고 중수했다. 이후 한국전쟁 때 火魔를 입어 복원한 전각이다.[01] 鐵造毘盧舍那佛坐像은 螺髮의 佛頭에 높은 肉髻가 표현되어 있다. 通肩式으로 大衣를 착의하였으며 가슴 부분의 벌려진 대의 사이로 僧脚崎가 보인다. 下體는 上體에 비해 넓어 안정적으로 보이며, 두 다리사이에는 부채꼴 주름이 형식적으로 표현되어있다.

가슴 아랫부분에서 왼손 검지를 오른손으로 감싸 쥐는 智拳印의 手印을 결하고 있는데, 佛身의 크기에 비해 손의 크기가 매우 작다. 왼쪽 팔 뒤에는 총 69자의 佛像造成記가 陽刻되어있어, 大中 12년(858)에 조성되었음을 알 수 있다.[02]

---

01 김희태, 「조선후기 『장흥 보림사 중창기』의 고찰」 『역사학연구』 36, 2009, p.125.
   『전통사찰총서 6, 전라남도의 전통사찰 I』 사찰문화연구원, 1996, p.205. 참고.

02 "當成弗時釋迦如來入滅 後一千八百年耳 時情王即位第三年也 大中十二年戊寅七月十 七日武州長沙 副官金遂 宗聞奏情王□八月 卄二日勅下令□躬作不 覺勞因也"
   (박성연, 「보림사 철조비로자나불좌상 연구」 이화여자대학교 대학원 석사학위논문, 2012, pp.22-32 참고.)

대구 동화사 비로암 석조비로자나불좌상
大邱 桐華寺 毘盧庵 石造毘盧遮那佛坐像

024

통일신라 863 추정
보물 제244호
대구광역시 동구 도학동

毘盧庵은 桐華寺의 산내암자 중 하나로 비로암의 大寂光殿에 石造毘盧遮那佛坐像이 봉안되어있다. 정면 3칸, 측면 3칸 규모의 맞배지붕 건물이며, 棋包는 多包系 양식이다. 御間과 左夾右間 모두 격자문을 달았으며, 각 기둥마다 柱聯을 걸고 包壁에는 불좌상을 그려 장엄하였다. 18세기 말에 건립된 것으로 추정되는 건물이다.[01] 석조비로자나불좌상은 舟形의 擧身光背를 가지고 있으며, 佛頭는 螺髮과 肉髻가 표현되어있다. 얼굴은 양감이 느껴지며, 미간에는 白毫가 표현되어 있다. 콧대는 날카로우며 코와 입술의 거리가 짧고, 군살진 턱을 표현했다. 귀는 길게 내려와 밖으로 反轉된 형태이며, 목에는 三道가 나타나있다. 양쪽 어깨를 덮는 通肩의 옷차림을 하고 있으며, 옷주름은 규

칙적이며, 무릎 앞에서 완만한 U자형으로 표현되었다. 배 부분에는 내의인 僧祇支의 매듭 끈이 보인다. 手印으로는 왼손 검지를 오른손이 감싸 쥐고 있는 智拳印을 결하고 있다. 대좌는 팔각연화대좌로 중대석에는 구름과 사자를 장식했다. 이 상은 민애왕의 명복을 빌기 위해 만든 대구광역시 동화사 비로암 삼층석탑(보물 제247호)과 함께 경문왕 3년(863)에 조성되었을 것으로 추정된다.[02]

---

01   사찰문화연구원, 『전통사찰총서 14, 대구광역시·경상북도의 전통사찰 I 』, 2000, p.74. 참고.
02   사찰문화연구원, 위의 책, 2000, p.75.

철원 도피안사 대적광전 철조비로자나불좌상
鐵原 到彼岸寺 大寂光殿 鐵造毘盧遮那佛坐像

025

통일신라 865
국보 제63호
강원도 철원군 동송읍

到彼岸寺의 主殿閣인 大寂光殿은 治石한 돌로 쌓은 基壇 위에 세워진 正面 3칸, 側面 2칸 의 팔작지붕 건물이다. 栱包는 多包系 양식이며, 御間과 左夾右間 모두 꽃살문을 달았다. 한국전쟁시 소실되었던 건물을 1959년, 1988년에 중건하였으며, 2012년에 다시 증·개축했다.[01] 낮은 肉髻가 표현된 螺髮의 佛頭를 가지고 있으며, 얼굴은 둥글고 귀는 길게 내려와 있다. 미간에는 白毫가 표현되어있으며 눈은 아래로 내려다보듯 뜨고 있다. 입술은 작으며, 목은 길고 三道가 표현되어있다. 양쪽 어깨를 덮는 通肩의 착의를 하고 있으며, 옷주름을 간결하고 규칙적이게 표현하였다. 手印은 두 팔을 몸에서 살짝 떨어트려 왼손 검지를 오른손으로 감싸 쥐는 智拳印을 결하고 있다.

이 불상의 조성연대는 상 뒷면에 새겨진 100여자의 명문을 통해 신라 경문왕 5년(865)에 철원 지방의 향도 1,500여명이 뜻을 모아 조성하였음을 알 수 있다.[02]

---

01 사찰문화연구원, 『전통사찰총서 2, 경상북도의 전통사찰 Ⅱ』, 1992, p.233. 참고.
02 "香徒佛銘文幷序……唐天子咸通六年己酉正月. 新羅國漢州北界鐵圓郡到彼岸寺. 成佛之時. 土□龍岳 堅淸. 于時□覚居士. 結緣一千五百餘人……."
(유시내, 「삼화사 철불 연구」, 이화여자대학교 대학원 미술사학과 석사학위논문, 2014, p.31.)

가평 대원사 대웅전 석조비로자나불좌상
加平 大原寺 大雄殿 石造毘盧遮那佛坐像

026

나말여초
경기도 문화재자료 제158호
경기도 가평군 북면

石造毘盧遮那佛坐像이 봉안되어있는 大雄殿은 大原寺의 주법당으로 정면 3칸, 측면 2칸 규모의 맞배지붕 건물이다. 栱包는 柱心包式식이며, 包壁에는 花文을 그려 장엄하였고, 기둥마다 柱聯을 걸었다. 근래에 새롭게 조성된 건물이다. 佛頭는 螺髮과 낮은 肉髻로 표현되어있으며, 얼굴은 원형이다. 얼굴은 마모되어 세부표현은 알 수 없다. 귀는 길지 않으며 목에는 三道가 나타나있다. 어깨는 둥글며 양쪽 어깨를 덮는 通肩의 착의를 보인다. 오른손을 위로하고 왼손을 아래로 한 智拳印의 手印을 결한 것으로 보이나 훼손되어 주먹을 쥐고 있는 것으로만 확인된다. 結跏趺坐의 자세로 앉아있으며 무릎은 두꺼운 편이다. 두 다리 사이로는 세로로 일정한 옷주름이 도식화되어 나타나 있다.

이 상의 조성연대는 옷주름의 표현 등 양식적 특징을 통해 통일신라 후기로 추정해 볼 수 있다.[01]

---

01   이숙희, 『깨달음의 빛, 비로자나불 上』 영축산 법성사, 2017, p.62. 참고.

경주 감산사 대적광전 석조비로자나불좌상
慶州 甘山寺 大寂光殿 石造毘盧遮那佛坐像

027

나말여초
경상북도 유형문화재 제318호
경상북도 경주시 외동읍

石造毘盧遮那佛坐像은 甘山寺의 주법당인 大寂光殿 안에 봉안되어있다. 大寂光殿은 정면 3칸, 측면 3칸의 팔작지붕 건물로 근래 새롭게 조성된 것이다. 栱包는 多包系이며, 기둥마다 柱聯을 걸고 측면과 배면 벽에는 岸樹井藤圖를 그려 장엄하였다. 이 상은 본래 머리와 얼굴 앞면이 심하게 훼손되었으나 후에 복원 한 것으로 보인다. 佛頭는 佛身에 비해 작고, 낮은 肉髻와 螺髮의 흔적이 보인다. 佛身은 方形으로 넓은 어깨가 직각에 가깝게 떨어지고 있다. 양쪽 어깨를 덮은 通肩의 착의를 보이며, 옷자락이 오른쪽 팔을 타고 넘어간 모습이 측면에 표현되어 있다. 정면의 옷주름은 마멸이 심하지만 측면에는 U자형으로 내려오는 옷주름이 선명하게 남아있다. 또 무릎의 높이가 상반신에

비해 굉장히 높은 편이다. 왼손 검지를 오른손이 감싸 쥐고 있는 智拳印의 手印을 결하고 있는데, 이 역시 결실된 손을 팔의 자세로 추정하여 복원한 것이다. 머리와 얼굴 앞면, 손과 광배, 대좌 모두 훼손된 것을 후에 복원 한 것으로 본래의 모습을 확인할 수 없어, 양식적 특징을 통해 조성연대를 추정하는 것은 어렵다.

김천 청암사 수도암 대적광전 석조비로자나불좌상
金泉 靑巖寺 修道庵 大寂光殿 石造毘盧遮那佛坐像

028

나말여초
보물 제307호
경상북도 김천시 증산면

靑巖寺 산내암자인 修道庵의 大寂光殿은 정면 5칸, 측면 3칸의 맞배지붕이다. 이 전각은 한국전쟁 당시 전소된 것을 1969년에 重建한 것이다.[01] 내부에는 石造毘盧遮那佛坐像이 奉安되어있다. 이 존상은 높이 215cm의 크기로 通肩의 大衣를 걸치고 있다. 배 부분에는 두 줄의 僧祇支 끈 매듭이 보인다. 오른손으로 왼손 검지를 감싸 쥐는 智拳印을 結하고 있다. 이 존상의 조성연대는 불상의 양식적 특징을 통해 볼 때 나말여초로 추정된다.[02]

01   김상영, 『전통사찰총서 17, 경상북도의 전통사찰 Ⅳ』, 사찰문화연구원, 2001, p.107.
02   김상영, 위의 책, 2001, p.109. 참고.

청주 동화사 대적광전 석조비로자나불좌상
淸州 東華寺 大寂光殿 石造毘盧遮那佛坐像

029

나말여초
충청북도 유형문화재 제168호
충청북도 청주시 남이면

東華寺 大寂光殿은 정면 3칸, 측면 2칸의 맞배지붕으로 약 300년 전에 지어진 것이라
고 전한다.[01] 내부에는 石造毘盧遮那佛坐像이 奉安되어있다. 이 존상은 높이 120cm,
무릎 폭 110cm의 크기이며 복원과정에서 일어난 실수로 얼굴이 정면을 향하지 않고
비스듬하다. 通肩의 大衣를 걸치고 있으며 오른손 검지를 왼손이 감싸 쥐는 智拳印을
結하고 있다. 존상의 금칠이 두꺼워 본래 모습을 알아보기 어렵지만 조각수법을 통해
조성시기를 통일신라 말~고려 초로 추정할 수 있다.[02]

---

01 『전통사찰총서 11, 충청북도의 전통사찰 Ⅱ』, 사찰문화연구원, 2008, p.320.
02 사찰문화연구원, 위의 책, p.323.

원주 원주역사박물관 일산동 석조비로자나불좌상 1
原州 原州歷史博物館 一山洞 石造毘盧遮那佛坐像 1

030

나말여초
강원도 유형문화재 제4호
강원도 원주시 봉산동

원주역사박물관 야외에는 2존의 石造毘盧遮那佛坐像이 전시되어있다. 두 존상은 유사한 크기와 재질, 양식적 특징을 보여 같은 시기에 조성되었을 것으로 보인다. 존상은 높이 120cm로 佛頭는 결실되었던 것을 새로 복원해둔 것인데, 일산동 석조비로자나불좌상 2존 중 1존의 불두라고 추정되는 불두가 1981년 출토되어 현재 국립중앙박물관에 소장되어있다.[01] 通肩의 大衣를 걸치고 있으며 손은 마멸이 심하지만 오른손이 왼손을 감싸는 智拳印을 결하고 있는 것으로 보인다. 조성시기는 신체와 법의의 표현 등을 통해 볼 때 고려시대 전기로 추정된다.[02]

01 박영애, 「고려 전기 원주지역의 불교조각」, 『미술사학연구』 228·229호, 2001, p.47.
02 박영애, 위의 논문, 2001, p.57. 참고.

원주 원주역사박물관 일산동 석조비로자나불좌상 2
原州 原州歷史博物館 一山洞 石造毘盧遮那佛坐像 2

031

나말여초
강원도 유형문화재 제5호
강원도 원주시 봉산동

一山同 佛像으로 알려진 2존의 石造毘盧遮那佛坐像 중 훼손 정도가 약한 이 존상은 높이 120cm로 옷주름 등의 세부표현이 남아있다. 현재의 佛頭는 복원한 것으로 본래 불두는 국립중앙박물관에 소장되어있다.[01] 通肩의 大衣를 걸치고 있으며 오른손이 왼손을 감싸는 智拳印을 結하고 있다. 배 부분에는 리본모양으로 묶은 僧祇支 매듭이 있다. 이 존상의 조성시기는 다른 일산동 석조비로자나불좌상과 함께 고려시대 전기로 추정된다.[02]

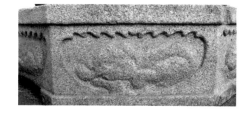

---

01   박영애, 「고려 전기 원주지역의 불교조각」, 『미술사학연구』 228·229호, 2001, p.47.
02   박영애, 위의 논문, 2001, p.57. 참고.

상주 남장사 보광전 철조비로자나불좌상
尙州 南長寺 普光殿 鐵造毘盧遮那佛坐像

032

고려 전기
보물 제990호
경상북도 상주시 남장동

南長寺 普光殿은 본래 無量殿이었으나 極樂寶殿이 主殿閣이 되면서 보광전으로 새로 扁額한 전각이다.[01] 2채의 요사 사이에 위치하고 있으며, 정면 3칸, 측면 3칸 규모의 팔작지붕 건물이다. 栱包는 多包系 양식이며 御間과 左夾右間 모두 빗살문을 달았다. 普光殿 鐵造毘盧舍那佛坐像은 개금을 한 상태이며, 작은 佛頭와 장대한 신체로 표현되었다. 螺髮의 불두에 頂上髻珠가 표현되어있고 얼굴은 작고 圓滿하다. 이마에는 白毫가 있으며, 콧대는 평평하다. 귀는 길게 내려와 끝이 바깥쪽으로 살짝 反轉되어 있으며, 목에는 三道가 나타나있다. 양쪽 어깨를 덮는 通肩의 착의를 하고 있으며 옷깃부분에 각 1조와 3조의 띠주름이 표현되어있다. 옷주름은 전체적으로 간략화 되어 옷깃부분과 손

목, 발목에 표현되어있고, 두 다리 사이에는 세로의 형식화된 옷주름이 표현되어있다. 오른손 검지를 왼손이 감싸 쥐는 逆智拳印의 手印을 결하고 있다. 佛身의 양감과 형식적인 옷주름 표현 등을 통해 고려시대에 제작된 것으로 보인다.[02]

01 김상영, 『전통사찰총서 17, 경상북도의 전통사찰 Ⅳ』 사찰문화연구원, 2001. p.237. 참고.
02 이숙희, 『깨달음의 빛, 비로자나불 下』 영축산 법성사, 2017. p.116.

청원 탑리사지 석조비로자나불좌상
清原 塔里寺址 石造毘盧遮那佛坐像

033

고려 전기
충청북도 청원군 오청읍

충청북도 정주시 오창읍 탑리 탑골마을에 있는 塔里寺址에는 石造毘盧遮那佛坐像이 자리하고 있다. 佛頭는 훼손이 많이 되어 세부표현을 알아보기 어렵지만, 螺髮의 佛頭에 白毫가 표현되어있었던 것으로 보인다. 또 군살진 턱을 표현한 흔적인 있으며 목에는 三道가 나타나있다. 佛身은 方形에 가까우며, 佛頭에 비해 어깨가 좁은 편이다. 양쪽 어깨를 덮는 通肩의 착의를 보이며, 法衣가 두껍게 표현되어있다. 어깨부분부터 굵게 잡힌 옷주름이 무릎까지 이어진다. 오른손을 왼손이 감싸 쥐고 있는 手印을 취하고 있는데, 이는 보편적인 智拳印의 수인과 손의 방향이 반대인 逆智拳印이다. 또한 비스듬하게 뻗은 왼손에 오른손을 바짝 붙여 결하고 있다. 이 상의 정확한 조성연대는 알 수 없지만, 불상의 양식적 특징을 살펴보았을 때 고려시대로 추정된다.[01]

---

01   이숙희, 『깨달음의 빛, 비로자나불 上』 영축산 법성사, 2017, p.279.

의성 장춘리 석조비로자나불좌상
義城 長春里 石造毘盧遮那佛坐像

034

고려 전기
경상북도 문화재자료 제304호
경상북도 의성군 비안면

長春里 石造毘盧遮那佛坐像의 佛頭는 타원형으로 길며, 螺髮에 낮은 肉髻가 솟아있다. 이마에는 白毫가 표현되어 있으며 얼굴은 마모가 심하여 세부표현을 알 수 없다. 귀는 길어 어깨에 닿고 있으며, 목은 짧고 三道가 나타나있다. 어깨는 方形으로 각이 져있으며, 오른쪽 어깨를 드러낸 偏袒右肩의 착의를 보인다. 옷주름은 전체적으로 간략하게 표현하였다. 오른손 검지를 왼손이 감싸 쥐는 逆智拳印의 手印을 결하고 있으며, 팔은 佛身에 비해 가늘게 나타나 있다. 대좌의 상대석과 하대석은 연화문을 새겨 넣었는데, 상대석은 복원된 것이다. 중대석 역시 결실되어 새로 조성하여 복원하였다. 불상 옷주름의 간략화와 불신의 비례 등 양식적 특징을 살펴보았을 때 고려시대의 불상으로 추정된다.[01]

01 『문화재대관 Ⅴ』 경상북도, 2003, p.374. 참고.

원주 용운사지 석조비로자나불좌상
原州 龍雲寺址 石造毘盧遮那佛坐像

035

고려 전기
강원도 유형문화재 제42호
강원도 원주시 호저면(용곡리 석불)

원주시 호저면에 위치한 廢寺址는 龍雲寺가 있었던 곳으로 전해진다. 이곳에는 광배와 대좌를 모두 갖춘 石造毘盧遮那佛坐像이 자리하고 있다. 佛頭는 螺髮로 표현되어있으며, 肉髻는 거의 구분이 되지 않는다. 얼굴은 方形에 가까우며 이마에는 白毫가 표현되어 있다. 입술의 양끝이 아래를 향하고 있으며, 이목구비를 얼굴에 가득 채워 표현하였다. 佛身 역시 方形에 가까우며 양쪽 어깨를 덮는 通肩의 착의를 하고 있다. 두 다리 사이로 표현된 옷주름을 비롯하여 전체적으로 도식화 되었다. 手印으로는 왼손 검지를 오른손이 감싸 쥐고 있는 智拳印을 결하고 있다. 광배는 현재 다섯 조각으로 갈라져 붙여놓은 상태이며, 舟形의 擧身光이다. 이중의 선을 둘러 頭光과 身光을 구분 지었는데,

두광의 크기가 큰 편이다. 두광과 신광 내부에는 唐草文을 새겨 넣었으며, 두광 중앙에는 蓮花文이 陽刻되어있다. 두광 밖으로는 火焰文을 채워 넣었다. 대좌는 방형대좌로 상대석과 하대석에는 연화문을 새기고 중대석에는 眼象을 새겨 넣었다. 이 상의 조성 연대는 불상의 양식적 특징을 통해 고려 전기로 추정된다.[01]

01 『강원도문화재대관, 강원도지정편 I 』, 강원도, 2006, p.95. 참고.

국립중앙박물관 소장 청동비로자나불좌상
國立中央博物館 所藏 靑銅毘盧遮那佛坐像

036

고려 후기
서울특별시 용산구 용산동

국립중앙박물관에 소장되어있는 靑銅毘盧遮那佛坐像은 판교 신도시 건설 예정지에서 靑銅地藏菩薩坐像 2점과 함께 발견되었다. 佛頭는 螺髮로 肉髻가 표현되어있고, 고개가 앞으로 숙여진 모습이다. 이마에는 白毫가 표현되어 있으며, 눈썹선과 콧대가 이어져있다. 눈꼬리와 입꼬리가 올라가 있어 미소를 띤 듯 한 모습이다. 通肩의 옷차림을 하고 있으며, 옷주름은 홈을 파낸 듯 깊이 표현하고 있으며, 옷자락이 하반신을 덮고 있어 정확한 자세를 확인하기 어렵다. 또한 상반신에 비해 하반신의 높이가 낮은 편이다. 手印으로는 왼손 검지를 오른손으로 감싸 쥐는 智拳印을 결하고 있다. 대좌는 方形으로 중대석에는 문양을 透刻하여 장식했다. 이 상은 고려시대 절터에서 발견된 상이

지만 그 양식이 보편적인 고려시대 비로자나불상과는 다른 양상을 보이는 것이 특징이다.[01]

---

01 이숙희, 『깨달음의 빛, 비로자나불 上』 영축산 법성사, 2017, p.84. 참고.

평택 심복사 대적광전 석조비로자나불좌상
平澤 深福寺 大寂光殿 石造毘盧遮那佛坐像

037

고려 10c
보물 제565호
경기도 평택군 현덕면

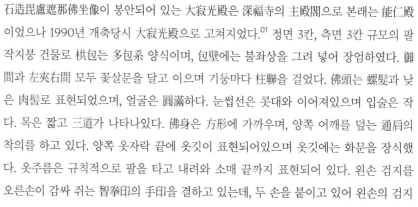

石造毘盧遮那佛坐像이 봉안되어 있는 大寂光殿은 深福寺의 主殿閣으로 본래는 能仁殿
이었으나 1990년 개축당시 大寂光殿으로 고쳐지었다.[01] 정면 3칸, 측면 3칸 규모의 팔
작지붕 건물로 栱包는 多包系 양식이며, 包壁에는 불좌상을 그려 넣어 장엄하였다. 御
間과 左夾右間 모두 꽃살문을 달고 이으며 기둥마다 柱聯을 걸었다. 佛頭는 螺髮과 낮
은 肉髻로 표현되었으며, 얼굴은 圓滿하다. 눈썹선은 콧대와 이어져있으며 입술은 작
다. 목은 짧고 三道가 나타나있다. 佛身은 方形에 가까우며, 양쪽 어깨를 덮는 通肩의
착의를 하고 있다. 양쪽 옷자락 끝에 옷깃이 표현되어있으며 옷깃에는 화문을 장식했
다. 옷주름은 규칙적으로 팔을 타고 내려와 소매 끝까지 표현되어 있다. 왼손 검지를
오른손이 감싸 쥐는 智拳印의 手印을 결하고 있는데, 두 손을 붙이고 있어 왼손의 검지

가 보이지는 않는다. 수인 아랫부분에는 僧祇支 매듭이 표현되어 있고 두 줄의 끈이 있
다. 結跏趺坐의 자세로 앉아있는데, 오른쪽 발만 法衣자락 밖으로 드러내고 있으며, 두
다리 사이에 세로로 형식화된 주름이 표현되어있다. 방형의 신체, 형식화된 옷주름의
표현 등을 통해 고려초기로 상의 조성연대를 추정해 볼 수 있다.[02]

01 『전통사찰총서 3, 경기도의 전통사찰 I 』 사찰문화연구원, 2008, p.273.
02 이숙희, 『깨달음의 빛, 비로자나불 上』 영축산 법성사, 2017, p.92.

안성 운수암 비로전 석조비로자나불좌상
安城 雲水庵 毘盧殿 石造毘盧遮那佛坐像

038

고려
경기도 유형문화재 제202호
경기도 안성시 양성면

石造毘盧遮那佛坐像은 봉안되어있는 雲水庵 毘盧殿은 정면 5칸, 측면 2칸 규모의 팔작지붕 건물이다. 栱包는 翼工系 樣式이며, 각 기둥에는 검은 바탕에 흰 글씨로 쓴 柱聯을 걸었다. 中央 御間과 御間 左夾 右間에는 띠살문을 달았으며, 양끝 右間에는 문을 달지 않고 반으로 구획하여 벽화장엄하였다. 석조비로자나불좌상은 螺髮의 佛頭에 둥근 肉髻가 올라가 있으며 얼굴은 圓滿하다. 이마에는 白毫가 표현돼있으며, 눈꼬리가 약간 올라간 눈은 반개하고 있다. 뺨의 양감이 느껴지며, 턱에는 가로선을 넣어 군살진 턱을 표현하였다. 목은 짧은 편이며, 三道가 나타나있다. 方形에 가까운 佛身은 양 어깨를 덮는 通肩의 착의를 하고 있으며, 어깨에서부터 발목까지 도식화된 옷주름을 표현하였는데, 무릎에서는 螺旋形으로 돌아가는 옷주름이 보인다.

왼손 검지를 오른손이 감싸 쥐는 智拳印의 手印을 결하고 있는데 손은 큰 편이다. 이상은 불상의 양식적 특징을 통해 통일신라 불상으로 추정할 수 있다.[01]

01 이숙희, 『깨달음의 빛, 비로자나불 上』, 영축산 법성사, 2017, p.78. 참고.

영양 비로사 비로전 석조비로자나불좌상
英陽 毘盧寺 毘盧殿 石造毘盧遮那佛坐像

039

고려
경상북도 영양군 청기면

근래 조성된 것으로 보이는 毘盧寺 毘盧殿은 정면 3칸, 측면 2칸 규모의 맞배지붕 건물이다. 栱包는 柱心包式식이며, 中央 御間에는 4分閣 격자문을 달고, 左右 夾間에는 3分閣 격자문을 달았다. 지붕 측면에는 風板이 설치되어있다. 비로전 내부에 봉안되어 있는 石造毘盧遮那佛坐像은 螺髮의 佛頭에 方形에 가까운 얼굴을 가지고 있으며, 좁은 이마에 큰 白毫가 표현되어있다. 코는 작지만 콧대가 날카로우며, 입은 입꼬리가 내려가 있다, 목에는 三道가 표현되어있으며, 측면에서 바라보면 턱을 당기고 머리를 살짝 숙이고 있다. 佛身은 方形에 가까우며, 불두에 비해 어깨가 좁다. 오른쪽 어깨를 드러낸 偏袒右肩의 착의를 보이며, 옷주름은 팔부분에만 넓은 간격으로 표현되어 있다. 手印

으로는 가슴부근에서 오른손 검지를 왼손이 감싸 쥐고 있는 逆智拳印을 결하고 있다. 하체의 폭은 좁은 편이다. 이 불상의 정확한 조성시기는 알 수 없으나, 불상의 양식적 특징을 통해 고려시대 불상으로 추정해볼 수 있다.

포항 보경사 적광전 소조비로자나불좌상
浦項 寶鏡寺 寂光殿 塑造毘盧遮那佛坐像

040

고려
경상북도 포항시 북구 송라면

寶鏡寺 寂光殿은 정면 3칸, 측면 2의 맞배지붕이며 이 전각은『寶鏡寺金堂塔記』의 金堂과 法堂을 重創했다는 기록을 통해 1677년에 조성된 것으로 볼 수 있다.[01] 적광전 내부에 奉安되어 있는 塑造毘盧遮那佛坐像은 文殊菩薩과 普賢菩薩이 脇侍한 삼존불이다. 이 존상은 높이 135.8cm, 무릎 폭 97cm의 크기로 通肩의 大衣를 걸치고 있다. 왼손으로 오른손 검지를 감싸 쥐는 智拳印을 結하고 있으며 조성연대는 보경사의 創建년대와 양식적 특징을 통해 볼 때 고려 초 10세기 작품으로 추정된다.[02]

01   김상영,『전통사찰총서 16, 경상북도의 전통사찰 III』, 2001, pp.408-409.
02   정은우,「고려초기 보경사 소조비로자나삼존불상의 일고찰」,『문화재』 26, 국립문화재연구소, 1993, p.12.

부석사 성보박물관 소장 석조비로자나불입상
浮石寺 聖寶博物館 所藏 石造毘盧遮那佛立像

041

고려
경상북도 영주시 부석면

浮石寺 聖寶博物館 야외에 전시되어있는 石造毘盧遮那佛立像은 상반신과 하반신이 분리된 채로 발견되었는데, 지금의 위치로 옮겨오면서 복원한 것이다. 현재의 여래형 佛頭가 아닌 보관형 불두를 가진 존상인 것으로 확인된다.[01] 이 존상의 크기는 높이 231cm, 대좌 27cm로 通肩의 大衣를 걸치고 있다. 다리는 짧은 원통형으로 표현했으며 왼손이 오른손 검지를 감싸 쥔 智拳印을 結하고 있다. 이 존상의 조성연대는 신체비례와 도식화된 옷주름, 과장된 하반신의 표현 등을 통해 고려시대로 추정된다.[02]

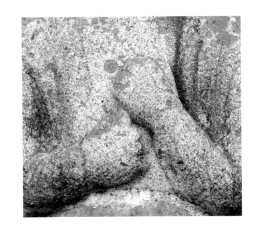

---

01 박형숙, 『고려시대 비로자나불상 연구』, 이화여자대학교 석사학위논문, 2005, 도판(圖62, 62-1) 참고.
02 이숙희, 『깨달음의 빛, 비로자나불 下』, 영축산 법성사, 2017, p.156.

예천 청룡사 석조비로자나불좌상
禮泉 靑龍寺 石造毘盧遮那佛坐像

042

고려
보물 제425호
경상북도 예천군 용문면

1935년에 조성된 靑龍寺의 법당 내부에는 石造毘盧遮那佛坐像과 石造阿彌陀佛坐像이 奉安되어있다. 석조비로자나불좌상은 높이 111cm, 대좌 96.7cm의 크기로 通肩의 大衣를 걸치고 있으며, 오른손으로 왼손 검지를 감싸 쥔 智拳印을 結하고 있다. 대좌의 상대석에는 蓮花紋을 새겼으며 하대석과 중대석에는 변형된 眼象을 새겨 넣었다. 이 존상은 양감이 줄어들고 평면적인 신체의 표현 등을 통해 볼 때 통일신라 후기 존상으로 보인다.[01]

01   이숙희, 『깨달음의 빛, 비로자나불 下』 영축산 법성사, 2017, p.201.

직지사 성보박물관 소장 석조비로자나불좌상
直指寺 聖寶博物館 所藏 石造毘盧遮那佛坐像

043

고려
경상북도 김천시 대항면

直指寺 聖寶博物館 야외에 전시되어있는 石造毘盧遮那佛坐像은 높이 65cm, 무릎 폭 55cm의 크기이다. 왼손을 위로 하여 오른손을 감싼 智拳印을 結하고 있다. 方形의 보관과 장신구 등 우리나라의 일반적인 여래형 비로자나불로 보기 보다는 보관여래형 비로자나불이나 보살형 비로자나불로 추정된다. 하지만 손상이 심각하여 확인이 어렵다. 남아있는 부분의 양식적 특징을 보아 고려시대 불상으로 추정된다.[01]

01 이숙희, 『깨달음의 빛, 비로자나불 下』 영축산 법성사, 2017, p.66.

부여 석목리 석조비로자나불좌상
扶餘 石木里 石造毘盧遮那佛坐像

044

고려
충청남도 유형문화재 제24호
충청남도 부여군 부여읍

石木里 石造毘盧遮那佛坐像은 老隱寺의 존상으로 전해지며 높이 110cm, 무릎 폭 75cm의 크기이다. 얼굴과 왼쪽 팔의 마멸이 심해 세부 표현을 알아보기 어렵다. 通肩의 大衣를 걸치고 있으며 왼손 위에 오른손을 올린 智拳印을 結하고 있다. 대좌는 본래 이 존상의 대좌가 아닌 것으로 보인다. 훼손이 심해 세부표현을 살펴보기는 어렵지만 신체비례 등을 통해 고려시대 불상으로 추정할 수 있다.[01]

01 『충청남도 문화재대관 1』, 충청남도, 2009, p.40. 참고.

정읍 후지리 탑동 석조비로자나불좌상
井邑 後池里 塔洞 石造毘盧遮那佛坐像

045

고려
전라북도 유형문화재 제98호
전라북도 정읍시 영원면

後池里 塔洞 石造毘盧遮那佛坐像은 佛頭가 결실되었는데 현재는 둥근 석재를 올려두었다. 이 존상은 높이 92cm, 무릎 폭 68.5cm, 대좌 70.5cm의 크기로 通肩의 大衣를 걸치고 있다. 왼손 위에 오른손을 올린 智拳印을 結하고 있으며 배 부분에는 僧祇支 매듭이 있다. 대좌는 중대석이 결실된 채 상대석과 하대석이 맞붙어있는 모습이다. 상대석에는 광배 촉을 꽂는 두 개의 孔이 있다. 이 존상의 조성연대는 신체비례와 도식화된 옷주름의 표현 등을 통해 고려시대 후기로 추정된다.[01]

01 이숙희, 『깨달음의 빛, 비로자나불 上』, 영축산 법성사, 2017, p.398. 참고.

화순 운주사 석조불감 석조비로자나불좌상
和順 雲住寺 石造佛龕 石造毘盧遮那佛坐像

046

고려
보물 제797호
전라남도 화순군 도암면

和順 雲住寺 石造佛龕은 板石으로 만든 龕室 위에 팔작지붕을 올린 구조로 높이는 3.67m이다. 내부에는 2존이 등을 맞댄 형상으로 奉安되어있는데, 이와 같은 배치는 매우 드문 예이다. 그 중 大衣 아래로 두 손을 모으고 있는 존상은 手印이 智拳印을 結한 것으로 추정된다. 佛頭는 원통형, 佛身은 方形이며 세부적인 표현은 線刻으로 간략하게 표현했다. 운주사에 천불조성이 이뤄진 시기와 존상의 양식을 고려해보았을 때 고려시대에 조성된 것으로 추정된다.

공주 마곡사 대광보전 목조비로자나불좌상
公州 麻谷寺 大光寶殿 木造毘盧遮那佛坐像

047

조선전기
충청남도 공주시 사곡면

麻谷寺 大光寶殿은 정면 5칸, 측면 3칸의 팔작지붕으로 창건연대는 정확히 전해지지 않지만 사적의 기록을 따르면 消失되었던 것을 순조 13년(1813)에 重建한 것이다.[01] 대광보전 내부에 奉安되어있는 木造毘盧遮那佛坐像은 通肩의 大衣를 걸치고 있으며 오른손이 왼손 검지를 감싸 쥔 변형된 智拳印을 結하고 있다. 이 존상의 조성시기는 대광보전이 重修된 1788년 이후인 18세기 후반에서 19세기 전반기에 제작되었을 것으로 판단된다.[02]

---

01 이왕기, 『한국의 건축문화재』 5, 기문당, 1999, p.90.

02 정조 6년(1782), 마곡사는 대법당을 비롯한 1,050여 간이 다 소실되는 화재를 당한다. 이에 재봉 체규를 化主로 마곡사 중창이 시작되었으며 정조 9년(1785)에 이르러 대법당을 재건하기 시작해 정조 12년(1788) 완성하게 된다. (한건택, 「17세기 충청남도지역 목조불상 연구」 한서대학교 석사학위논문, 2007, p.44)

나주 불회사 대웅전 건칠비로자나불좌상
羅州 佛會寺 大雄殿 乾漆毘盧遮那佛坐像

048

조선전기
보물 제1545호
전라남도 나주시 다도면 마산리

佛會寺 大雄殿은 정면 3칸, 측면 3칸의 팔작지붕으로 1978년 대웅전을 보수하면서 발견된 상량문에 따르면 정조 23년(1799) 重建된 조선후기의 건물이다.[01] 대웅전 내부에 奉安되어 있는 乾漆毘盧遮那佛坐像은 높이 128cm, 무릎 폭 100cm의 크기로 通肩의 大衣를 걸치고 있다. 오른손이 왼손 검지를 감싸 쥐고 있는 智拳印을 結하고 있으며, 배 부분에는 띠매듭이 있다. 긴 상체의 표현과 착의법 등 고려 후기의 불상양식을 보인다.[02]

01 정지연, 「나주 및 남원지역 협저불상의 제작기법에 관한 고찰」 『대구사학』 114, 2014, p.20.
02 이숙희, 『깨달음의 빛, 비로자나불 上』 영축산 법성사, 2017, p.351.

삼척 영은사 대웅보전 석조비로자나불좌상
三陟 靈隱寺 大雄寶殿 石造毘盧遮那佛坐像

049

조선후기
강원도 삼척시 근덕면

靈隱寺 大雄寶殿은 정면 3칸, 측면 3칸의 맞배지붕이며, 1904년 화재로 八相殿을 제외한 모든 전각이 전소된 후 1905년에 西谷和尙이 삼척부사 沈公著의 지원으로 재건된 건물 중 하나이다.[01] 내부에는 높이 98cm의 石造毘盧遮那佛坐像이 奉安되어있다. 이 尊像은 阿彌陀佛像과 藥師佛像을 脇侍로 둔 三尊佛로 通肩의 大衣를 걸치고 있으며, 오른손으로 왼손을 감싼 智拳印을 결하고 있다. 이 존상의 조성시기는 양식적 특징을 통해 볼 때 조선후기로 추정된다.[02]

---

01   김동수, 「삼척 영은사 대웅보전에 관한 연구」, 강원대학교 석사학위논문, 2012, p.14.
02   심주완, 「조선시대 삼세불상의 연구」 pp.25-27. 참고.

양산 통도사 대광명전 목조비로자나불좌상
梁山 通度寺 大光明殿 木造毘盧遮那佛坐像

050

조선후기
경상남도 양산시 하북면

通度寺 大光明殿은 정면 5칸, 측면 3칸의 팔작지붕으로 '大光明殿三成功畢後懸板'에 따르면 1756년 10월에 화재로 전소된 후 1758년 9월에 다시 지어진 것이다.[01] 내부에는 木造毘盧遮那佛坐像이 奉安되어있다. 이 존상은 높이 150cm, 무릎 폭 71cm의 크기로 通肩의 大衣를 걸치고 있다. 오른손으로 왼손 검지를 감싸 쥔 변형된 智拳印을 結하고 있다. 이 존상의 조성시기는 전각 重修 당시인 1725년에 함께 조성된 것으로 보인다.[02]

---

01 신용철, 「'大光明殿三成功畢後懸板'을 통해 본 통도사 가람의 변화와 의미」, 『불교미술사학』 22, 2016, pp.220-224. 참고.
02 『전통사찰총서 19, 경상남도의 전통사찰 Ⅱ』, 사찰문화연구원, 2008, p.67. 참고.

고령 반룡사 대적광전 목조비로자나불좌상
高靈 盤龍寺 大寂光殿 木造毘盧遮那佛坐像

051

조선후기
경상북도 유형문화재 제429호
경상북도 고령군 쌍림면

盤龍寺 大寂光殿은 정면 5칸, 측면 3칸의 팔작지붕으로 1996년에 새로 조성되었으며 내부에는 木造毘盧遮那佛坐像이 奉安되어있다. 이 존상은 높이 144cm, 무릎 폭 96.8cm의 크기로 通肩의 大衣를 걸치고 있다. 오른손으로 왼손을 감싸 쥔 智拳印을 結하고 있으며, 左脇侍 菩薩像에서 조성기가 발견되어 수화원 慧熙에 의해 숭정 15년(1642)년에 조성되었음이 밝혀졌다.[01]

---

01   임남수 외 4명, 위의 논문, 2010, p.544.

부산 범어사 비로전 목조비로자나불좌상
釜山 梵魚寺 毘盧殿 木造毘盧遮那佛坐像

052

조선후기
경상북도 유형문화재 제71호
부산광역시 금정구 청룡동

梵魚寺 毘盧殿은 범어사 중단구역의 중심 불전으로 정면 3칸, 측면 3칸의 맞배지붕이다. 이 전각은 해민스님에 의해 숙종 9년(1683)에 重創되었으며 1721년에 重修되었다.[01] 전각 내부에는 높이 124.6cm, 너비 85cm의 木造毘盧遮那佛坐像이 奉安되어있다. 왼손으로 오른손을 감싸 쥔 智拳印을 結하고 있다. 通肩의 大衣를 걸치고 있다. 경종 2년(1722)에 홍보스님의 주도로 비로자나삼존상을 보수하였다는 기록이 남아있어 비로전이 重修될 당시에 조성된 것으로 보인다.[02]

01   지성진, 「조선후기 동래지역 목조건축의 특성에 관한 연구」, 부산대학교 석사학위논문, 2006, p.32.

02   『전통사찰총서 18, 부산광역시·울산광역시·경상남도의 전통사찰 Ⅰ』, 사찰문화연구원, 2003, p.52,73. 참고.

보은 법주사 적멸보궁 석조비로자나불좌상
報恩 法住寺 寂滅寶宮 石造毘盧遮那佛坐像

053

조선후기
충청북도 보은군 속리산면

法住寺 寂滅寶宮은 能仁殿이라고도 하며, 정면 3칸, 측면 2칸의 맞배지붕으로 인조 2년 (1624)에 벽암대사가 重創한 건물이다.[01] 이 전각 내부에는 石造毘盧遮那佛坐像이 奉安되어 있다. 이 존상은 높이 73.7cm, 무릎 폭 53cm의 크기로 偏袒右肩의 大衣를 걸치고 있으며 왼손이 오른손을 감싸 쥔 智拳印을 結하고 있다. 法住寺 圓通寶殿의 觀音菩薩像의 특징과도 유사하여 조선후기에 조성된 慧熙 계통에 속하는 존상으로 보인다.[02]

01 『법주사』 한국의 사찰 5, 한국불교연구원, 1975, pp.15-19. 참고.
02 이숙희, 『깨달음의 빛, 비로자나불 上』 영축산 법성사, 2017, p.224.

비래사 대적광전 목조비로자나불좌상
飛來寺 大寂光殿 木造毘盧遮那佛坐像

054

조선 17c 중기
보물 제1829호
대전광역시 대덕구 비래동

飛來寺 大寂光殿은 정면 3칸, 측면 3칸의 팔작지붕이다. 이 전각의 내부에는 木造毘盧遮那佛坐像이 奉安되어 있다. 이 존상은 높이 81.5cm, 무릎 폭 77.3cm의 크기로 변형된 偏袒右肩의 大衣를 걸치고 있으며 왼손이 오른손을 감싸 쥔 智拳印을 結하고 있다. 존상의 바닥면에는 효종 1년(1650) 8월에 무염이 5명의 조각승과 함께 조성하였다는 내용이 적혀있어 존상의 조성연대를 확인 할 수 있다.[01]

01   이숙희, 『깨달음의 빛, 비로자나불 上』 영축산 법성사, 2017, p.221.

화성 홍법사 대웅전 석조비로자나불좌상
華城 弘法寺 大雄殿 石造毘盧遮那佛坐像

055

조선
경기도 화성시 서신면

弘法寺 大雄殿은 정면 3칸, 측면 2칸의 팔작지붕으로 내부에는 石造毘盧遮那佛坐像을 중심으로 觀音菩薩像과 大勢至菩薩像이 脇侍하는 三尊佛이 奉安되어있다.[01] 비로자나불좌상은 홍법사 창건설화 속 등장하여, 명나라에서 보내왔다고 전해진다.[02] 존상은 오른손으로 왼손 검지를 감싼 智拳印을 結하고 있으며, 結跏趺坐하였다. 偏袒右肩의 大衣를 걸치고 있다.

---

01 홍법사 창건설화 속 무쇠로 만든 사공으로 보기도 한다.

02 홍랑이라는 여자가 명나라로 끌려가 황제의 후궁이 되었는데, 조선에서 가져간 대추와 물만 먹고 버티다 병에 걸려 죽고 말았다. 얼마 후 명나라 황제가 병에 걸리니 홍랑이 꿈에 나타나서 조선으로 보내줄 것을 요청했다. 이에 황제가 홍랑의 상과 무쇠사공 12위를 만들어 돌배에 실어 조선으로 보냈고 화성군 서신 앞바다에 도착하자 홍랑의 상과 무쇠사공 2위를 내린 후에 나머지 무쇠사공 10위는 바다 속으로 가라 앉아버렸다. 이는 홍법사의 창건설화로 현재 이를 기리는 홍란전이라는 전각이 조성되어있다.

서산 일락사 대적광전 소조비로자나불좌상
瑞山 日樂寺 大寂光殿 塑造毘盧遮那佛坐像

056

조선
충청남도 서산시 해미면

日樂寺 大寂光殿은 정면 3칸, 측면 3칸의 맞배지붕으로 1993년 옛 大雄殿 자리에 새로 조성되었다.[01] 이 전각 내부에는 塑造毘盧遮那佛坐像을 중심으로 釋迦佛坐像과 盧舍那佛坐像이 삼존불의 형식으로 奉安되어있다. 비로자나불좌상은 높이 131cm, 무릎 폭 109.3cm의 크기로 通肩의 大衣를 걸치고 있으며 오른손으로 왼손을 감싸 쥔 智拳印을 結하고 있다. 이 존상의 조성시기는 석가불좌상과 함께 조선시대로 추정된다.[02]

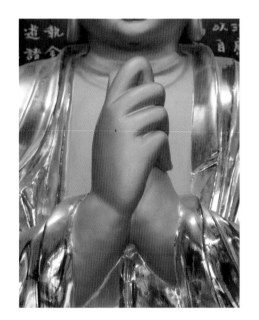

---

01 『전통사찰총서 13, 경상남도의 전통사찰 Ⅱ』 사찰문화연구원, 2005, p.70.
02 이숙희, 『깨달음의 빛, 비로자나불 上』 영축산 법성사, 2017, p.248.

금산 대원정사 소조비로자나불좌상
錦山 大圓精舍 塑造毘盧遮那佛坐像

057

조선
충청남도 금산군 금산읍

大圓精舍는 정면 3칸, 측면 2칸의 팔작지붕으로 일제강점기 때 현재의 위치에서 약 100m 떨어진 곳으로 이전되었다가 1982년에 다시 현재의 위치로 옮겨졌다.[01] 내부에는 塑造毘盧遮那佛坐像이 奉安되어있다. 이 존상은 본래 錦山 身安寺 大光殿에 봉안되어있던 삼존상 중 하나로 높이 96cm, 무릎 폭 60cm의 크기이다. 通肩의 大衣를 걸치고 있으며 오른손이 왼손을 감싸 쥐고 있는 智拳印을 結하고 있다. 이 존상의 조성시기는 양식적 특징을 통해 볼 때 조선시대로 추정된다.[02]

---

01 『충청남도 문화재대관 1』, 충청남도, 2009, p.443.

02 이숙희, 『깨달음의 빛, 비로자나불 上』, 영축산 법성사, 2017, p.210.

청도 운문사 대웅보전 소조비로자나불좌상
清道 雲門寺 大雄寶殿 塑造毘盧遮那佛坐像

058

조선
경상북도 청도군 운문면

雲門寺 大雄寶殿은 현재는 毘盧殿으로 불리며[01] 정면 3칸, 측면 3칸의 팔작지붕이다. 2006년 대웅보전 해체 수리 시 발견된 상량문의 내용을 통해 1653년 화재로 전각이 전소되자 1655년에 重建, 1773년에 重修, 1935년에 다시 한 번 더 중수 된 것을 알 수 있다.[02] 대웅보전 안에 奉安된 塑造毘盧遮那佛坐像은 높이 210cm, 무릎 폭 152cm의 크기로 通肩의 大衣를 걸치고 있으며 오른손으로 왼손을 감싸 쥔 智拳印을 結하고 있다. 재질의 특성과 법의의 표현 양식, 자세 등으로 보아 조선전기에 제작된 불상으로 보인다.[03]

---

01 현재의 대웅보전이 조성되기 전까지 주법당의 역할을 하였으며, 현재에도 대웅보전이라는 현판이 걸려있다. 문화재청 지정명칭 역시 '청도 운문사 대웅보전'으로 되어있으나, 비로자나불좌상이 봉안되어있고, 새롭게 조성한 대웅보전과의 혼동을 막기 위해 '비로전'으로 부르는 것으로 보인다.
02 『운문사 대웅보전 수리 실측 보고서』 문화재청, 2007, p.109. 참고.
03 문화재청, 위 보고서, 2007, pp.291-230. 참고.

경주 기림사 대적광전 소조비로자나불좌상
慶州 祇林寺 大寂光殿 塑造毘盧遮那佛坐像

059

조선
보물 제958호
경상북도 경주시 양북면

祇林寺 大寂光殿은 정면 5칸, 측면 3칸의 맞배지붕으로 1997년 해체 공사 때 발견된 종도리 墨書를 통해 1629년, 1755년에 重修되었으며 1785년에 重創되었음을 알 수 있다.[01] 대적광전에는 奉安되어 있는 塑造毘盧遮那佛像은 높이 360cm, 무릎 폭 263cm의 크기로 장대한 체구이며 通肩의 大衣를 걸치고 있다. 오른손으로 왼손 검지를 감싸 쥐는 智拳印을 結하고 있다. 정확한 조성시기는 알 수 없지만 1719년에 작성된 『改金重修記』에서 1565년의 개금 기록을 찾을 수 있어, 존상의 下限年代를 확인 할 수 있다.[02]

---

01 한상길, 「기림사의 역사와 사상」, 『불교미술』 15, 동국대학교, 1998, p.23-24. 참고.

02 김성주, 「기림사 소조비로자나불 복장 목판인쇄본 전적에 관한 서지적 연구」, 『서지학연구』 72, 2017, p.100. 참고.

보은 법주사 대웅보전 소조비로자나불좌상
報恩 法住寺 大雄寶殿 塑造毘盧遮那佛坐像

060

조선 1626
보물 제1360호
충청북도 보은군 속리산면

法住寺 大雄寶殿은 정면 7칸, 측면 4칸의 팔작지붕이다. 임진왜란으로 전소된 것을 인조 2년(1624)에 碧巖大師가 重創하였다.[01] 내부에는 塑造毘盧遮那佛坐像이 奉安되어있다. 이 존상은 높이 509cm, 무릎 폭 404cm의 크기로 通肩의 大衣를 걸치고 있으며 오른손으로 왼손을 감싸 쥐는 智拳印을 結하고 있다. 2002년 불상 내부에서 발견된 「조성기」를 통해 인조 4년(1626)에 玄眞 외 17인의 조각승이 조성하였으며, 이후 영조 3년(1747)에 개금한 것을 알 수 있다.[02]

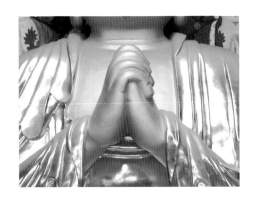

01 『법주사』 한국의 사찰 5, 한국불교연구원, 1975, pp.15-19. 참고.
02 김창균, 「법주사 大雄寶殿 봉안 소조삼불좌상에 대한 연구」 p.62. 참고.

김제 귀신사 대적광전 소조비로자나불좌상
金提 歸信寺 大寂光殿 塑造毘盧遮那佛坐像

061

조선 1633
보물 제1516호
전라북도 김제시 금산면

歸信寺 大寂光殿은 정면 5칸, 측면 3칸의 맞배지붕으로 1624년부터 1633년까지 이뤄진 대대적인 불사 때 重建된 것으로 추정된다.[01] 내부에는 毘盧遮那佛을 중심으로 藥師佛과 阿彌陀佛이 脇侍한 삼존불이 奉安되어있다. 이 존상은 높이 313cm, 무릎 폭 223cm의 크기로 偏袒右肩의 大衣를 걸치고 있다. 오른손 검지와 왼손 검지를 맞댄 智拳印을 結하고 있다. 1633년 작성의 「낙성문」과 1738년의 「全州母岳山歸信寺事蹟詞引」의 기록을 통해 1624년에서 1633년 사이에 조성된 것으로 추정된다.[02]

---

01 『전통사찰총서 8, 전라북도 Ⅰ』 사찰문화연구원, 1997, p.102.
02 정이담, 「김제 귀신사 대적광전 소조삼신삼세불좌상 연구」 동국대학교 석사학위논문, 2017, p.21.

고창 선운사 대웅보전 목조비로자나불좌상
高敞 禪雲寺 大雄寶殿 木造毘盧遮那佛坐像

062

조선 1634
보물 제1752호
전라북도 김제시 금산면

禪雲寺 大雄寶殿은 정면 5칸, 측면 3칸의 맞배지붕으로 광해군 6년(1614)에 元俊이 創建하고 숙종시기에 重修를 거쳤다.[01] 내부에는 木造毘盧遮那佛坐像을 중심으로 藥師佛坐像과 阿彌陀佛坐像을 脇侍로 하는 삼존불이 奉安되어있다. 이 존상은 높이 383cm, 무릎 폭 192.5cm의 크기로 偏袒右肩의 大衣를 걸치고 있다. 왼손으로 오른손을 감싸 쥐는 智拳印을 結하고 있다. 비로자나불좌상 바닥면에서 발견된 墨書를 통해 인조 11년(1633)에 조성을 시작하였으며 다음해인 1634년 봉안했음을 알 수 있다.[02]

01   『전통사찰총서 9, 전라북도 Ⅱ』 사찰문화연구원, 2008, p.281.
02   문명대, 「선운사 대웅보전 무염작 비로자나삼불상」『강좌미술사』 30, p.355. 불상조성 묵서기 참고.

구례 화엄사 대웅전 목조비로자나불좌상
求禮 華嚴寺 大雄殿 木造毘盧遮那佛坐像

063

조선 1636
보물 제1548호
전라남도 구례군 마산면

華嚴寺 大雄殿에 모셔진 毘盧遮那佛像은 三身佛의 本尊으로써 盧舍那佛, 釋迦佛과 함께 조성되었다. 三身佛은 佛畫에서는 종종 보이지만, 불교조각에서는 그 예를 찾기 어려운데, 華嚴寺 大雄殿 三身佛이 유일한 사례로써 가치가 있다. 本尊은 가슴 앞에서 오른손으로 왼손을 감싼 智拳印을 結하였다. 肉髻의 구분이 불분명한 머리에는 정상계주와 중간계주가 있으며, 右肩偏袒의 大衣를 걸쳤다. 이 존상은 1636년에 조성되었다. 또한 『大雄殿佛像改金祝願冊』을 통해 1754년에 개금했다는 사실도 알 수 있는 佛像이다.

포항 오어사 원효암 석조비로자나불좌상
浦項 吾魚寺 元曉庵 石造毘盧遮那佛坐像

064

근대

경상북도 포항시 남구

吾魚寺 元曉庵 觀音殿에 奉安된 石造毘盧遮那佛像은 한 돌로 光背와 佛身, 臺座를 조각하였다. 또한 寶冠, 臂釧, 瓔珞 등이 조식되어 드물게 菩薩形으로 표현되었음을 알 수 있다. 尊像은 오른손으로 왼손 검지를 쥔 智拳印을 結하고 있으며, 무릎까지 내려온 天衣가 중앙을 중심으로 퍼져나간다. 光背는 頭光을 2줄의 동심원으로 표현했으나, 파손으로 정확한 형상은 알 수 없다. 제작기법과 양식 상 近代에 제작된 佛像으로 보인다. 또한 「元曉庵 重建記」(1954)에 따르면 1952년에 중건불사를 했다는 점, 神衆圖(1956)와 扁額(1953)의 제작시기 등을 볼 때, 20세기에 조성되었을 것으로 추정된다.

군산 동국사 범종각 석조대일여래상
群山 東國寺 梵鍾閣 石造大日如來像

065

근대 1922
전라북도 군산시 금광동

東國寺의 梵鍾閣에는 수십 구의 石造菩薩像과 함께 石造大日如來像이 奉安되어 있다. 이는 觀音菩薩 三十二應身과 守本尊으로 구성된 것으로, 守本尊이란 일본에서 생년월일에 따라 각각의 수호신이 정해진다는 일본식 신앙이다. 大日如來像은 한 돌에 佛身, 光背, 臺座를 함께 浮彫했으며, 身光에 '末申年 守本尊'라 銘文이 새겨져 있다. 寶冠을 쓰고, 경책과 보주를 들었으며 오른쪽 무릎을 직각으로 세워 팔을 기대고 있다. 東國寺 大日如來像은 東國寺가 일본인에 의해 창건한 사찰이라는 점에서 일본불상의 양식이 가미되어 한국의 毘盧遮那佛像과 手印 및 形像에서 차이가 나타난 것으로 보인다. 존상의 조성연대(1922)와 제작자는 다른 보살상의 명문을 통해 확인할 수 있다.[01]

---

01 석조보살상 명문 : (광배)錦江寺 三世○○○○謹誌 九月十七日建立 (대좌) 三十三香谷汲山 南無子安 觀世音建立者 宮崎佳太郎 大澤藤十郎 下日吉太郎 大正十一年發願.

홍천 수타사 대적광전 비로자나불상
洪天 壽陀寺 大寂光殿 毘盧遮那佛像

066

근현대
강원도 홍천시 동면

壽陀寺 大寂光殿은 수타사의 중심 法堂으로, 정면 3칸, 측면 3칸씩 규모이다. 지붕은 옆면에서 볼 때 八字 모양인 팔작지붕이다. 내부 우물천장의 연화문 안에는 六字眞言이 표시되어있다. 내부에는 毘盧遮那佛像이 奉安되었다. 尊像은 왼손으로 오른손 검지를 감싸 쥐고 있는 智拳印을 結하고 있다. 右肩偏斷의 大衣를 걸치고 있다. 肉髻에는 금색 정상계주가 조각되어 있고 목에 삼도가 표현되어 있다. 이 불상은 대적광전이 세워진 19세기 말 이후에 조성되었을 것으로 추정된다.

양산 통도사 비로암 비로자나불좌상
梁山 通度寺 毘盧庵 毘盧遮那佛坐像

067

현대

경상남도 양산시 하북면

通度寺 毘盧庵 毘盧遮那佛像은 法堂에 奉安되어 있다. 毘盧庵은 通度寺의 山內庵子로 高麗 忠穆王代(1345)에 靈淑이 창건했다고 알려져 있다. 毘盧遮那佛은 佛頭에 肉髻가 있다. 존상은 通肩의 大衣를 걸쳤으며, 오른손으로 왼손검지를 말아 쥔 智拳印을 結하고 있다. 근대기에 조성된 것으로 추정된다.

안양 삼막사 천불전 비로자나불좌상
安養 三幕寺 千佛殿 毘盧遮那佛坐像

068

현대
경기도 안양시 만안구

三幕寺 千佛殿 毘盧遮那佛坐像은 三身佛로 盧舍那佛·釋迦佛과 함께 奉安되어 있다. 상호는 타원형에 가까우며, 肉髻에는 중간계주만 표현하였다. 尊像은 왼손으로 오른손 검지를 감싸 쥔 智拳印을 結하고 있다. 大衣는 복부에 띠 매듭과 무릎 아래로 흘러내린 소맷자락이 보인다. 이 존상은 양식상 高麗後期와 朝鮮後期의 양식이 혼합되어 있다. 佛像이 奉安된 千佛殿이 현대에 건축된 것으로 보아 이 존상 또한 근래에 조성었을 것으로 생각된다.

화성 용주사 천불전 비로자나불좌상
華城 龍珠寺 千佛殿 毘盧遮那佛坐像

069

현대
경기도 화성시 송산동

龍珠寺의 千佛殿은 과거 爐殿, 또는 香爐殿터에 지어진 건물로, 1993년 3월에 완성되었다. 千佛殿에 奉安된 毘盧遮那佛은 釋迦, 阿彌陀와 함께 三佛로써 奉安되었다. 毘盧遮那佛은 왼손으로 오른손 검지를 감싼 智拳印을 結하고 있으며, 大衣는 복부의 띠 매듭과 무릎 하단의 소맷자락까지 표현하고 있다. 이 존상은 현봉안처인 千佛殿이 1993년에 건립되었다는 점에서 현대에 제작된 佛像으로 보인다.

동해 삼화사 비로전 비로자나불좌상
東海 三和寺 毘盧殿 毘盧蔗那佛坐像

070

현대
강원도 동해시 삼화동

三和寺 毘盧殿은 正面 3칸 側面 2칸의 柱心包 맞배지붕 건물이다. 1977년 사찰 이건 이후에 건축된 것으로 추정된다. 三和寺 毘盧殿 毘盧蔗那佛坐像은 木彫로 제작되었으며 仰蓮과 伏蓮으로 이뤄진 蓮華臺座 위에 結跏趺坐한 채 右智拳印을 結하고 있다. 얼굴은 方形이며 肉髻에는 중간계주가 표현되어 있다. 눈썹은 弧를 그리고 있으며 눈은 반개하고, 입 꼬리는 살짝 올라가 있다. 목에는 일정한 간격으로 三道가 표현되어 있다. 右肩偏袒의 大衣를 걸쳤으며, 무릎 사이로 둥글게 흘러내린 옷주름의 표현이 좌우대칭으로 동일하게 표현되어 도식적이다. 비로전의 건축시기와 像의 표현기법으로 보아 현대에 제작된 것으로 추정된다.[01]

---

01 두타산 삼화사, 『두타산과 삼화사』, 민족사, 1998, pp.62-64 참고.

수원 봉녕사 대적광전 비로자나불좌상
水原 奉寧寺 大寂光殿 毘盧遮那佛坐像

071

현대
경기도 수원시 팔달구

奉寧寺 大寂光殿은 중창불사 아래 1998년에 완공되었으며, 내부에는 毘盧遮那佛像이 奉安되었다. 毘盧遮那佛은 盧舍那佛·釋迦佛과 함께 三身佛로 구성되는데, 本尊은 肉髻가 구분되는 머리에 頂上髻珠만 표현되어 있다. 右肩偏袒의 大衣를 걸치고 있으며, 오른손으로 왼손 검지를 쥔 智拳印을 結하고 있다. 大寂光殿의 건립연대가 1998년으로 본 尊像 또한 비슷한 시기에 조성된 현대의 불상임을 알 수 있다.

하동 쌍계사 화엄전 비로자나불좌상
河東 雙磎寺 華嚴殿 毘盧遮那佛坐像

072

현대
경상남도 하동군 화개면

雙磎寺 華嚴殿 毘盧遮那佛은 오른손으로 왼손 검지를 감싸 쥔 智拳印을 結하고 있다. 肉髻가 구분되며, 右肩偏袒의 大衣에 覆肩衣를 걸치지 않은 형상이다. 존상에 고려와 조선의 양식이 혼합되어 나타나고 있는데, 조성시기는 현대로 추정된다.

예천 용문사 보광명전 비로자나불좌상
禮泉 龍門寺 普光明殿 毘盧遮那佛坐像

073

현대
경상북도 예천군 용문면

龍門寺 普光明殿은 1984년 화재로 전소되었던 것을 복원한 것이다. 普光明殿에 奉安된 毘盧遮那佛은 阿彌陀佛, 藥師佛과 함께 봉안되었다. 尊像은 右肩偏袒의 大衣를 걸쳤으며, 왼손으로 오른손 검지를 감싸 쥔 智拳印을 結하고 있다. 毘盧遮那佛은 普光明殿과 함께 조성된 현대의 佛像으로 추정된다. 脇侍佛인 阿彌陀佛은 1515년에 제작되었으며, 藥師佛 또한 朝鮮後期로 추정된다.

부산 범어사 청련암 대웅전 비로자나불좌상
釜山 梵魚寺 靑蓮庵 大雄殿 毘盧遮那佛坐像

074

현대
부산광역시 금정구 청룡동

梵魚寺 靑蓮庵 大雄殿에 奉安된 毘盧遮那佛坐像은 右肩偏袒의 大衣를 걸치고, 오른손으로 왼손 검지를 감싸 쥔 智拳印을 結하고 있다. 존상은 하체가 상체에 비해 크게 표현되어져 있다. 이 존상은 건축물과 불상, 불화의 대부분이 현대에 제작된 점으로 미루어 볼 때 근래에 조성된 것으로 생각된다.

서울 묘각사 대불보전 비로자나불좌상
서울 妙覺寺 大佛寶殿 毘盧遮那佛坐像

075

현대
서울특별시 종로구 숭인동

妙覺寺 大佛寶殿은 1997년의 화재로 全燒되었는데, 이후 7년간의 重創佛事를 통해 현재의 모습에 이르렀다. 내부에는 毘盧遮那佛像과 脇侍菩薩像 4존이 함께 奉安되어 있다. 비로자나불은 尊像은 왼손을 오른손으로 감싸 쥔 智拳印을 結하고 있다. 佛頭는 정상계주와 중간계주가 표현되었고, 肉髻는 구분되지 않는다. 右肩偏袒의 大衣를 걸치고 있다. 이 존상은 조선후기의 양식과 근현대기의 양식이 동시에 나타나고 있어, 근래에 조성되었을 것으로 추정된다.

서울 봉원사 삼천불전 비로자나불좌상
서울 奉元寺 三千佛殿 毘盧遮那佛坐像

076

현대
서울특별시 서대문구 봉원동

奉元寺 三千佛殿은 내부에 奉安된 毘盧遮那佛像은 오른손으로 왼손 검지를 감싸 쥔 智拳印을 結하고 있다. 머리는 肉髻가 구분되지 않으며, 정상계주가 표현되어 있다. 존상은 右肩偏袒의 大衣에 覆肩衣를 걸친 듯 표현되었으며, 머리가 하체에 비해 크다. 三千佛殿이 건축되면서 존상을 함께 봉안했다는 점에서 현대에 조성된 것으로 추정된다.

김제 금산사 대적광전 비로자나불좌상
金堤 金山寺 大寂光殿 毘盧蔗那佛坐像

077

현대
전라북도 김제시 금산면

金山寺 大寂光殿은 정면 7칸 측면 4칸의 규모로 팔작지붕이며 공포는 다포계 양식이다. 1986년 화재로 법당이 전소되었고 1994년에 원래의 모습대로 복원하였다.[01] 전각 내부에는 毘盧遮那佛坐像, 金鼓 등이 봉안되어있다. 금산사 대적광전 비로자나불은 양손을 깍지 긴 형태의 智拳印을 結하고 있으며, 蓮華臺座 위에 結跏趺坐하고 있다. 머리에는 螺髮이 포현되었고, 반달형의 중간계주와 정상계주가 있다. 얼굴은 方形이며 눈꼬리가 위로 올라가 있고, 눈은 半開하고 있다. 목에는 三道가 표현되었다. 대의는 변형된 偏袒右肩式이며, 옷주름이 좌우 대칭을 이루고 있다.

---

01 『한국의 사찰벽화: 사찰건축물 벽화조사보고서: 전라북도』, 문화재청, 2014, pp.154-155 참고.

천안 광덕사 보화루 비로자나불좌상 1
天安 廣德寺 普化樓 毘盧蔗那佛坐像 1

078

현대
충청남도 천안시 동남구 광덕면

廣德寺 普化樓에는 毘盧蔗那佛坐像이 두 軀 奉安되어 있다. 병풍 앞의 비로자나불좌상은 오른손으로 왼손의 검지를 감싼 智拳印을 結하고 있으며, 3단으로 중첩된 仰蓮과 한 단의 伏蓮으로 이뤄진 연화대좌 위에 結跏趺坐하고 있다. 머리에는 螺髮이 표현되었고 肉髻에는 중간계주와 정상계주가 표현되어 있다. 얼굴은 方形이며, 이마에는 白毫가 표현되어 있다. 눈썹은 콧등과 연결되어 있다. 눈은 半開하였으며, 입꼬리를 올려 미소를 띄고 있다. 거의 직각에 가까운 어깨를 지녔으며 大衣를 걸치고 있다. 대의의 옷주름은 두껍게 표현하였다. 이 불상은 근대에 제작된 것으로 보인다.[01]

---

01 1974년 현재의 대웅전, 명부전, 범종각, 적선당, 자광당, 보화루, 일주문, 화장교 등을 10년간 (1974~1984)에 걸쳐 金哲雄 스님이 보수·중창했다. 보화루 내에 봉안된 두 구의 비로자나불좌상은 이 시기에 제작되었을 것으로 추정된다. (서광, 『호두나무 시배지 광덕사를 찾아가자』, 공신출판사, 1995, p.51 참고)

천안 광덕사 보화루 비로자나불좌상 2
天安 廣德寺 普化樓 毘盧蔗那佛坐像 2

079

현대
충청남도 천안시 동남구 광덕면

廣德寺 普化樓에는 毘盧蔗那佛坐像이 두 軀 奉安되어 있다. 문 쪽에 봉안된 비로자나불좌상은 가슴 앞에서 왼손으로 오른손의 검지를 감싼 智拳印을 結하고 仰蓮의 八角蓮花臺座 위에 結跏趺坐하고 있다. 머리에는 螺髮이 표현되었고, 肉髻가 높이 솟아있다. 머리 중앙에는 반달형의 중앙계주와 원통형의 정상계주가 박혀있다. 얼굴은 方形으로 眉間에는 白毫가 표현되어 있다. 아치형 눈썹은 콧대와 연결되어 있다. 살짝 위로 올라간 눈은 半開하고 있다. 목과 상체가 이어지는 부분에는 三道가 표현되었다. 大衣는 二重으로 걸쳤으며, 편평한 가슴 아래 까지 裙衣를 올려 입었다. 옷주름이 좌우대칭을 이루며, 두 발목부터 흘러내린 옷 주름이 대좌 위에서 부채꼴을 이루고 있다.

진천 보탑사 목조다보탑 비로자나불좌상
鎭川 寶塔寺 木造多寶塔 毘盧遮那佛坐像

080

현대
충청북도 진천군 진천읍

寶塔寺 多寶塔은 1996년 8월 완공되었는데, 皇龍寺 9층 木塔을 모델로 전통방식을 써서 만들었다. 木塔의 1층은 大雄殿, 2층은 法寶殿, 3층은 彌勒殿으로 이루어 졌는데, 毘盧遮那佛은 1층 大雄殿의 四方佛로 奉安되었다. 존상은 右肩偏袒의 法衣를 걸치고, 왼손으로 오른손 검지를 감싼 智拳印을 結하고 있다. 사찰이 창건된 시기와 多寶塔의 건립시기를 고려할 때, 현대에 조성된 불상으로 추정된다.

진천 보탑사 목조다보탑 비로자나불좌상
鎭川 寶塔寺 木造多寶塔 毘盧遮那佛坐像

제천 덕주사 대웅전 비로자나불상
堤川 德周寺 大雄殿 毘盧遮那佛像

081

현대
충청북도 제천시 한수면

德周寺 大雄殿은 1970년에 건립되었는데, 내부에는 三身佛像인 毘盧遮那佛像과 盧舍那佛像, 釋迦佛像이 奉安되어 있다. 毘盧遮那佛은 오른손으로 왼손 검지를 감싸 쥔 智拳印을 結하고 있다. 佛頭는 肉髻가 구분되며, 정상계주와 중간계주가 있다. 존상은 右肩偏袒의 大衣를 걸치있다. 현대에 조성된 불상으로 보인다.

남양주 수종사 대웅보전 비로자나불좌상
南楊州 水鍾寺 大雄寶殿 毘盧遮那佛坐像

082

현대
경기도 남양주시 조안면

南楊州 水鍾寺 大雄寶殿은 정면 3칸, 측면 2칸으로 내부에 毘盧遮那佛像을 포함해 盧舍那佛像과 釋迦佛像 즉, 三身佛像을 奉安하고 있다. 이 존상은 右肩偏袒의 大衣를 걸치고, 오른손으로 왼손 검지를 감싼 智拳印을 結하고 있다. 大雄寶殿의 건립연대나 佛像의 양식으로 보아 毘盧遮那佛像은 현대에 조성된 것으로 추정된다.

경주 감산사 석조비로자나불좌상
慶州 甘山寺 石造毘盧遮那佛坐像

083

연대 미상
경상북도 경주시 외동읍

감산사는 통일신라 성덕왕 18년(719) 重阿飡 金志誠이 부모의 명복과 왕실의 안녕을 기원하기 위해 창건한 사찰이다. 현재 옛 터에 새로 지은 사찰의 경내에 石造毘盧遮那佛坐像 1존이 있다. 석조비로자나불상은 마모로 인해 佛身과 手印만 확인되며, 봉안처와 제작시기는 알 수 없다.

봉화 취서사 석조비로자나불좌상
奉化 鷲棲寺 石造毘盧遮那佛坐像

001

통일신라 후기
강원도 봉화군 물야면
출처 _ 『깨달음의 빛 비로자나불 下』

鷲棲寺 境內의 三層石塔 뒤편에는 石造毘盧遮那佛像 1존이 봉안되어 있다. 毘盧遮那佛은 光背와 臺座가 결실되었고, 머리는 파손되어 근래에 조성하였다. 존상은 오른손으로 왼손 검지를 감싸 쥔 智拳印을 結하고 있다.[01] 또한 着衣法, 옷의 주름, 手印 등이 통일신라시대 후기의 특징을 나타내고 있다. 이 존상은 鷲棲寺 普光殿의 石造毘盧遮那佛坐像(867)과 유사한 특징이 있기 때문에 비슷한 시기에 조성된 것으로 여겨진다.

---

01 『깨달음의 빛 비로자나불 下』, 영축산 법성사, 2017, p.113.

002

통일신라
경상남도 양산시 하북면
출처 _ 『한국의 사찰문화재』 『경상남도 3-1』

通度寺 성보박물관 所藏 石造毘盧遮那佛坐像은 높이가 47㎝, 무릎 폭이 56.7㎝이다. 이 尊像은 智拳印을 結하고, 結跏趺坐하고 있다. 右肩偏袒으로 추정되는 大衣를 걸쳤으며, 옷의 주름을 도식화된 陰刻으로 표현했다. 조성연대는 統一新羅時代 後期로 추정된다.

양산 통도사 성보박물관 석조비로자나불상
梁山 通度寺 聖寶博物館 石造毘盧遮那佛像

003

통일신라
경상남도 양산시 하북면
출처 _ 『한국의 사찰문화재』「경상남도 3-1」

通度寺 성보박물관에 所藏된 石造毘盧遮那佛像 3존 중 1존이다. 尊像의 높이는 63㎝,
무릎 폭이 56.3㎝이다. 비로자나불은 通肩의 大衣를 걸친 것으로 추정된다. 왼손으로
오른손 검지를 감싼 智拳印을 結했으며, 손은 일부분이 복원되었다. 이 존상은 조각기
법으로 볼 때 統一新羅 후기의 불상으로 추정된다.[01]

01 『깨달음의 빛 비로자나불 下』 영축산 법성사, 2017, p.348.

004

통일신라
경상북도 문화재자료 제146호
경상북도 예천군 예천읍
출처 _ 『한국의 사찰문화재』 「경상북도 2-1」

東岳寺 普光明殿은 1934년 이후에 建立되었으며 내부에 石造毘盧遮那佛像 1존이 奉安되어 있다. 毘盧遮那佛은 높이가 103㎝, 무릎 폭이 86㎝이다. 머리에는 정상계주와 중간계주가 있는데, 후대에 추가된 것으로 보인다. 右肩偏祖의 大衣는 옷주름을 陰刻하여 표현하였다. 尊像은 오른손으로 왼손 검지를 감싼 智拳印을 結하고 있다. 臺座는 四角臺座로 中臺의 각 면에 보살상을 陽刻하였다. 조성시기는 統一新羅 後期로 추정된다.[01]

01 『깨달음의 빛 비로자나불 下』 영축산 법성사, 2017, p.192.

부산 인지사 감로당 석조비로자나불좌상
釜山 仁智寺 甘露堂 石造毘盧遮那佛坐像

005

통일신라
경상북도 문화재자료 제146호
부산광역시 해운대구 반여동
출처 _ 『한국의 사찰문화재』 「부산광역시, 울산광역시,
　　　경상남도 2-1」

仁智寺 甘露堂에는 石造毘盧遮那佛坐像 1존이 奉安되어 있는데, 높이가 78㎝이다. 毘盧遮那佛은 가슴 앞에서 오른손으로 왼손 검지를 감싸 쥔 智拳印을 結했다. 머리는 肉髻가 구분되고, 髻珠가 없다. 白毫에는 보석을 嵌入한 흔적이 보인다. 大衣는 通肩으로 추정된다. 옷주름은 陰刻으로 표현했다. 佛像의 臺座는 蓮花座이며, 蓮瓣에 문양을 음각했다. 존상의 조성연대는 統一新羅時代로 추정된다.

밀양 천황사 대적광전 석조비로자나불좌상
密陽 天皇寺 大寂光殿 石造毘盧遮那佛坐像

006

통일신라
보물 제1213호
경상남도 밀양시 산내면
출처 _ 『한국의 사찰문화재』 「부산광역시, 울산광역시,
　　　경상남도 2-2」

天皇寺는 옛 寺址에 새로 창건한 사찰로, 경내에 寺址의 흔적이 尙存한다. 옛 사찰의 창건연대는 알 수 없으나, 天皇寺에 남아있는 石造毘盧遮那佛坐像을 통해 統一新羅屍臺부터 法燈이 이어졌음을 추정할 수 있다. 현재 毘盧遮那佛은 天皇寺의 大寂光殿에 奉安되어 있다. 이 尊像은 높이가 83cm, 무릎 폭이 61cm이며, 臺座는 40.5cm이다. 佛頭는 파손되어 최근 복원하였으며, 양손 또한 1998년의 정밀조사를 통해 智拳印으로 보수하였다. 佛像의 大衣는 右肩偏袒으로, 신체의 곡선이 잘 드러나도록 표현하였다. 坐勢는 降魔座로, 일반적인 毘盧遮那佛의 좌세와 다르다. 臺座는 마모가 심해 세부표현을 파악하기 어렵지만, 11마리의 獅子가 仰蓮을 받치는 독특한 형태를 하고 있다. 이러

한 獅子座는 한국에선 유일한 사례이다. 본 상은 統一新羅時代에 造成된 것으로 추정된다.[01]

01 『깨달음의 빛 비로자나불 下』 영축산 법성사, 2017, p.320.

창원 불곡사 비로전 석조비로자나불좌상
昌原 佛谷寺 毘盧殿 石造毘盧遮那佛坐像

007

통일신라
보물 제436호
경상남도 창원시 성산구
출처 _ 『한국의 사찰문화재』「부산광역시, 울산광역시,
경상남도 2-2」

佛谷寺 毘盧殿 내부에는 石造毘盧遮那佛坐像이 奉安되어 있다. 毘盧遮那佛은 높이 101.5㎝, 무릎 폭이 75㎝의 크기이며, 臺座는 89㎝이다. 尊像은 오른손으로 왼손 검지를 감싼 智拳印을 結하고 있다. 通肩의 大衣를 걸쳤으며, 옷의 주름은 低浮彫로 표현하였다. 臺座는 統一新羅時代에 유행한 八角蓮花臺座이다. 佛谷寺 毘盧遮那佛像과 유사한 불상이 9세기 후반으로 추정되므로, 동시기 統一新羅時代에 조성된 것으로 추정된다.[01]

---

01 『깨달음의 빛 비로자나불 下』영축산 법성사, 2017, p.360.

김천 갈항사지 석조비로자나불좌상
金泉 葛項寺址 石造毘盧遮那佛坐像

『도록(圖錄)』

008

통일신라
경상북도 김천시 금릉군
출처 _ 『한국의 사찰문화재』「전국 1」

葛項寺 石造毘盧遮那佛坐像은 높이가 129㎝, 무릎 폭이 99㎝이며, 臺座는 21㎝이다. 존상의 머리는 결실되고, 臺座도 파손되었다. 마모로 인해 세부 표현은 알 수 없지만, 通肩의 大衣를 걸쳤으며 옷의 주름이 일정한 두께로 陰刻되어 있다. 양손은 파손되었지만 智拳印을 결한 것으로 보인다. 이 존상은 高麗時代에 조성된 것으로 추정된다.[01]

---

01 『깨달음의 빛 비로자나불 下』 영축산 법성사, 2017, p.50.

양양 서림사지 석조비로자나불좌상
襄陽 西林寺址 石造毘盧遮那佛坐像

『도록(圖錄)』

009

강원도 양양군 서면
출처『깨달음의 빛 비로자나불 上』2017

西林寺址 石造毘盧遮那佛坐像은 높이가 110㎝, 무릎 폭이 115㎝의 크기로, 약 120㎝의 臺座 위에 奉安되었다. 이 尊像은 머리가 결실되었고, 양어깨와 무릎의 파손이 심해 형체를 알아보기 어렵다. 왼손 역시 파손이 심하지만, 팔의 각도로 볼 때 智拳印을 結한 것으로 추정된다. 臺座는 八角蓮花臺座이다. 臺座의 제작양상이 9세기 대좌와 유사하므로 존상 또한 統一新羅時代에 조성되었을 것으로 추정된다.[01]

01『깨달음의 빛 비로자나불 上』영축산 법성사, 2017, p.126.

010

통일신라
충청남도 국립공주박물관 소장
충청남도 공주시 국립공주박물관
출처 _『깨달음의 빛 비로자나불 上』 2017

西穴寺는『新增東國輿地勝覽』에 百濟의 裨補寺利인 四穴寺의 하나였다고 전해지는 사찰이다. 1927년 西穴寺址를 발굴하면서 石佛 3존이 발견되었는데, 모두 國立公州博物館으로 이전되었다. 이 尊像은 3존의 毘盧遮那佛 중 하나로 높이가 66㎝이며, 대좌는 46.5㎝이다. 현재 佛頭와 光背, 臺座 일부가 缺失되었다. 신체 비례는 상체에 비해 하체의 폭이 넓어 안정적이다. 大衣는 通肩으로, 목부터 옷 주름이 내려오는 간다라 양식과 유사하다. 존상은 오른손으로 왼손 검지를 감싼 智拳印을 結하고 있다. 臺座는 下臺石만 남아 있지만, 하대 받침에서 獅子와 眼象이 확인된다. 불상은 파손 부위가 많지만, 옷의 주름이나 대의표현으로 볼 때 統一新羅時代에 조성된 것으로 추정된다.[01]

01 『깨달음의 빛 비로자나불 上』 영축산 법성사, 2017, p.302.

문경 생달리사지 석조비로자나불좌상
聞慶 生達里寺址 石造毘盧遮那佛坐像

011

통일신라
경상북도 문경시 동로면
출처 _ 『깨달음의 빛 비로자나불 下』 2017

聞慶 生達里 藥師井마을에는 절터로 추정되는 遺構와 石造毘盧遮那佛坐像 1구가 전해진다. 전설에 따르면 藥山寺라는 절이 있었다고 하나 구체적인 기록은 없으며, 毘盧遮那佛 주변의 柱礎石과 石築 등의 흔적만이 남아 있을 뿐이다. 毘盧遮那佛은 높이 97㎝, 무릎 폭 86㎝의 크기이며, 상대가 복원된 臺座 위에 奉安되어 있다. 존상은 佛頭가 파손되었고, 전체적으로 마모가 심하다. 존상은 오른손으로 왼손을 감싸 쥔 智拳印을 結하고 있으며, 坐勢는 降魔座이다. 通肩의 大衣의 옷주름은 陰刻선으로 처리했다. 본 존상은 羅末麗初에 조성되었을 것으로 추정된다.[01]

---

01 『깨달음의 빛 비로자나불 下』 영축산 법성사, 2017, p.94.

012

통일신라
보물 제676호
경상북도 영천시 신녕면
출처 _『깨달음의 빛 비로자나불 下』 2017

閑曠寺 大寂光殿에는 石造毘盧遮那佛像이 奉安되어 있는데, 三層石塔의 해체·복원과
정에서 발견된 것이다. 毘盧遮那佛의 높이는 95.2cm, 무릎 폭이 79cm이다. 尊像은 마모
로 인해 相好를 파악하기 어렵다. 오른손으로 왼손 검지를 감싼 智拳印을 結하고 있다.
이마의 白毫는 보수되었다. 大衣는 通肩으로, 양팔부터 무릎까지 내려가도록 표현되었
다. 三層石塔의 조성연대와 존상의 양식으로 미루어 볼 때, 羅末麗初에 조성되었을 것
으로 추정된다.[01]

01 『깨달음의 빛 비로자나불 下』 영축산 법성사, 2017, p.187.

대구 경북대학교박물관 석조비로자나불좌상
大丘 慶北大學校博物館 石造毘盧遮那佛坐像

013

통일신라
대구광역시 북구 경북대학교박물관
출처 _『깨달음의 빛 비로자나불 下』, 2017

慶北大學校博物館에는 다수의 毘盧遮那佛像이 소장되어 있다. 본 石造毘盧遮那佛坐像은 일제강점기 고미술수집가인 오쿠라가 소장했던 존상으로, 大丘市立博物館을 거쳐 현재의 慶北大學校博物館으로 이전되었다. 尊像은 높이가 92㎝, 대좌는 104㎝이다. 전체적으로 마모가 되었으며, 佛身과 왼손 일부는 파손되었다. 佛頭는 螺髮과 肉髻가 표현되어 있다. 大衣는 右肩偏袒이며, 파손된 손의 흔적으로 볼 때 智拳印을 結한 것으로 추정된다. 光背는 소실되었다. 존상의 양식으로 미루어 볼 때 9세기 統一新羅時代에 조성되었을 것으로 추정된다.[01]

---

01 『깨달음의 빛 비로자나불 下』, 영축산 법성사, 2017, p.242.

대구 경북대학교박물관 석조비로자나불좌상
大丘 慶北大學校博物館 石造毘盧遮那佛坐像

014

통일신라
보물 제335호
대구광역시 북구 경북대학교박물관
출처 _ 『깨달음의 빛 비로자나불 下』 2017

이 존상은 慶北大學校 博物館에 소장된 毘盧遮那佛像 가운데 하나이다. 慶北大學校 博物館에 소장된 다른 毘盧遮那佛坐像과 달리 光背와 臺座를 갖춘 완전한 형태를 갖추고 있어, 현재 보물로 지정되어 있다. 존상은 대좌를 포함한 전체 높이가 279㎝이다. 오른손으로 왼손 검지를 감싼 智拳印을 結하고, 降魔座를 하고 있다. 상호와 光背 일부는 파손되었다. 佛頭에는 螺髮이 표현되었다. 大衣는 通肩이며, 옷의 주름은 음각 선으로 표현했다. 光背는 擧身光으로 蓮花紋과 寶相華紋, 火焰紋이 표현되었고, 臺座는 八角蓮花臺座에 八部衆과 獅子를 조식했다. 統一新羅時代 9세기 말엽에 조성되었을 것으로 생각된다.[01]

---

01 『깨달음의 빛 비로자나불 下』 영축산 법성사, 2017, p.253.

대구 경북대학교박물관 석조비로자나불좌상(3존)
大丘 慶北大學校博物館 石造毘盧遮那佛坐像(3尊)

015

통일신라
대구광역시 북구 경북대학교박물관
출처 _ 『깨달음의 빛 비로자나불 下』, 2017

慶北大學校 博物館 야외전시장의 毘盧遮那佛 4존 중 3존은 佛頭가 결실되고, 손과 다리가 파손되었다. 이 존상들은 원소재지가 불분명하다. 각 존상의 크기는 74㎝, 75㎝, 74㎝이다. 3존 가운데 2존은 가사 끈이 표현된 通肩의 大衣를 걸쳤으며, 오른손으로 왼손 검지를 감싼 智拳印을 結하고 있다. 나머지 1존은 마모로 인해 착의형상은 파악하기 어렵지만, 왼손으로 오른손 손가락을 감싼 지권인을 結하고 있어 毘盧遮那佛임을 알 수 있다. 毘盧遮那佛 3존의 조성연대를 양식을 통해 살펴보면, 1존은 시대를 알 수 없지만, 앞의 2존은 9세기 후반 통일신라시대로 추정된다.[01]

01 『깨달음의 빛 비로자나불 下』, 영축산 법성사, 2017, p.248.

경주 국립경주박물관 소장 금동비로자나불좌상
慶州 國立慶州博物館 所藏 金銅毘盧遮那佛坐像

『도록(圖錄)』

016

통일신라
경상북도 경주시 인왕동
출처 _ 『깨달음의 빛 비로자나불 下』 2017

국립경주박물관에 所藏되어있는 金銅毘盧遮那佛坐像은 높이 12cm로 변형된 偏袒右肩의 大衣를 걸치고 있다. 오른손이 왼손 검지를 감싸 쥐는 智拳印을 結하고 있으며, 옷자락이 臺座를 덮는 裳懸座이다. 尊像의 곳곳에는 改金을 했던 흔적이 보인다. 이 존상은 8세기 불상양식을 따르고 있으나, 세부표현 방식으로 미루어 보아 9세기 전반에 조성된 것으로 추정된다.[01]

---

01 이숙희, 『깨달음의 빛 비로자나불 下』 영축산 법성사, 2017, p.266.

경주 국립경주박물관 금동비로자나불입상
慶州 國立慶州博物館 金銅毘盧遮那佛立像

017

통일신라
경상북도 경주시 국립경주박물관
출처 _ 『깨달음의 빛 비로자나불 下』 2017

國立慶州博物館 所藏 金洞毘盧遮那佛立像은 경주 雁鴨池에서 출토된 불상이다. 높이는 약 21㎝이다. 毘盧遮那佛은 왼손으로 오른손 검지를 감싼 智拳印을 結하고 있다. 肉髻가 표현되었으며, 通肩의 大衣는 U자형으로 흘러내리며, 옷주름은 陰刻하였다. 대의 안에는 僧祇支가 표현되어 있다. 한국의 毘盧遮那佛像 가운데 보기 드문 立像의 毘盧遮那佛像이라는 점에서 의의가 있으며, 제작기법으로 보아도 통일신라시대 후기에 조성되었을 것으로 추정되는 작품이다.[01]

01 『깨달음의 빛 비로자나불 下』 영축산 법성사, 2017, p.274.

018

통일신라
경상북도 경주시 동국대학교
경주캠퍼스 박물관
출처 _ 『깨달음의 빛 비로자나불 下』 2017

東國大學校 경주캠퍼스 博物館이 소장된 石造毘盧遮那佛坐像은 높이가 52.5㎝이다. 양손은 파손되었으나 오른손으로 왼손을 감싼 智拳印을 結한 것으로 보인다. 大衣는 通肩이며, 대의가 가슴 위에서 V자로 내려오고 있다. 존상은 옷깃과 신체비례로 미루어 봤을 때, 統一新羅時代 9세기 후반에 조성되었을 것으로 추정된다.[01]

01 『깨달음의 빛 비로자나불 下』 영축산 법성사, 2017, p.296.

거창 송림사지 석조비로자나불좌상
居昌 松林寺址 石彫毘盧遮那佛坐像

019

통일신라
경상남도 유형문화재 제311호
경상남도 거창군 거창읍 거창박물관
출처 _『깨달음의 빛 비로자나불 下』 2017

松林寺址 石造毘盧遮那佛坐像는 1988년 거창박물관 야외 전시장으로 이전되었다. 尊像은 높이가 146㎝, 무릎 폭이 87㎝의 크기이며, 대좌는 91㎝이다. 臺座는 파손으로 원형을 알 수 없다. 양어깨와 다리 전면이 파손되었고, 마모로 세부 표현은 파악하기 어렵다. 오른손으로 왼손을 감싼 智拳印을 結하였다. 通肩의 大衣는 가슴 부분에 띠 매듭이 있다. 존상과 대좌의 원형을 알긴 어렵지만, 통일신라시대에 조성되었을 것으로 보인다.[01]

01 『깨달음의 빛 비로자나불 下』 영축산 법성사, 2017, p.314.

020

조선 1490 중수(통일신라)
보물 제1779호
경상남도 합천군 해인사
출처 _『한국의 사찰문화재』「경상남도1-2편」

海印寺 大毘盧殿 毘盧遮那佛坐像은 묵서명을 통해 883년 조성되었다는 것이 밝혀졌다. 존상에서 발견된 『般若波羅蜜大心經』 권말의 發願文에 적힌 고려 毅宗 21년(1167)은 중수시기로 생각되며, 1489년에도 다시금 중수되었다.[01] 尊像은 높이가 124.8㎝, 무릎 폭이 96.5㎝이다. 왼손으로 오른손 검지를 감싼 智拳印을 結하고 있다. 佛頭에는 中間髻珠와 頂上髻珠가 표현된 肉髻가 있으며, 右肩偏袒의 大衣는 옷 주름을 표현하였다.

01 『깨달음의 빛 비로자나불 下』 영축산 법성사, 2017, pp.379-382.

합천 해인사 법보전 목조비로자나불좌상
陜川 海印寺 法寶殿 木彫毘盧遮那佛坐像

021

조선 1490 중수(통일신라)
보물 제1779 호
경상남도 합천군 해인사
출처 _ 『한국의 사찰문화재』『경상남도1-2편』

海印寺 法寶殿 毘盧遮那佛坐像은 묵서의 기록을 통해 大毘盧殿에 봉안된 尊像과 함께 같은 시기에 조성되었다는 것을 알 수 있다. 서로 같은 형상을 지녔으며, 현재(2007)는 대비로전에 2尊像이 모셔져있다. 尊像의 높이는 124.8㎝, 무릎 폭이 96.5㎝로 대비로전에 모신 尊像과 규모가 같다. 佛頭에는 佛頭에는 中間髻珠와 頂上髻珠가 있다, 귀는 어깨에 닿을 정도로 길고, 목에는 삼도(三道)가 뚜렷하다. 右肩偏袒의 大衣에 왼손을 오른손으로 잡고 있는 智拳印하고 있다.

022

통일신라 766
국보 제233-1호
경상남도 산청군 내원사
출처 _『한국의 사찰문화재』「경상남도1-2」

石南庵寺址 石造毘盧遮那佛坐像은 현존 最古의 毘盧遮那佛像이다. 臺座 中臺石에서 발견된 舍利壺의 명문 '永泰二年名(766년)'을 통해 8세기 중엽 이전에 조성되었다는 것을 알 수 있다. 1930년경에 현재의 奉安處인 內院寺로 이전했다. 毘盧遮那佛은 높이 105㎝, 무릎 폭 83㎝의 크기이며, 臺座는 71㎝이다. 光背와 臺座는 일부 가 파손되었다. 오른손으로 왼손을 감싼 智拳印을 結했다. 通肩의 大衣를 걸쳤다. 光背는 擧身光이며 대좌는 統一新羅時代의 전형적인 八角蓮花臺座이다. 石南庵寺 毘盧遮那佛像은 제작연대와 집단을 알 수 있는 최초의 毘盧遮那佛로써 의미를 가진다.[01]

01 『깨달음의 빛 비로자나불 下』 영축산 법성사, 2017, pp.332-334.

동화사 비로암 삼층석탑 금동사리함 비로자나불상
桐華寺 毘盧庵 三層石塔 金銅舍利函 毘盧遮那佛像

『도록(圖錄)』

023

통일신라 863
대구광역시 수성구 국립대구박물관
출처 _ 『깨달음의 빛 비로자나불 下』, 2017

毘盧遮那佛像이 부조된 金銅舍利函은 大丘 桐華寺 毘盧庵의 三層石塔 初層 塔身에서 발견되었다. 사리함에는 毘盧遮那佛을 포함하여 釋迦佛, 藥師佛, 阿彌陀佛의 四方佛이 부조되어있다. 금동판의 크기는 14.2㎝이며, 선각으로 불상을 새겨 놓았다. 毘盧遮那佛은 오른손으로 왼손을 감싼 智拳印을 結하고 있으며, 寶冠을 착용하고, 通肩의 大衣를 걸쳤다. 二重의 圓形 光背를 지녔다. 공반유물인 閔哀大王 舍利呼를 통해 統一新羅時代 863년에 조성된 사리함으로 추정된다.[01]

01 『깨달음의 빛 비로자나불 下』 영축산 법성사, 2017, p.88.

024

나말여초
보물 제676호
경상북도 영천시 신녕면
출처 _『한국의 사찰문화재』「대구광역시, 경상북도」

閑曠寺 大寂光殿에는 石造毘盧遮那佛像이 奉安되어 있는데, 三層石塔의 해체·복원과
정에서 발견된 것이다. 毘盧遮那佛의 높이는 95.2cm, 무릎 폭이 79cm이다. 尊像은 마모
로 인해 相好를 파악하기 어렵다. 오른손으로 왼손 검지를 감싼 智拳印을 結하고 있다.
이마의 白毫는 보수되었다. 大衣는 通肩으로, 양팔부터 무릎까지 내려가도록 표현되었
다. 三層石塔의 조성연대와 존상의 양식으로 미루어 볼 때, 羅末麗初에 조성되었을 것
으로 추정된다.[01]

01 『깨달음의 빛 비로자나불 下』 영축산 법성사, 2017, p.187.

025

나말여초
서울특별시 용산구 국립중앙박물관
출처 _ 『깨달음의 빛 비로자나불 上』, 2017

國立中央博物館에서 소장 중인 鐵造毘盧遮那佛坐像은 높이가 112cm이며, 가슴과 팔, 다리부분을 이어붙인 흔적이 남아있다. 오른손으로 왼손 검지를 감싼 智拳印을 결하며, 오른발을 밖에서 왼쪽위에 얹은 吉祥坐를 하고 있다. 佛頭의 肉⬚가 크고 螺髮이 도드라진다. 右肩偏袒의 大衣의 옷 주름은 저부조로 표현되었다. 전체적인 제작수법과 양식은 강원도 원주에서 발견된 鐵佛坐像과 유사하며, 시기적으론 羅末麗初로 추정된다.[01]

01 『깨달음의 빛 비로자나불 上』, 영축산 법성사, 2017, p.38.

대구 국립대구박물관 석조비로자나불립상
大丘 國立大丘博物館 石造毘盧遮那佛立像

026

나말여초
대구광역시 수성구 국립대구박물관
출처 _ 『깨달음의 빛 비로자나불 下』 2017

石造毘盧遮那佛立像은 경상북도 영양에서 발견되었다. 毘盧遮那佛은 조성사례가 적은 石造毘盧遮那佛立像으로, 크기는 59.5㎝이다. 존상은 마모와 파손으로 인해 원형을 파악하기 어렵다. 가슴아래 오른손으로 왼손을 감싸 쥔 智拳印을 結하고 있다. 머리는 素髮이며 肉髻의 구분이 명확하다. 大衣는 通肩이며, 무릎 아래까지 내려온다. 臺座와 光背를 佛身과 한 돌로 구성되었다. 이 존상의 제작시기는 조각기법으로 미루어 볼 때, 羅末麗初로 추정된다.[01]

---

01 『깨달음의 빛 비로자나불 下』 영축산 법성사, 2017, p.293.

진주 한산사 고산암 대적광전 석조비로자나불좌상
晉州 寒山寺 高山庵 大寂光殿 石造毘盧遮那佛坐像

『도록(圖錄)』

027

고려 전기
경상남도 유형문화재 제236호
경상남도 진주시 수곡면
출처 _『한국의 사찰문화재』「경상남도 1-1」

寒山寺 高山庵 石造毘盧遮那佛坐像은 높이가 138㎝, 무릎 폭이 35.8㎝의 크기이다. 臺座는 73㎝이다. 尊像은 오른손으로 왼손을 감싸 쥔 智拳印을 結하고, 坐勢는 吉祥坐이다. 佛頭는 정상계주와 중간계주가 표현되어 있으며 肉髻가 구분된다. 大衣는 右肩偏袒으로, 옷의 주름은 일률적이며 도식화되어 있다. 光背는 결실되었으며, 臺座는 四角臺座이다. 毘盧遮那佛은 양식과 기법 면에서 9세기 말에서 10세기 초에 해당하는 統一新羅時代에 조성된 되었을 것으로 추정된다.[01]

---

01 『깨달음의 빛 비로자나불 下』 영축산 법성사, 2017, p.356.

028

고려 전기
도난 문화재
충청남도 서산시 운산면
출처 _ 한국의 사찰문화재 충청남도, 대전광
　　　역시

瑞山 龍賢里寺址는 瑞山 磨崖三尊佛 인근의 寺址이다. 현재는 皐蘭寺라는 절이 건립되어 있는데, 옛 터의 사찰명이나 유래는 확인할 수 없다. 사찰의 境內에는 石造毘盧遮那佛像이 1존 奉安되어 있다. 존상은 높이 90㎝, 무릎 폭 50.7㎝의 크기이다. 오른손으로 왼손을 감싸 쥔 智拳印을 結한 것으로 보이는데, 구체적인 형상이 보이지 않는다. 佛頭는 素髮이 표현되었다. 相好는 마모로 인해 이목구비를 확인할 수 없다. 通肩의 大衣는 옷의 주름이 일률적이어서 도식화된 것으로 보인다. 존상에 대한 기록은 없지만, 고려시대로 추정되는 石燈臺座가 전하므로, 毘盧遮那佛 또한 고려시대에 조성되었을 것으로 생각된다.

029

고려 전기
보물 174 호
충청남도 청양군 대치면
출처 _『한국의 사찰문화재』「충청남도, 대전광
역시」

長谷寺는 大雄殿 2채를 보유한 사찰로, 上大雄殿에는 鐵造毘盧遮那佛坐像을 포함하여 鐵造藥師佛坐像, 塑造阿彌陀佛坐像이 奉安되어 있다. 鐵造毘盧遮那佛坐像은 소조로 알려져 왔으나, 1960년의 조사에서 鐵佛로 밝혀졌다. 鐵造毘盧遮那佛坐像은 높이 70㎝, 무릎 폭 56.5㎝이며, 臺座는 148㎝이다. 오른손으로 왼손 검지를 감싼 智拳印을 結하고 있다. 하체가 상체에 비해 길어 비례가 맞지 않는다. 右肩偏袒의 大衣는 옷의 주름이 도식화되어 있다. 木造光背는 朝鮮時代 작품으로 보이며, 石燈의 부재로 추정되는 臺座 또한 존상과 맞는 짝이 아니다. 또한 上大雄殿에 함께 봉안된 藥師佛, 阿彌陀佛도, 光背와 臺座처럼 별개의 불상으로 추정된다. 존상은 양식으로 미루어 볼 때, 고려시대에 조성되었을 것으로 보인다.[01]

01 『깨달음의 빛 비로자나불 上』 영축산 법성사, 2017, p.270.

구례 천은사 금동불감 비로자나불상
求禮 泉隱寺 金銅佛龕 毘盧遮那佛像

『도록(圖錄)』

030

고려 후기
보물 제1546호
전라남도 구례군 광의면
출처 _ 『한국의 사찰문화재』「전라남도 2」

泉隱寺 金銅佛龕은 懶翁 慧勤(1320-1376)의 願佛로 알려져 있다. 정면 벽에는 毘盧遮那佛이 배치되어 있으며, 주변으로 脇侍菩薩과 十大弟子, 四天王 등이 부조되어 있다. 泉隱寺 金銅佛龕은 高麗時代 불감 가운데 가장 크고 우수한 작품으로, 조각승과 장인의 이름이 기록되어 있어 중요한 작품이다.[01] 불감의 크기는 높이 43.4㎝, 너비 34.7㎝이며, 불감 내부에 3존의 불좌상이 봉안되었던 것으로 보이는데, 1존은 도난 되었다. 毘盧遮那佛은 通肩의 大衣를 걸쳤으며, 오른손으로 왼손을 쥔 智拳印을 結하고 있다. 光背는 二重 輪光이며, 臺座는 八角蓮花臺座로 표현하였다. 佛龕의 조성연대는 명문과 양식을 통해 추정했을 때, 高麗時代 後期로 보인다.[02]

---

01 "信勝이 불상을 제작하였고 금치金致와 박어산朴於山은 감을 만들었으며 박씨 부부가 시주하고 신음 등 4명의 승려가 참여하였다."

02 『깨달음의 빛 비로자나불 上』 영축산 법성사, 2017, p.333.

당진 영탑사 김동비로자나삼존불좌상
唐津 靈塔寺 金銅毘盧遮那三尊佛坐像

031

고려
보물 409 호
충청남도 당진군 면천면
출처 _ 문화재청

靈塔寺의 人法堂에는 毘盧遮那三尊佛坐像이 奉安되어 있다. 毘盧遮那三尊佛坐像의 존상은 크기가 27.5㎝, 좌우 脇侍菩薩은 각각 17.8㎝, 18㎝이며, 전체 높이는 51㎝이다. 毘盧遮那佛은 智拳印을 결하고 있으며, 蓮花座 위에 結跏趺坐하였다. 佛頭에는 중간계주가 표현되어 있다. 通肩의 大衣는, 복부에 띠 매듭이 표현되었다. 왼쪽 어깨에는 袈裟 끈 매듭이 보인다. 脇侍菩薩은 寶冠에 化佛과 淨甁을 표현한 觀音·大勢至菩薩로 도상이 맞지 않아 毘盧遮那佛과 함께 제작되지 않았을 가능성이 있다. 이 존상의 조성연대는 상호와 착의표현으로 미루어 볼 때 高麗時代로 추정된다.[01]

01 『깨달음의 빛 비로자나불 上』 영축산 법성사, 2017, p.215.

태백 백단사 석조비로자나불좌상
太白 白檀寺 石造毘盧遮那佛坐像

032

고려

강원도 태백시 혈동

출처 _『한국의 사찰문화재』「강원도편」

白檀寺 주지실에 奉安되어 있는 石造毘盧遮那佛坐像는 높이 28cm, 전체 높이 37.7cm의 소형불상이다. 智拳印을 結하고 있어 毘盧遮那佛임을 알 수 있다. 半圓形의 돌에 부조되었으며, 마모가 진행되어 상호의 확인이 어렵다. 佛頭에는 螺髮이 표현되고 肉髻의 구분이 어렵다. 한 몸으로 제작된 돌은 擧身光처럼 보인다. 제작기법과 양식으로 보아 조성연대는 高麗時代로 추정된다.[01]

---

01 『깨달음의 빛 비로자나불 上』영축산 법성사, 2017, p.152.

진주 한산사 석조비로자나불좌상
晉州 寒山寺 石造毘盧遮那佛坐像

033

고려
경상남도 진주시 수곡면
출처 _ 『한국의 사찰문화재』 「경상남도 1-1」

寒山寺 境內에 있는 石造毘盧遮那佛坐像은 높이가 73cm, 무릎 폭이 57.5cm로, 佛身의 상당부분이 파손되었다. 파손된 양손은 남은 형태로 보아 智拳印을 結하고 있음을 알 수 있다. 相好는 전면의 결실로 파악이 어렵지만, 佛頭에서 螺髮과 白毫孔이 확인된다. 大衣는 양 어깨에 3줄의 반원형 陰刻線이 걸쳐져 있어, 通肩을 걸친 것으로 추정된다. 사찰의 다른 石造文化財의 조성연대를 고려했을 때 高麗時代에 조성되었을 것으로 추정된다.

군위 석굴암 석조비로자나불상
軍威 石窟庵 石造毘盧遮那佛像

034

고려
경상북도 유형문화재 제258호
경상북도 군위군 부계면
출처 _ 『한국의 사찰문화재』 「대구광역시, 경상북도」

軍威 石窟庵 石造毘盧遮那佛坐像은 1990년에 현재의 위치에 奉安되었다. 尊像은 높이가 172cm, 무릎 폭이 93cm의 크기이며, 光背와 臺座는 결실되었다. 오른손으로 왼손 검지를 감싼 智拳印을 結하고 있다. 佛頭에는 肉髻가 있으며, 螺髮은 線刻으로 표현되어 있다. 목둘레에는 三道가 표현되었다. 通肩의 大衣는 일정한 간격으로 선각되었으며, 背面에도 옷 주름이 표현되었다. 蓮華臺座는 上臺石과 中臺石을 근래에 복원하였다. 존상의 양식으로 보아 統一新羅時代에 조성되었을 것으로 추정되지만, 보수로 인해 구체적인 시기를 파악하기 어렵다.[01]

---

01 『깨달음의 빛 비로자나불 下』 영축산 법성사, 2017, p.45.

035

고려
경상북도 유형문화재 제176호
경상북도 의성군 안사면
출처 _『한국의 사찰문화재』「경상북도 2-2」

地藏寺 毘盧殿에 奉安된 石造毘盧遮那佛坐像은 본래 근처 야산 방치된 존상이었다. 중간에 쌍호초등학교로 이전되었던 존상은 2003년부터 현재의 위치에 奉安되었다. 毘盧遮那佛은 65㎝의 크기로, 마모가 심하게 진행되었다. 光背는 결실되었고, 臺座는 上臺石과 下臺石만 남아있다. 尊像은 智拳印을 결하고 있으며, 佛頭가 신체에 비해 크고, 목이 짧게 표현되었다. 通肩의 大衣를 걸친 것으로 보인다. 조성연대는 양식으로 볼 때 고려시대로 추정된다.[01]

---

01 『깨달음의 빛 비로자나불 下』영축산 법성사, 2017, p.213.

036

고려
경상남도 합천군 적중면
출처 _ 『한국의 사찰문화재』「경상남도 1-2」

陝川 上烑寺는 1996년에 창건된 사찰이다. 境內에 石造毘盧遮那佛坐像 1존이 奉安되어 있으며, 高麗時代의 佛像으로 알려져 있다. 毘盧遮那佛坐像은 높이가 53㎝, 무릎 폭이 42.4㎝이며, 半圓形의 돌에 光背와 佛像이 함께 조각되었다. 尊像은 佛頭가 파손되었고, 마모로 智拳印을 結한 양손만 식별된다. 光背는 존상에 비해 작고 단순하게 처리하였다. 양식으로 볼 때 高麗時代에 조성되었을 것으로 추정된다.[01]

01 『깨달음의 빛 비로자나불 下』 영축산 법성사, 2017, p.364.

군위 법성사 석조비로자나불입상
軍威 法性寺 石造毘盧遮那佛立像

037

고려
경상북도 군위군 소보면
출처 _ 『한국의 사찰문화재』 「대구광역시, 경상북도」

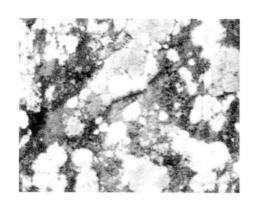

軍威 法性寺 境內에 奉安된 石造毘盧遮那佛立像은 원 소장처와 그 유래가 알려지지 않은 불상이다. 毘盧遮那佛은 立像으로 조성되었으며, 높이 149㎝, 어깨 폭 36㎝의 크기이다. 전체적으로 마모가 진행되었고, 파손으로 결실되어 상태가 불량하다. 또한 야외에 노출되어 地衣類에 따른 손상도 확인된다. 마모로 상호의 확인은 어렵지만, 肉髻와 素髮, 짧은 목 등은 알아볼 수 있다. 佛身도 마모와 지의류에 의한 훼손으로 通肩의 大衣와 智拳印만을 식별할 수 있다. 한 돌로 제작된 光背는 마모와 결실된 부위 사이로 존상을 둘러 싼 2줄의 선이 확인된다. 法性寺 毘盧遮那佛立像은 평면적인 신체와 高麗時代의 표현기법이 나타난다는 점에서 고려시대에 조성되었을 것으로 추정된다. 현재 존상은 도난으로 소재가 불분명하다.

038

고려
전라남도 유형문화재 제28호
전라남도 순천시 송광사 성보박물관
출처 _ 『한국의 사찰문화재』『광주광역시, 전라남도 1』

松廣寺 聖寶博物館에 所藏된 高峰國師廚子는 松廣寺의 16번째 국사인 高峰國師(1350-1428)가 소지한 願佛로 알려진 佛龕이다. 佛龕의 조성연대는 高峰國師의 생몰연대를 고려해 麗末鮮初에 제작되었으리라 추정하고 있다. 高峰國師廚子는 전체 높이 25.3㎝, 너비 13.5㎝의 크기로, 전각형 佛龕 안에 三身佛을 부조한 금동 판을 안치하고 있는데, 이는 佛龕에서 보이지 않던 구조이다. 금동판은 2단으로, 상단은 毘盧遮那佛을 중심으로 三身佛이 위치하며, 하단은 脇侍菩薩과 羅漢이 위치하고 있다. 중앙의 毘盧遮那佛은 蓮華座위에 結跏趺坐하고, 왼손으로 오른손을 쥔 智拳印을 結하고 있다. 右肩偏袒의 大衣 안으로 覆肩衣를 걸쳤다.

서울 간송미술관 석조비로자나불상
서울 澗松美術館 石彫毘盧遮那佛像

039

고려
서울특별시 유형문화재 제31호
서울특별시 성북구 간송미술관
출처 _ 『깨달음의 빛 비로자나불 上』 2017

澗松美術館에서 所藏된 石造毘盧遮那佛坐像은 높이가 150㎝이며, 臺座는 100㎝이다. 光背는 결실되었다. 尊像은 오른손으로 왼손 검지를 감싼 智拳印을 結하였다. 상호는 마모되어 세부표현은 알 수 없다. 佛頭는 螺髮을 둥글게 표현하였다. 三道는 귀까지 이어져 있다. 通肩의 大衣를 걸치고 있다. 四角臺座에는 각 면을 四方佛로 조식했는데, 毘盧遮那佛은 대좌정면에 위치한다. 조성연대는 高麗時代로 추정된다.[01]

01 『깨달음의 빛 비로자나불 上』 영축산 법성사, 2017, p.24.

183

040

고려
서울특별시 용산구 국립중앙박물관
출처 _ 『깨달음의 빛 비로자나불 上』 2017

國立中央博物館에서 소장중인 金銅毘盧遮那佛坐像으로 크기가 12.9㎝에 불과한 소형의 佛像이다. 이 尊像은 智拳印을 結하고 있다. 머리가 결실되어 佛身만 남아 있다. 毘盧遮那佛은 상체가 하체에 비해 길고 무릎이 낮아 細長하다. 목에는 홈이 있어, 머리는 별도로 제작한 것으로 보인다. 이 존상은 군데군데 圓形花紋이 새겨진 通肩의 大衣를 걸치고 있다. 가슴 중앙에 卍자 표현이 있다. 이러한 표현은 고려시대의 존상들에서 일부 확인되므로, 이 존상 역시 고려시대에 제작되었을 것으로 추정된다.[01]

---

01 『깨달음의 빛 비로자나불 上』 영축산 법성사, 2017, p.49.

서울 국립중앙박물관 청동비로자나불좌상
서울 國立中央博物館 靑銅毘盧遮那佛坐像

041

고려
서울특별시 용산구 국립중앙박물관
출처 _『깨달음의 빛 비로자나불 上』, 2017

國立中央博物館에서 소장 중인 靑銅毘盧遮那佛坐像으로, 全羅北道 任實에서 발견된 佛像이다. 毘盧遮那佛의 크기는 11㎝에 불과하며, 하체와 佛頭가 결실된 상태이다. 존상은 양 손을 몸에 붙인 채 智拳印을 結하고 있다. 通肩의 大衣 사이로 굵은 袈裟 끈이 내려온다. 복부에는 僧祇支가 표현되었다. 고려시대에 조성되었을 것으로 추정된다.[01]

---

01 『깨달음의 빛 비로자나불 上』 영축산 법성사, 2017, p.54.

042

고려
서울특별시 용산구 국립중앙박물관
출처 _ 『깨달음의 빛 비로자나불 上』 2017

國立中央博物館 소장의 靑銅毘盧遮那佛坐像으로, 화재로 훼손되었다는 점 외의 유래
나 원소장처를 알 수 없는 佛像이다. 毘盧遮那佛은 光背와 臺座가 파손되었지만, 존상
은 비교적 온전히 남아 있다. 크기는 38.2㎝이며, 하체에 비해 상체가 긴 신체비례를 가
지고 있다. 오른손으로 왼손 검지를 감싼 智拳印을 結하고 있으며, 佛頭는 肉髻가 크게
표현되었고 螺髮을 저부조로 표현하고 있다. 通肩의 大衣는 옷의 주름이 양 어깨에 집
중적으로 표현되었고, 복부에는 僧祇支가 확인된다. 光背는 원형을 알 수 없지만, 唐草
紋을 두른 擧身光으로 추정된다. 존상의 양식에서 高麗時代의 특징이 나타나므로 고려
시대의 불상으로 추정되고 있다.[01]

01 『깨달음의 빛 비로자나불 上』 영축산 법성사, 2017, p.58.

안성 안성공원 석조비로자나불좌상
安城 安城公園 石造毘盧遮那佛坐像

043

고려
경기도 안성시 안성공원
출처 _『깨달음의 빛 비로자나불 上』, 2017

京畿道 安城市 安城公園 石造毘盧遮那佛坐像은 높이가 121㎝이며, 광배는 157㎝ 크기이다. 尊像은 마모가 진행되었으며 보수한 흔적이 남아 있다. 智拳印을 結하고 있는데, 오른손이 파손되어 정확한 형상을 알 수 없다. 佛頭는 肉髻와 螺髮가 표현되었다. 右肩偏袒의 大衣는 왼쪽 어깨 위에서 옷깃을 접은 옷 주름 표현이 나타난다. 光背는 擧身光으로 이중선을 두르고 頭光과 身光이 구분되어 있다. 臺座는 八角蓮花座로 추정된다. 安城公園 石造毘盧遮那佛坐像은 옷의 주름 표현과 신체비례 등으로 보아 高麗前期의 佛像이었을 것으로 추정된다.[01]

01 『깨달음의 빛 비로자나불 上』, 영축산 법성사, 2017, p.72.

용인 호암미술관 금동비로자나불좌상
龍仁 湖岩美術館 金銅毘盧遮那佛坐像

『도록(圖錄)』

044

고려
경기도 용인시 처인구
출처 _ 『깨달음의 빛 비로자나불 上』 2017

湖岩美術館 所藏 金銅毘盧遮那佛坐像은 높이가 60㎝로, 파손이 적은 완전한 형태에 가깝다. 尊像은 오른손으로 왼손을 감싼 智拳印을 結하고 있다. 중간계주는 수정을 사용했으며, 肉髻는 머리와 구분되지 않는다. 通肩의 大衣를 걸쳤는데, 복부에 僧祇支를 묶은 띠 매듭이 보인다. 手印과 세부표현에서 高麗後期의 양식이 나타난다.[01]

01 『깨달음의 빛 비로자나불 上』, 영축산 법성사, 2017, p.96.

강릉 굴산사지 석조비로자나불좌상(2존)
江陵 堀山寺址 石造毘盧遮那佛坐像(2尊)

045

고려
강원도 문화재자료 제38호
강원도 강릉시 구정면
출처 _『깨달음의 빛 비로자나불 上』 2017

堀山寺址에서 傳來된 毘盧遮那佛像은 총 3존이 있다. 이 중 1존은 보호각에 奉安되어 있으며, 2존은 인근 암자에 奉安되었다. 암자에 봉안된 毘盧遮那佛 2존은 1968년에 이전되었으며, 크기가 각각 110㎝, 80㎝에 달한다. 마모가 진행되어 相好 파악이 어려우며, 보수의 흔적이 남아있다. 두 존상은 通肩의 大衣를 걸쳤고, 1존은 왼손으로 오른손 검지를 감싼 智拳印을 結하고 있으며, 다른 1존은 오른손으로 왼손 검지를 감싼 智拳印을 結하고 있다. 두 佛像은 크기와 양식적 특징이 유사하여 조성연대가 高麗時代로 추정된다. 다만 함께 奉安된 불상은 아니며, 각기 다른 사찰에 奉安되었던 佛像으로 생각된다.[01]

---

01 『깨달음의 빛 비로자나불 上』 영축산 법성사, 2017, p.105.

046

고려
강원도 유형문화재 제118호
강원도 원주시 소초면
출처 _『깨달음의 빛 비로자나불 上』 2017

原州 壽岩里 신양 마을 뒤편의 바위에 線刻된 磨崖毘盧遮那三尊佛은 磨崖佛 형식의 毘盧遮那佛이다. 毘盧遮那佛은 높이 150cm, 좌우 脇侍菩薩은 165cm의 크기로 조성되었는데, 모두 마모로 형체를 알아보기 어렵다. 毘盧遮那佛은 蓮花座 위에 通肩의 大衣를 걸친 채 結跏趺坐하고 있다. 또한 오른손으로 왼손 검지를 감싸 쥔 智拳印을 結하고 있다. 光背는 圓形의 頭光과 身光을 한 줄의 음각 선으로 표현하였다. 壽岩里 磨崖毘盧遮那三尊佛像은 線刻된 磨崖佛이라는 점에서 희귀한 사례이다. 高麗 초에 조성되었을 것으로 추정된다.[01]

01 『깨달음의 빛 비로자나불 上』 영축산 법성사, 2017, p.132.

인제 백련정사 석조비로자나불좌상(상동리 석불)
麟蹄 白蓮精寺 石造毘盧遮那佛坐像(상동리 석불)

『도록(圖錄)』

047

고려
강원도 문화재자료 제34호
강원도 인제군 인제읍
출처 _ 『깨달음의 빛 비로자나불 上』, 2017

白蓮精寺 石佛坐像은 마모가 심해 정확한 形狀은 알아보기 힘드나, 가슴 앞에 智拳印을 結한 것으로 보여 毘盧遮那佛로 추정된다. 尊像은 結跏趺坐를 하고 있으며, 螺髮은 구멍을 촘촘하게 뚫어 표현하였다. 臺座는 남아있지 않다. 이 존상의 조성시기는 白蓮精寺로 함께 이건 된 三層石塔과 비슷한 시기로 보여 高麗時代로 추정된다.[01]

01 『江原文化財大觀 : 도지정편』, 강원도, 2006, pp.240~241.

048

고려
강원도 유형문화재 제22호
강원도 횡성군 읍하리
출처 _ 『깨달음의 빛 비로자나불 上』, 2017

江原道 橫城郡 邑下里에 위치한 邑下里 존상은 高麗 前期에 조성된 佛像이다. 尊像의 높이는 약 2.1m이다. 원래 위치는 공근면 상동리에 邑下里 三層石塔과 같이 있었으나, 일제강점기 때에 現위치로 옮겨졌다. 毘盧遮那佛은 智拳印을 結하고 있으며, 仰蓮이 조식된 方形의 臺座 위에 結跏趺坐 하고 있다. 大衣는 通肩을 걸쳤으며, 옷주름이 굵고 투박하다. 光背는 일부 파손되었으며, 가장자리는 雲紋과 火焰紋으로 장엄했다. 광배의 중앙에는 연화가 표현되어 있다. 또한 두광 주변에는 化佛이 확인된다. 광배의 양측 하단에는 菩薩立像이 高浮彫로 조각되어 있다. 이는 三尊형식을 의도한 것인데 드문 사례이다.[01]

01 『강원도문화재대관-강원도지정편-』, 강원도, 1993, pp.58~59.

횡성 포동리사지 석조비로자나불좌상
橫城 浦洞里寺址 石造毘盧遮那佛坐像

049

고려
강원도 횡성군 갑천면
출처 _ 『깨달음의 빛 비로자나불 上』, 2017

浦洞里寺址는 횡성자연휴양림으로 조성된 저고리골의 상류에 위치해 있다. 존상은 寺址의 입구 북쪽 산록에 있으며 현재의 위치는 원위치가 아닌 것으로 추측된다. 존상의 높이는 약 115cm이며 마모로 白毫, 肉髻, 모발 등은 확인할 수 없다. 智拳印을 結하고 있으며, 大衣를 걸쳤다. 대의는 線刻의 흔적만이 확인되기에 정확한 着衣法을 알 수 없다. 전체적인 균형과 환조에 가까운 팔의 양각 상태를 볼 때 高麗時代에 제작된 것으로 보인다.[01]

---

01 홍성익, 「橫城 浦洞里 寺址의 石佛坐像과 石塔材」 『강원도문화사연구』 vol.11, 강원향토문화연구회, 2006, pp.63~64.

춘천박물관 소장 석조비로자나불좌상
春川博物館 所藏 石造毘盧遮那佛坐像

050

고려
강원도 춘천시 석사동
출처 _『깨달음의 빛 비로자나불 上』, 2017

강원도 춘천박물관 소장 石造毘盧遮那佛坐像은 원주시 본저전동에서 출토되었으나 현재는 국립춘천박물관에 소장되어 있다. 이 존상은 上臺, 中臺, 下臺를 모두 갖춘 팔각의 蓮花座 위에 結跏趺坐하고 있다. 두 손은 가슴 앞에서 智拳印을 結하고 있다. 상호는 둥근 형태이며 코 부분이 훼손되었다. 螺髮과 肉髻가 표현되었으며, 通肩의 옷주름 표현이 보인다. 大衣는 오른쪽 어깨에서 내려온 옷자락이 한 번 안쪽으로 들어갔다 빠져 나오면서 아래쪽으로 늘어진 모습이다.[01]

---

01 민활, 「남한강 유역의 고려 전기 불상 연구」, 홍익대학교 대학원 미술사학과 석사학위논문, 2012, p.51.

부여 조왕사 석조비로자나불좌상
扶餘 朝王寺 石造毘盧遮那佛坐像

『도록(圖錄)』

051

고려
충청남도 유형문화재 제23호
충청남도 부여군 부여읍
출처 _ 『깨달음의 빛 비로자나불 上』 2017

扶餘郡 夫餘邑 朝王寺에는 고려시대에 제작된 石造毘盧遮那佛坐像이 봉안되어 있다. 尊像의 전체높이는 1.27m이다. 몸체에 비하여 佛頭가 큰 편이다. 옷은 신체에 밀착되어 무릎까지 덮고 있다. 옷주름은 간략하게 처리하였다. 양 손은 가슴에 모아 智拳印을 결하고 있다. 손과 발은 형식화되어 표현되었다.

논산 관촉동 석조비로자나불입상
論山 灌燭洞 石造毘盧遮那佛立像

052

고려
충청남도 유형문화재 제88호
충청남도 논산시 관촉동
출처 _ 『깨달음의 빛 비로자나불 上』 2017

이 존상은 論山 灌燭寺 입구에 있는 민가 안에 위치해 있다. 본래 고려시대 관촉사 부근의 '대정운사'라는 절에 있던 것을 이곳에 옮겨 세운 것으로 전해진다. 이 존상은 높이 340cm이며, 화강암으로 조성되었다. 존상은 두 손을 가슴에 모아 智拳印을 結하였으며,[01] 직사각형의 臺座 위에 서 있다. 佛頭 윗부분은 冠을 쓴 듯 높이 솟아 있다. 머리에 높은 관을 쓴 論山 灌燭寺 石造彌勒菩薩立像(보물 제 218호)과 비슷한 형태를 지니고 있다. 네모난 얼굴에 코와 입은 작게 표현했고, 턱은 U자형으로 표현했다. 신체에 비해 큰 佛頭와 조각 양식으로 볼 때 高麗時代에 제작된 것으로 보인다.

---

01 『한국의 사지-세종특별자치시,충청남도』 문화재청, 2014, pp.136~137.

진천 연곡리사지 석조비로자나불좌상
鎭川 連谷里寺址 石造毘盧遮那佛坐像

053

고려
충청북도 진천군 진천읍
출처 _ 『깨달음의 빛 비로자나불 上』, 2017

連谷里寺址에 위치한 石造毘盧遮那佛坐像은 寶塔寺 뒤쪽 산기슭에 위치해 있다. 尊像의 전체 높이는 약 110cm이며, 臺座는 남아있지 않다. 智拳印을 結하고 있으며, 結跏趺坐하고 있다. 佛頭의 경우 螺髮만이 표현되었고, 코와 눈썹을 제외하면 마모가 심하여 정확한 상호를 확인하기 어렵다. 大衣는 線刻으로 옷주름을 단순하게 표현하였다. 전체적인 신체의 비례, 조각적 양식을 볼 때 高麗時代에 조성된 것으로 보인다.[01]

01 『한국의 사지-대전광역시, 충청북도』, 문화재청, 2014, pp.440~442.

054

고려
청주시 상당구 가덕면
출처 _『깨달음의 빛 비로자나불 上』, 2017

閑溪里寺址 石造毘盧遮那佛坐像은 光背 및 臺座와 함께 舟形의 석재 전면에 부조되었다. 尊像의 전체 높이는 약 105cm이다. 智拳印을 結하고 있다. 상호는 마모가 심하다. 소발의 머리 위에 肉髻가 있다. 大衣는 通肩이며, 소매 끝에서부터 늘어진 옷자락은 무릎과 다리를 덮고 있다. 다리의 옷주름은 線刻으로 표현했다. 頭光과 身光은 陽刻線으로 표현하였다. 대의의 표현과 신체의 비례를 볼 때 존상의 조성 시기는 高麗時代로 추정할 수 있다.[01]

---

01 『한국의 사지-대전광역시, 충청북도』, 문화재청, 2014, pp.529~530.

청주시 정하동 마애비로자나불좌상
清州市 井下洞 磨崖毘盧遮那佛坐像

『도록(圖錄)』

055

고려
충청북도 유형문화재 제113호
충청북도 청주시 청원구
출처 _ 깨달음의 빛 비로자나불 上, 2017

井下洞 磨崖毘盧遮那佛坐像은 아래가 넓은 사다리꼴 암석 위에 조각되어 있다. 마애불의 전체 높이는 약 282cm이며, 蓮花座 위에 結跏趺坐한 坐像이다. 佛頭와 佛身의 외곽은 돋을새김으로 표현하였다. 그 외에 옷주름, 손, 光背 등은 線刻하였다. 白毫가 남아있으며, 목에는 三道가 있다. 大衣는 通肩이며, 양 어깨에서 옷주름이 층을 이루며 내려온다. 무릎과 연화대좌는 암석 하단의 돌출된 부분에 조각되었다.[01] 암석의 상면에는 방형의 치석 흔적이 보인다. 이는 木構造를 결구한 것으로 추정된다. 조성 시기는 高麗 초로 추정된다.[02]

---

01 『한국의 사지-대전광역시, 충청북도』, 문화재청, 2014, pp.516~517.

02 이원근, 「청주초기의 불적연구」, 『청대사림』2, 청주대학교사학회, 1977, pp.35~37.

056

고려
충청북도 청주시 서원구
출처 _ 『깨달음의 빛 비로자나불 上』 2017

淸華寺 石造毘盧舍那佛坐像은 高麗 初期에 조성된 佛像으로 추정된다. 臺座는 上臺石만 남았다. 佛身과 光背, 臺座가 한 매의 石材로 구성되어있다. 寶冠을 쓰고 있는 菩薩形의 毘盧遮那佛像이다. 尊像의 전체 높이는 약 120cm이며, 두 손은 智拳印을 結하고 있다. 목에는 三道가 뚜렷하다. 大衣는 양 어깨를 모두 덮은 通肩이며, 옷의 주름이 정교하게 표현되었다. 光背는 頭光과 身光 각각 蓮花紋과 火焰紋으로 장식하였다.

구례 대전리사지 석조비로자나불상
求禮 大田里寺址 石造毘盧遮那佛像

057

고려
전라남도 유형문화재 제186호
전라남도 구례군 광의면
출처 _『깨달음의 빛 비로자나불 上』 2017

大田里寺址 보호각 내에는 石造毘盧遮那佛坐像이 봉안되어 있다. 이 존상은 과거 도괴되어 있던 것을 1991년 목포대학교 박물관에서 지표조사 중 발견하여 보수하였다. 이 존상은 높이가 1.9m이다. 頭部는 마멸이 심하여 상호를 명확하게 알 수 없으나 肉髻와 귀, 螺髮 등은 확인된다. 두 손을 흉부로 모아 智拳印을 結하고 있으며, 通肩의 大衣를 걸쳤다. 石佛의 전체적인 비례와 조각양식으로 보아 高麗時代에 조성된 것으로 보인다.[01]

01 『한국의 사지-전라남도1』 문화재청, 2011, pp.291~294.

058

고려
보물 제1123호
전라북도 남원시 산내면 개령암지
출처 _『깨달음의 빛 비로자나불 上』, 2017

全羅北道 南原市 산내면 고리봉에 위치한 개령암지 磨崖佛像群은 主尊佛 2존을 중심으로 4개의 佛像群이 있다. 총 12존의 佛菩薩이 조각되어 있다. 이중 佛像群에 智拳印을 結한 毘盧遮那佛이 있다. 이 존상은 좌우에 脇侍菩薩이 있는 三尊佛의 구도를 취하고 있다. 전체적으로 세장한 신체의 비례를 가지고 있다. 목에는 三道가 뚜렷하게 나타나 있다. 머리에는 螺髮과 肉髻가 모두 표현되었다. 또한 이마에는 白毫가 高浮彫로 조각되었다. 法衣는 선각으로 표현되었다. 본 존상은 高麗時代에 제작된 것으로 추정된다.[01]

01 『한국의 사지-강원도, 전라북도』, 문화재청, 2013, pp.494~495.

해남 은적사 철조비로자나불좌상
海南 隱跡寺 鐵造毘盧遮那佛坐像

059

고려
전라남도 유형문화재 제86호
전라남도 해남군 마산면
출처 _『깨달음의 빛 비로자나불 上』 2017

隱跡寺 藥師殿에 鐵造毘盧遮那佛坐像이 봉안되어 있다. 藥師殿은 정면3칸, 측면 2칸의 팔작지붕이다. 존상의 전체 높이는 약 110cm이다. 하체 부분의 파손이 심했지만 상호에서 복부까지는 비교적 잘 남아있다. 파손된 하체는 최근에 복원을 하였다. 尊像은 智拳印을 結하고 있다. 상호의 양쪽 볼의 표현은 양감이 떨어진다. 목에는 三道가 있고 양쪽 귀는 길게 늘어졌다. 大衣는 通肩을 걸쳤다. 오른쪽 어깨에서 복부로 내려간 옷주름은 거의 수직을 이룬다.[01] 상호의 표현, 옷주름, 신체의 비례를 볼 때 統一新羅 佛像 양식을 계승한 高麗時代 佛像으로 보인다.

---

01 정영호, 「해남(海南) 은적사(隱蹟寺)의 유적 유물」, 『문화재』 13, 1980.

경주 이거사지 석조비로자나불좌상
慶州 移車寺址 石造毘盧遮那佛坐像

『도록(圖錄)』

060

고려
경상북도 경주시 도지동
출처 _ 『깨달음의 빛 비로자나불 下』 2017

移車寺址는 慶州市 도지동 논 한가운데 있는 新羅時代 절터이다. 이거사지 동편에 위치한 石造毘盧遮那佛坐像은 佛頭가 소실되었다 보수되었으며, 結跏趺坐에 智拳印을 결하고 있다. 마모가 심하여 정확한 의습선을 파악하기 어렵지만 偏袒右肩의 法衣를 착의한 것으로 보인다.

대구 광덕사 석조비로자나불입상
大邱 光德寺 石造毘盧遮那佛立像

061

고려
대구광역시 달성군 가창면
출처 _ 『깨달음의 빛 비로자나불 下』, 2017

光德寺 主佛殿 앞에 위치한 石造毘盧遮那佛立像은 高麗時代 불상으로 추정된다. 전체적으로 마모가 심해 정확한 現狀 파악이 어렵다. 擧身光이 표현되어 있으며, 두 손은 가슴 앞에서 智拳印을 結하고 있다. 다리가 지나치게 짧게 표현되어 전체적인 비례감은 다소 떨어진다.

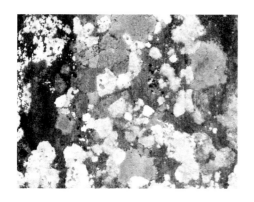

062

고려
경상북도 유형문화재 제273호
경상북도 봉화군 재산면
출처 _『깨달음의 빛 비로자나불 下』 2017

이 존상은 경상북도 봉화군 재산면 동면리 소내골마을에 위치해 있다. 磨崖佛은 암반의 남서향으로 새겨져 있으며 지표에서 약 2m 높이에 있다. 磨崖佛의 하반신이 새겨진 암반이 떨어져 나가 현재 하반신은 확인할 수 없다. 존상의 높이는 약 184㎝이다. 佛像과 頭光은 저부조로 표현 되었다. 手印은 智拳印을 結하고 있다. 머리는 소발이며, 肉髻가 솟아 있다. 목에는 三道가 있다. 大衣는 通肩이다. 光背는 擧身光이며 圓形의 頭光이 있다. 光背 외연과 옷주름은 線刻으로 새겨져 있다. 統一新羅양식을 반영한 高麗前期의 佛像일 가능성이 높다.[01]

01 『한국의 사지-경상북도 下』 문화재청, 2015, pp.44~45.

상주 복용동 석조여래불좌상
尙州 伏龍洞 石造如來佛坐像

063

고려
보물 제119호
경상북도 상주시 서성동
출처 _『깨달음의 빛 비로자나불 下』 2017

伏龍洞 石造如來佛坐像은 높이가 약 1.47m이다. 원래 상주시 복룡동 358번지에 있었던 상으로 1975년 10월 현재의 자리로 이건 되었다. 尊像은 智拳印을 結하고 있다. 굴곡이 없는 무겁고 둔중한 신체와 형식화된 옷 주름 표현으로 인해 고려시대에 조성된 것으로 보인다. 불두는 螺髮이 둥글고 큼직하게 표현되었다. 목 부분에서 옷깃이 뒤로 젖혀진 通肩의 法衣는 양 어깨에서 부채꼴을 이루며 흘러내린다.

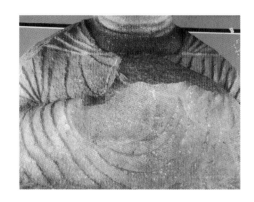

구미 궁기동 석조비로자나불좌상
龜尾 宮基洞 石造毘盧遮那佛坐像

064

고려
경상북도 유형문화재 제120호
경상북도 구미시 도개면
출처 _ 『깨달음의 빛 비로자나불 下』, 2017

龜尾 宮基洞 石造毘盧遮那佛坐像은 佛身, 光背, 臺座가 한 돌로 만들어졌다. 존상은 작은 체구에 어깨를 곡선으로 처리했으며, 잘록하게 표현한 허리와 전체적인 양식이 고려시대 金銅菩薩像의 특징을 잘 보여준다. 大衣는 다소 두툼하게 표현된 通肩이며, 대좌 아래까지 옷자락이 늘어뜨려진 상현좌이다. 光背는 윗부분이 잘려나갔지만 唐草紋, 蓮花紋, 火焰紋과 化佛이 입체적으로 조각되어 있다.[01]

---

01   한국문화유산답사회외 6인, 『답사여행의 길잡이 8 – 팔공산 자락』, 돌베개, 1997, p.141.

성주 금봉리 석조비로자나불좌상
星州 金鳳里 石造毘盧遮那佛坐像

065

고려
보물 제1121호
경상북도 성주군 가천면
출처 _ 『깨달음의 빛 비로자나불 下』 2017

金鳳里 石造毘盧遮那佛坐像은 智拳印을 結하고 있으며, 結跏趺坐하고 있다. 尊像의 佛頭는 髻髮과 肉髻가 있으며, 목에는 三道가 있다. 通肩의 大衣는 두 팔에 걸치고 다시 무릎을 덮었다. 光背는 舟形인데 頭光과 身光이 구분되어 있고, 蓮花紋 등으로 장엄했다. 그리고 다시 주연에는 火焰紋을 표현하고 정상부와 좌우에는 化佛으로 장식하였다.

066

고려
경상북도 영양군 일월면
출처 _ 『깨달음의 빛 비로자나불 下』, 2017

善韻寺 石造毘盧遮那佛坐像은 총길이가 100㎝, 무릎 너비는 80㎝이다. 智拳印을 結하
고 있으며, 佛頭에는 肉髻가 표현되어 있다. 大衣는 通肩이다. 結跏趺坐를 하고 있는 하
체는 왜소한 편이다. 고려 초기 지방 장인의 작품으로 생각된다.

경북대학교박물관 소장 금동비로자나불좌상
慶北大學校博物館 所藏 金銅毘盧遮那佛坐像

『도록(圖錄)』

067

고려
대구광역시 북구 대학로
출처 _『깨달음의 빛 비로자나불 下』, 2017

大邱廣域市 慶北大學校博物館에 소장된 金銅毘盧遮那佛坐像은 高麗時代에 조성된 尊像이다. 전체적인 신체의 비례감은 좋은 편이나 佛頭가 살짝 큰 편이다. 螺髮과 肉髻가 표현되었으나 경계는 모호하다. 大衣는 通肩이다. 두 손은 가슴 앞에서 智拳印을 結하고 있는데 손의 크기가 전체적인 비례로 볼 때 큰 편이다. 法衣는 무릎 앞쪽으로 흘러내려와 부채꼴 모양을 형성하고 있다.

국립경주박물관 소장 석조비로자나불좌상(2존)
國立慶州博物館 所藏 石造毘盧遮那佛坐像(2尊)

『도록(圖錄)』

068

고려
경상북도 경주시 월성동
출처 _ 『깨달음의 빛 비로자나불 下』 2017

國立慶州博物館에 所藏된 石造毘盧遮那佛坐像 2존은 각각 1매의 石材에 浮彫되어 있다. 두 존상은 모두 二重의 圓形의 光背가 표현되어 있다. 頭光과 身光은 환조로 굵게 표현하였다. 양 손은 가슴 앞에서 智拳印을 結하고 있다. 佛頭가 신체에 비해 크며 현재는 마모되어 상호를 정확히 파악하기 어렵다. 螺髮과 肉髻가 비교적 높게 치솟아 세장한 느낌을 준다. 옷주름은 선각으로 표현했다. 신체의 비례, 옷주름 양식을 볼 때 高麗時代에 조성된 것으로 보인다.

고령 대가야박물관 소장 석조비로자나불좌상(2존)
高靈 大伽倻博物館 所藏 石造毘盧遮那佛坐像(2尊)

069

고려
경상북도 고령군 대가야읍
출처 _ 『깨달음의 빛 비로자나불 下』 2017

高靈 大伽倻博物館 야외전시실에 위치한 石造毘盧遮那佛坐像 2존은 많은 부분이 결실되어 있다. 한 존은 佛頭가 없고 상반신과 하반신 일부만 남았다. 다른 한 존은 光背와 상반신, 하반신 일부가 남아있다. 두 존상은 모두 마모 상태가 심하며, 智拳印을 結하고 있어 毘盧遮那佛임을 알 수 있다. 光背가 남아있는 像의 경우 옷주름을 線刻으로 표현하였으며, 光背에도 紋樣을 새겼다. 신체의 비례, 光背의 문양으로 볼 때 高麗時代에 조성된 것으로 보인다.

070

고려
경상북도 경산시 삼풍동
출처 _『깨달음의 빛 비로자나불 下』, 2017

嶺南大學校博物館에 所藏되어 있는 石造毘盧遮那佛坐像은 높이가 약 178cm이다. 尊像은 蓮花臺座 위에 結跏趺坐를 하고 있으며, 智拳印을 結하고 있다. 상호는 돋을새김하고 다른 부분은 線刻으로 표현했다. 光背 역시 선각으로 장식되어 있다. 大衣는 右肩偏袒이며 옷주름이 표현되었다. 얼굴의 좌측은 마모되었다.

『도록(圖錄)』

거창 감악사지 석조비로자나불좌상
居昌 紺岳寺址 石造毘盧遮那佛坐像

071

고려

경상남도 거창군 신원면

출처 _ 『깨달음의 빛 비로자나불 下』 2017

居昌 紺岳寺址에 위치한 石造毘盧遮那佛坐像은 현재 頭部이 파손이 심한 상태이다. 尊像의 크기는 폭 45cm, 높이 57cm, 두께 51cm이다. 오른손으로 왼손의 검지를 감싼 智拳印을 結하고 있다. 後面 上部에는 光背 홈으로 추정되는 흔적이 남아있다. 通肩을 걸치고 있는데, 옷 주름은 대부분 확인되지 않는다. 같은 寺址에 위치한 僧塔과 비슷한 시기인 高麗 前期에 조성된 것으로 보인다.

072

고려
경상남도 유형문화재 제338호
경상남도 합천군 적중면
출처 _『깨달음의 빛 비로자나불 下』 2017

陜川 竹古里寺址의 石造毘盧遮那佛坐像은 현재 보호책 안에 奉安되어 있다. 尊像의 좌·우로 입상의 菩薩像이 侍立해 있다. 비로자나불좌상은 높이가 160cm, 어깨 폭이 60cm이다. 존상은 智拳印을 結하고 있으며, 結跏趺坐한 다리는 왼발을 위로 올렸다. 목 부분과 후두부는 보수한 흔적이 있으며 배면은 결실되었다. 佛頭에는 螺髮이 표현되어 있으며, 육계 부분에는 중간계주공이 있다. 또한 右肩偏袒의 大衣를 걸쳤다. 신체의 굴곡을 표현하여 양감이 풍부하며, 臺座의 형태를 볼 때 高麗時代에 조성된 것으로 보인다.[01]

01 『한국의 사지-울산광역시, 경상남도上』, 문화재청, 2013, p.586.

사자빈신사지 사사자 구층석탑 비로자나불좌상
獅子頻迅寺址 四獅子 九層石塔 毘盧遮那佛坐像

073

고려 1022
보물 제94호
충청북도 제천시 한수면
출처 _ 『깨달음의 빛 비로자나불 上』 2017

堤川 獅子頻迅寺址에는 절대연대가 기록된 獅子頻迅寺址 四獅子 九層石塔이 위치해 있다. 石塔은 현재 地臺石과 2단으로 구성된 基壇部, 5층 塔身으로 구성되며 相輪部는 결실되었다. 上層基壇 面石이 石塔의 특징인데 네 모서리에는 獅子를 한 마리씩 배치하여 모두 4마리의 獅子가 甲石을 받치고 있다. 중앙에는 智拳印을 결한 佛坐像이 봉안되어 있다. 이 尊像은 頭巾을 착용하였다. 목에는 三道가 있고, 이마에는 白毫가 있다. 大衣는 通肩이다. 배꼽 아래로는 U자형 의습선이 조식되었다. 이 존상은 智拳印을 結하였기 때문에 毘盧遮那佛로 추정하나 尊名에 대해서는 다양한 설이 존재한다.[01]

01 『한국의 사지-대구광역시, 충청북도』, 문화재청, 2014, pp.335~337.

은해사 성보박물관 소장 철조비로자나불좌상
銀海寺 聖寶博物館 所藏 鐵造毘盧遮那佛坐像

074

조선전기
경상북도 영천시 청통면
출처 _『한국의 사찰문화재』「대구광역시, 경상북도」

銀海寺 聖寶博物館 所藏 鐵造毘盧遮那佛坐像은 전체 높이가 17.6cm, 무릎 폭이 9.3cm 이다. 대좌 위에 結跏趺坐 하고 있으며 가슴 앞에서 智拳印을 結하고 있다. 螺髮과 肉髻가 높게 조각되었으며, 大衣는 通肩이며 옷주름과 옷자락이 표현되어 있다. 신체의 비례감이 좋고 옷주름 표현으로 보아 朝鮮前期에 조성되었을 것으로 추정된다.[01]

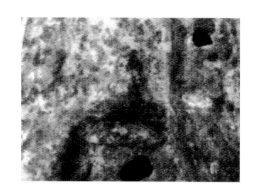

---

01 『한국의 사찰문화재-대구광역시, 경상북도 Ⅱ』 문화재청, 2009, p.51.

합천 해인사 대적광전 목조비로자나불좌상
陜川 海印寺 大寂光殿 木造毘盧遮那佛坐像

075

조선후기
경상남도 유형문화재 제38호
경상북도 영천시 청통면
출처 _ 『한국의 사찰문화재』「경상남도 1-2편」

海印寺 大寂光殿은 1817년에 重建한 것을 1971년 重修하였다. 정면 5칸, 측면 4칸의 팔작지붕이다. 내부에는 木造毘盧遮那佛坐像을 중심으로 좌우에 文殊菩薩과 普賢菩薩을 奉安하였다. 비로자나불좌상은 높이가 232cm, 무릎 폭은 158cm이다. 손은 가슴 앞에서 合掌印에 가까운 智拳印을 結하고 있다. 佛頭가 신체에 비해 큰 편이며, 螺髮과 정상계주, 肉髻가 표현되었다. 목에는 三道가 뚜렷하다. 通肩의 大衣를 걸쳤는데, 옷자락이 형식화되어 있다. 朝鮮 後期에 조성된 것으로 추정된다.

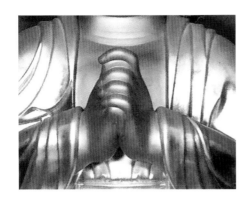

남양주 성보사 금동비로자나불좌상
南楊州 聖寶寺 金銅毘盧遮那佛坐像

076

조선
경기도 남양주시 화도읍
출처 _『한국의 사찰문화재』「경기도 1」

聖寶寺 보산당에 奉安된 金銅毘盧遮那佛坐像은 높이가 16.1cm, 무릎 폭이 9.2cm의 소형불이다.[01] 두 손은 가슴 앞에서 智拳印을 結하고 있다. 끝이 세 갈래로 나누어진 형태의 寶冠을 쓰고 있다. 寶冠의 천자락은 팔까지 흘러내려온다. 通肩의 大衣를 걸쳤으며, 목에는 三道가 표현되었다. 크게 표현된 손과 좁은 무릎 폭으로 인해 전체적인 비례감은 떨어진다. 朝鮮時代에 조성된 것으로 보인다.

---

01 『한국의 사찰문화재-경기도 1』, 문화재청, 2012, p.359.

평창 월정사 중대 사자암 목조비로자나불좌상
平昌 月精寺 中臺 獅子庵 木造毘盧遮那佛坐像

077

조선
강원도 유형문화재 제157호
강원도 평창군 진부면
출처 _『한국의 사찰문화재』「강원도」

月精寺의 부속암자인 中臺 獅子庵에 奉安되어 있었던 平昌 月精寺 木造毘盧遮那佛坐像은 尊像의 내부에서는 發願文을 비롯해 改金發願文, 陀羅尼가 발견되었다. 발원문을 통해 1894년에 肯法, 竺衍, 潤益, 昌照, 性敏, 雲照 등 6명의 僧匠이 제작하였음을 알 수 있다.[01] 비로자나불상은 전체높이가 38cm, 무릎 폭이 29.5cm이다. 智拳印을 결하고 있으며, 佛頭에는 肉髻와 螺髮이 표현되었다. 大衣는 오른쪽 어깨에 걸쳐져 있는 반달 모양의 옷자락과 왼쪽 팔뚝 위에 주름진 옷자락을 표현하였다.

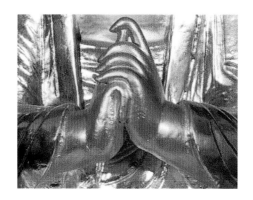

---

01 최선일, 『조선후기 승장 인명사전: 불교조각』 양사재, 2007.

078

조선
경상남도 합천군 가야면
출처 _ 한국의 사찰문화재 경상남도1-2

國一庵은 陜川 海印寺의 부속 암자이다. 國一庵 因法堂 내부에는 木造毘盧遮那佛坐像
이 奉安되어 있다. 존상의 높이는 약 50cm, 무릎 폭이 31cm이다. 비로자나불은 두 손
은 가슴 앞에서 智拳印을 結하고 있다. 螺髮과 肉髻가 표현되었다. 중간계주와 정상계
주 역시 표현되었다. 상호는 方形에 가까우며 코가 넓적하게 조각되었다. 大衣는 通肩
을 걸쳤는데, 옷주름이 형식적으로 표현되었다. 본 불상은 朝鮮後期에 조성된 것으로
보인다.

김천 직지사 성보박물관 소장 비로자나불입상
金泉 直指寺 聖寶博物館 所藏 毘盧遮那佛立像

『도록(圖錄)』

079

조선
경상남도 합천군 가야면
출처 _ 『깨달음의 빛 비로자나불 下』 2017

金泉 直指寺 聖寶博物館 所藏 毘盧遮那佛立像은 두 손을 가슴 앞에서 智拳印을 結하고
있다. 佛頭는 螺髮이 표현되었으며 중간계주가 있다. 상호는 方形이며 눈은 가늘게 뜨
고 코는 도톰하게 표현되었다. 大衣는 右肩偏袒으로 옷주름이 형식적으로 표현되었다.

서울 지장암 목조비로자나불좌상
서울 地藏庵 木造毘盧遮那佛坐像

080

조선 1622
보물 제1621호
서울특별시 종로구 창신동
출처 _ 『깨달음의 빛 비로자나불 上』 2017

地藏庵 大雄殿은 정면 5칸 측면 2칸의 팔작지붕이다. 내부에는 三身佛像이 奉安되어 있는데, 중앙의 木造毘盧遮那佛坐像은 높이가 117.5cm이며 臺座는 결실되었다. 발원문에 따르면 이 尊像의 原 봉안처는 慈仁壽兩寺이며, 광해군의 정비인 章烈王妃가 왕족의 천도를 위해 조성하였다는 것을 알 수 있다. 尊像은 두 손을 가슴 앞에서 모아 智拳印을 結하고 있다. 불두는 반타원형이며 肉髻는 없으나 螺髮이 표현되어 있다. 通肩의 大衣를 걸치고 있다. 전체적인 大衣의 옷주름 표현은 觀龍寺 大雄殿 釋迦佛像 등 玄眞派의 양식적 특징이 잘 드러나고 있다.[01]

---

01 문명대, 「한국미술사연구소(韓國美術史硏究所) 조사연구보고(調査硏究報告) : 17세기 전반기 조각승 현진파(玄眞派)의 성립과 지장암 목(木) 비로자나불좌상(毘盧遮那佛坐像)의 연구」, 『강좌미술사』29, 한국불교미술사학회, 2007, pp.356~362.

남양주 수종사 팔각오층석탑 출토 금동비로자나불좌상
南陽州 水鐘寺 八角五層石塔 出土 金銅毘盧遮那佛坐像

081

조선 1628
서울특별시 종로구 견지동
출처 _『한국의 사찰문화재』「경기도 1」

南陽州 水鐘寺에는 朝鮮時代에 건립된 水鐘寺 八角五層石塔이 있다. 1957년 八角五層石塔을 해체수리 당시 1층 塔身과 屋蓋石 및 基壇 中臺石에서 19존의 佛像이 발견되었다. 또한 1970년 이전 시에는 2~3층 옥개석에서 12존의 佛像이 발견되었다. 이때 출토된 佛像群 중 金銅毘盧遮那佛坐像은 1628년에 조성되었으며, 높이는 10.3cm, 무릎 폭은 6.3cm이다. 蓮花座 위에 結跏趺坐의 자세로 智拳印을 結하고 있다. 현재는 불교중앙박물관에 소장되어 있다. 상호는 方形에 가깝고 螺髮이 표현되었다. 중간계주와 정상계주가 있다. 臺座는 앙련과 복련으로 정교하게 조각되어 있다.

김천 직지사 비로전 목조비로자나불좌상
金泉 直指寺 毘盧殿 木造毘盧遮那佛坐像

082

조선 1668
경상북도 김천시 대항면
출처 _ 『한국의 사찰문화재』 『경상남도1-2편』

直指寺 毘盧殿은 정면 5칸 측면 3칸의 팔작지붕이다. 이 直指寺 毘盧殿 안에는 木造毘盧遮那佛坐像이 봉안되어 있다. 尊像은 1668년에 조성되었으며, 높이는 약 91cm, 무릎 폭은 56.8cm이다. 양 손은 가슴 앞에서 智拳印을 結하고 있다. 佛頭에는 螺髮이 촘촘하게 표현되었고, 정상계주와 중간계주가 있다. 목에는 三道가 있다. 大衣는 右肩偏袒으로 옷주름이 형식적으로 조각되었다.

226   한국 비로자나불 연구 上 - 불상편

순천 송광사 불조전 석조비로자나불좌상
順天 松廣寺 佛祖殿 石造毘盧遮那佛坐像

083

조선 1684
전라남도 순천시 송광면
출처 _ 『한국의 사찰문화재』『광주광역시, 전라남도1』

順天 松廣寺 佛祖殿은 정면 3칸, 측면 3칸의 팔작지붕이다. 1684년에 건립되었고 1905
년과 1946년에 중수하여 현재에 이르고 있다. 이 佛祖殿 내부에 奉安된 石造毘盧遮那
佛坐像은 1684년에 조성되었다. 尊像의 높이는 56cm, 무릎 폭 35.5cm이다.[01] 두 손은
가슴 앞에서 智拳印을 結하고 있다. 佛頭는 方形이며, 肉髻는 없이 螺髮만 표현되었다.
정상계주와 중간계주가 있다. 大衣는 通肩이다.

---

01 『한국의 사찰문화재-광주광역시 전라남도』 문화재청, 2015, p.337.

선암사 성보박물관 소장 목조비로자나불좌상
仙巖寺 聖寶博物館 所藏 木造毘盧遮那佛坐像

『도록(圖錄)』

084

조선 1736
전라남도 순천시 승주읍
출처 _ 『한국의 사찰문화재』 『광주광역시, 전라남도1』

順天 仙巖寺 聖寶博物館 所藏 木造毘盧遮那佛坐像은 높이가 54.2cm, 어깨 폭이 26cm 의 소형불이다. 1736년에 조성되었다.[01] 尊像은 가슴 앞에서 智拳印을 결하고 있다. 佛頭는 肉髻없이 螺髮만 표현되어 있으며, 중간계주와 정상계주가 표현되었다. 얼굴은 方形에 가까운 형태이며, 목에는 三道가 있다. 大衣는 通肩으로 옷주름은 線刻하였다.

01 『한국의 사찰문화재-광주광역시 전라남도』 문화재청, 2015, p.178.

합천 영창리 석조비로자나불좌상
陜川 盈倉里 石造毘盧遮那佛坐像

『도록(圖錄)』

085

연대 미상
경상남도 합천군 합천읍
출처 _ 『깨달음의 빛 비로자나불 下』, 2017

慶尙南道 陜川 석골암 殿竹堂에 奉安된 石造毘盧遮那佛坐像은 佛頭의 前面이 소실되어 상호를 파악하기 어렵다. 尊像은 가슴 앞에서 智拳印을 結하고 있다. 목에는 三道를 표현했으며, 大衣는 右肩偏袒으로 옷주름은 陰刻으로 표현하였다. 신체의 앞뒷면의 폭이 좁아 전체적인 양감이 떨어진다.

3. 비로자나불의 유형 분류

1) 지권인(智拳印)
2) 불두(佛頭)
3) 법의(法衣)
4) 광배(光背)
5) 좌대(座臺)

1) 지권인(智拳印)

A _ 유형

왼손 검지(食指)를 오른손으로 파지(把指)한 유형

B _ 유형

오른손 검지(食指)를 왼손으로 파지(把指)한 유형

C _ 유형

오른손 검지위에 왼손 검지를 올려놓은 유형

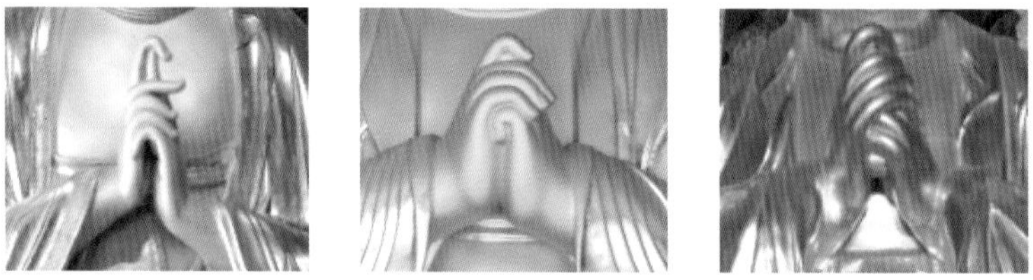

D _ 유형

왼손 검지위에 오른손 검지를 올려놓은 유형

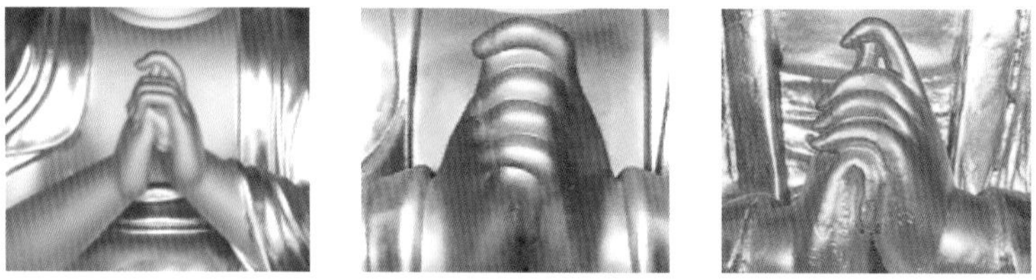

E _ 유형

왼손 위에 오른손을 감싸 쥔 유형

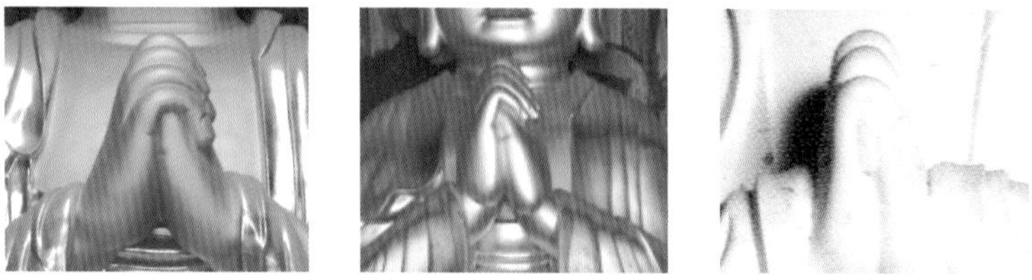

F _ 유형

오른손, 왼손 검지가 서로 맞닿은 유형

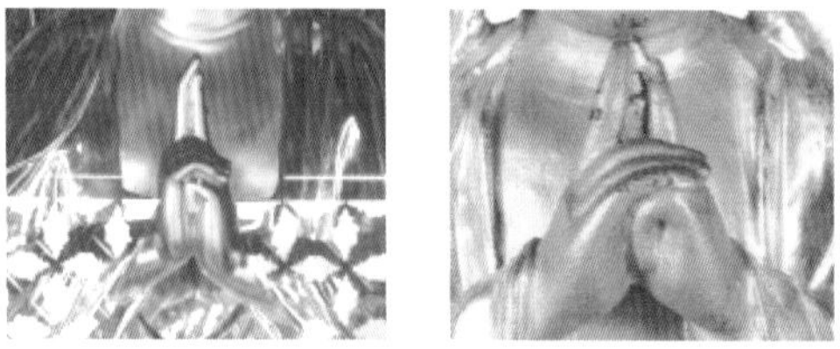

A 유형

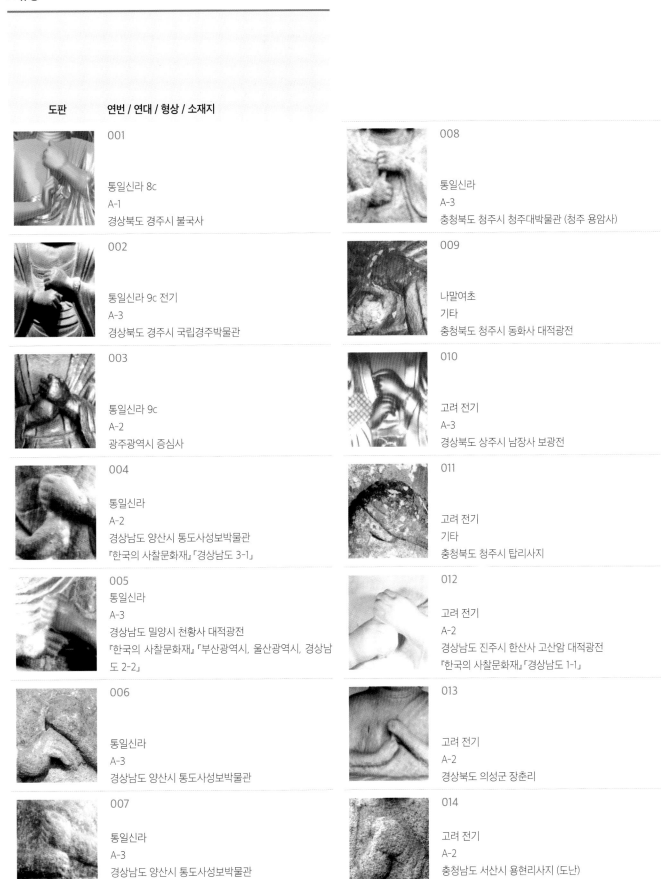

도판	연번 / 연대 / 형상 / 소재지
	001 통일신라 8c A-1 경상북도 경주시 불국사
	002 통일신라 9c 전기 A-3 경상북도 경주시 국립경주박물관
	003 통일신라 9c A-2 광주광역시 증심사
	004 통일신라 A-2 경상남도 양산시 통도사성보박물관 『한국의 사찰문화재』「경상남도 3-1」
	005 통일신라 A-3 경상남도 밀양시 천황사 대적광전 『한국의 사찰문화재』「부산광역시, 울산광역시, 경상남도 2-2」
	006 통일신라 A-3 경상남도 양산시 통도사성보박물관
	007 통일신라 A-3 경상남도 양산시 통도사성보박물관 『한국의 사찰문화재』「경상남도 3-1」
	008 통일신라 A-3 충청북도 청주시 청주대박물관 (청주 용암사)
	009 나말여초 기타 충청북도 청주시 동화사 대적광전
	010 고려 전기 A-3 경상북도 상주시 남장사 보광전
	011 고려 전기 기타 충청북도 청주시 탑리사지
	012 고려 전기 A-2 경상남도 진주시 한산사 고산암 대적광전 『한국의 사찰문화재』「경상남도 1-1」
	013 고려 전기 A-2 경상북도 의성군 장춘리
	014 고려 전기 A-2 충청남도 서산시 용현리사지 (도난) 『한국의 사찰문화재』「충청남도, 대전광역시」

015

고려 후기
기타 (佛龕)
전라남도 구례군 천은사
『한국의 사찰문화재』「전라남도 2」

016

고려
기타
경상북도 영양군 비로사 비로전

017

고려
A-3
경상북도 포항시 보경사 적광전

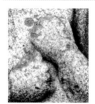

018

고려
A-2
경상북도 영주시 부석사성보박물관

019

고려
A-3
경상북도 김천시 직지사성보박물관

020

고려
A-4
충청남도 당진시 영탑사 (출처 : 문화재청)

021

고려
A-3
경상남도 진주시 한산사
『한국의 사찰문화재』「경상남도 1-1」

022

고려
A-3
경상남도 합천군 상홍사
『한국의 사찰문화재』「경상남도 1-2」

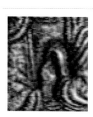

023

고려
기타 (佛龕)
전라남도 순천시 송광사 성보박물관
『한국의 사찰문화재』「광주광역시, 전라남도 1」

024

조선후기
A-1
부산광역시 범어사 비로전

025

조선후기
기타
충청북도 보은군 법주사 능인전

026

근현대
A-1
강원도 홍천군 수타사 대적광전_

027

현대
A-1
경기도 안양시 삼막사 천불전

028

현대
A-1
경기도 화성시 용주사 천불전

029

현대
A-1
충청남도 천안시 광덕사 보화루 1

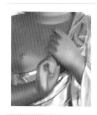

030

현대
A-1
충청북도 진천군 보탑사 목조다보탑

031

현대
A-1
경기도 남양주시 수종사 대웅보전

032

연대미상
A-2
경상북도 경주시 감산사

A 세부 유형

A-1

왼손의 손등이 정면을 향하고 오른손의 옆면이 정
면을 향한 유형

A-2

왼손과 오른손의 파지(把持) 형태가 서로 유사한 유
형

A-3

왼손과 오른손의 파지(把持) 형태가 서로 약간의 차
이가 있는 유형

A-4

왼손의 검지가 굴곡지고 오른손의 손가락이 아래도
향한 유형

기타

유형구분이 다소 어려움

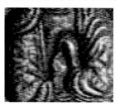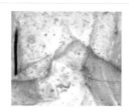

도판	연대 / 형상 / 소재지

001

통일신라 8c
A-1
경상북도 경주시 불국사

008

현대
A-1
경기도 남양주 수종사 대웅보전

002

조선후기
A-1
부산광역시 범어사 비로전

009

통일신라 9c
A-2
광주광역시 증심사

003

근현대
A-1
강원도 홍천군 수타사 대적광전

010

통일신라
A-2
경상남도 양산시 통도사성보박물관
『한국의 사찰문화재』「경상남도 3-1」

004

현대
A-1
경기도 안양시 삼막사 천불전

011

고려 전기
A-2
경상남도 진주시 한산사 고산암 대적광전
『한국의 사찰문화재』「경상남도 1-1」

005

현대
A-1
경기도 화성 용주사 천불전

012

고려 전기
A-2
경상북도 의성군 장춘리

006

현대
A-1
충청남도 천안시 광덕사 보화루1

013

고려 전기
A-2
충청남도 서산시 용현리사지 (도난)
『한국의 사찰문화재』「충청남도, 대전광역시」

007

현대
A-1
충청북도 진천 보탑사 목조다보탑

014

고려
A-2
경상북도 영주시 부석사성보박물관

015

연대 미상
A-2
경상북도 경주시 감산사

016

통일신라 9c 전기
A-3
경상북도 경주시 국립경주박물관

017
통일신라
A-3
경상남도 밀양시 천황사 대적광전
『한국의 사찰문화재』「부산광역시, 울산광역시, 경상남도2-2」

018

통일신라
A-3
경상남도 양산시 통도성보박물관

019

통일신라
A-3
경상남도 양산시 통도사성보박물관
『한국의 사찰문화재』「경상남도 3-1」

020

통일신라
A-3
충청북도 청주시 청주대박물관(청주 용암사)

021

고려 전기
A-3
경상북도 상주시 남장사 보광전

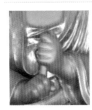

022

고려
A-3
경상북도 포항시 보경사 적광전

023

고려
A-3
경상북도 김천시 직지사성보박물관

024

고려
A-3
경상남도 진주시 한산사
『한국의 사찰문화재』「경상남도 1-1」

025

고려
A-3
경상남도 합천군 상홍사
『한국의 사찰문화재』「경상남도1-2」

026

고려
A-4
충청남도 당진시 영탑사 (출처 : 문화재청)

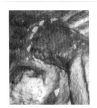

027

나말여초
기타
충청북도 청주 동화사 대적광전

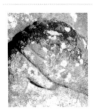

028

고려 전기
기타
충청북도 청주 탑리사지

029

고려 후기
기타 佛龕
전라남도 구례군 천은사
『한국의 사찰문화재』「전라남도 2」

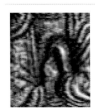

030

고려
기타佛龕
전라남도 순천시 송광사 성보박물관
『한국의 사찰문화재』「광주광역시, 전라남도1」

031

고려
기타
경상북도 영양군 비로사 비로전

032

조선후기
기타
충청북도 보은군 법주사 능인전

B 유형

도판	연대 / 형상 / 소재지

001
통일신라 8c 후기
B-2
경상북도 경주시 국립경주박물관

002
통일신라 9c 후기
B-1
경상북도 경주시 국립경주박물관

003
통일신라 9c
B-2
경상북도 안동시 마애리

004
통일신라 9c
B-2
경상북도 경주시 국립경주박물관
창림사지 출토

005
통일신라 9c
B-2
경상북도 경주시 국립경주박물관

006
통일신라 9c
B-3
서울특별시 국립중앙박물관

007
통일신라 9c
기타
경상북도 경주시 국립경주박물관
분황사 출토

008
통일신라 9c
기타
전라북도 임실군 용암리사지

009
통일신라 9~10c
기타
경상북도 경주시 국립경주박물관

010
통일신라
B-2
경기도 여주시 신륵사 대웅전

011
통일신라
B-3
경상북도 영주시 부석사 북지리 동불상

012
통일신라
B-2
경상북도 영주시 부석사 북지리 서불상

013
통일신라
B-2
경상북도 영주시 비로사 적광전

014
통일신라
B-2
경상북도 영주시 성혈사 나한전

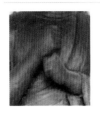

015

통일신라
B-2
경상북도 예천군 한천사 대적광전

016

통일신라
B-2
경상북도 봉화군 축서사 보광전

017

통일신라
B-2
충청북도 괴산군 각연사 비로전

018

통일신라
B-3
경상북도 예천군 동악사 보광명전
『한국의 사찰문화재』『경상북도 2-1』

019
통일신라
B-2
부산광역시 관음정사 감로당
『한국의 사찰문화재』『부산광역시, 울산광역시, 경상남도 2-1』

020
통일신라
B-2
경상남도 창원시 불곡사 비로전
『한국의 사찰문화재』『부산광역시, 울산광역시, 경상남도 2-2』

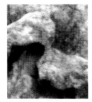

021

통일신라
기타
경상북도 김천시 갈항사
『한국의 사찰문화재』『전국 1』

022

조선 1490 중수 (통일신라)
B-4
경상남도 합천군 해인사 비로전
『한국의 사찰문화재』『경상남도 1-2편』

023

조선 1490 중수 (통일신라)
B-4
경상남도 합천군 해인사 법보전
『한국의 사찰문화재』『경상남도 1-2편』

024

통일신라 766
B-2
경상남도 산청군 내원사
『한국의 사찰문화재』『경상남도1-2』

025

통일신라 858
B-3
전라남도 장흥군 보림사 대적광전

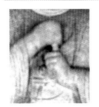

026

통일신라 863 추정
B-3
대구광역시 동화사 비로암

027

통일신라 865
B-4
강원도 철원군 도피안사 대적광전

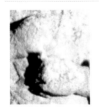

028

나말여초
B-2
경상북도 영천시 한광사 대적광전
『한국의 사찰문화재』『대구광역시, 경상북도』

029

나말여초
기타
경기도 가평군 대원사 대웅전

030

나말여초
B-3
경상북도 경주시 감산사 대적광전

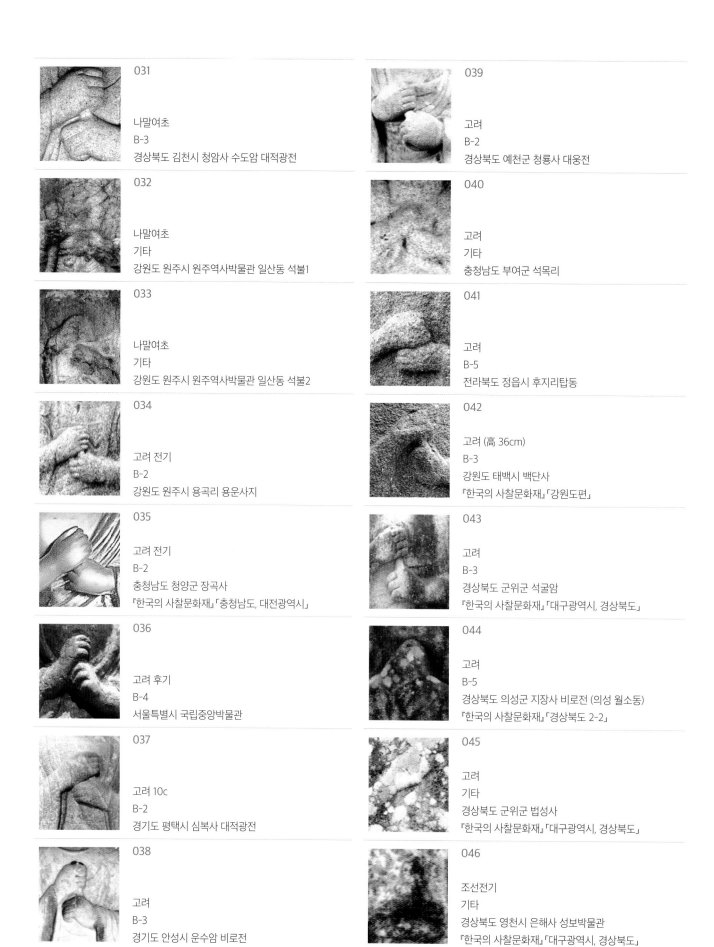

031
나말여초
B-3
경상북도 김천시 청암사 수도암 대적광전

032
나말여초
기타
강원도 원주시 원주역사박물관 일산동 석불1

033
나말여초
기타
강원도 원주시 원주역사박물관 일산동 석불2

034
고려 전기
B-2
강원도 원주시 용곡리 용운사지

035
고려 전기
B-2
충청남도 청양군 장곡사
『한국의 사찰문화재』「충청남도, 대전광역시」

036
고려 후기
B-4
서울특별시 국립중앙박물관

037
고려 10c
B-2
경기도 평택시 심복사 대적광전

038
고려
B-3
경기도 안성시 운수암 비로전

039
고려
B-2
경상북도 예천군 청룡사 대웅전

040
고려
기타
충청남도 부여군 석목리

041
고려
B-5
전라북도 정읍시 후지리탑동

042
고려 (高 36cm)
B-3
강원도 태백시 백단사
『한국의 사찰문화재』「강원도편」

043
고려
B-3
경상북도 군위군 석굴암
『한국의 사찰문화재』「대구광역시, 경상북도」

044
고려
B-5
경상북도 의성군 지장사 비로전 (의성 월소동)
『한국의 사찰문화재』「경상북도 2-2」

045
고려
기타
경상북도 군위군 법성사
『한국의 사찰문화재』「대구광역시, 경상북도」

046
조선전기
기타
경상북도 영천시 은해사 성보박물관
『한국의 사찰문화재』「대구광역시, 경상북도」

047

조선후기
B-5
강원도 삼척시 영은사 대웅보전

048

조선
B-5
경기도 화성시 흥법사 대웅전

049

조선
B-5
경상북도 경주시 기림사 대적광전

050

근대
B-2
경상북도 포항시 오어사 원효암 관음전

051

현대
B-3
경상남도 양산시 통도사 비로암

052

현대
B-2
강원도 동해시 삼화사 비로전

053

현대
B-6
경기도 수원시 봉녕사 대적광전

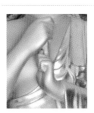

054

현대
B-4
경상남도 하동군 쌍계사 화엄전

055

현대
B-2
경상북도 예천군 용문사 보광명전

056

현대
B-7
부산광역시 범어사 청련암 대웅전

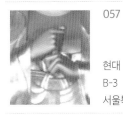

057

현대
B-3
서울특별시 봉원사 삼천불전

B 세부 유형

B-1

오른손의 손바닥이 정면을 향하고
왼손은 파지(把持)한 유형

B-2

오른손은 위로 향하여 파지(把持)하였고
왼손은 아래로 향하여 파지(把持)한 유형

B-3

오른손은 가로로 파지(把持)되어 있고
왼손은 위로 향한 유형

B-4

왼손의 파지(把持)가 옆으로 향한 유형

B-5

오른손과 왼손이 서로 유사한 유형

B-6

오른손의 검지가 굴곡진 유형

B-7

오른손의 검지가 안으로 굴곡진 유형

기타

유형 구분이 다소 여려움

도판	연대 / 형상 / 소재지

001

통일신라 9c 후기
B-1
경상북도 경주시 국립경주박물관

002

통일신라 8c 후기
B-2
경상북도 경주시 국립경주박물관

003

통일신라 9c
B-2
경상북도 안동시 마애리

004

통일신라 9c
B-2
경상북도 경주시 국립경주박물관
창림사지 출토

005

통일신라 9c
B-2
경상북도 경주시 국립경주박물관

006

통일신라
B-2
경기도 여주시 신륵사 대웅전

007

통일신라
B-2
경상북도 영주시 부석사 북지리 서불상

008

통일신라
B-2
경상북도 영주시 비로사 적광전

009

통일신라
B-2
경상북도 영주시 성혈사 나한전

010

통일신라
B-2
경상북도 예천군 한천사 대적광전

011

통일신라
B-2
경상북도 봉화군 축서사 보광전

012

통일신라
B-2
충청북도 괴산군 각연사 비로전

013
통일신라
B-2
부산광역시 관음정사 감로당
『한국의 사찰문화재』『부산광역시, 울산광역시, 경상남
도2-1』

014
통일신라
B-2
경상남도 창원시 불곡사 비로전
『한국의 사찰문화재』『부산광역시, 울산광역시, 경상남
도2-2』

015

통일신라 766
B-2
경상남도 산청군 내원사
『한국의 사찰문화재』「경상남도1-2」

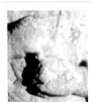

016

나말여초
B-2
경상북도 영천시 한광사 대적광전
『한국의 사찰문화재』「대구광역시, 경상북도」

017

고려 전기
B-2
강원도 원주시 용곡리 용운사지

018

고려 전기
B-2
충청남도 청양군 장곡사
『한국의 사찰문화재』「충청남도, 대전광역시」

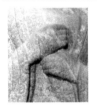

019

고려 10c
B-2
경기도 평택시 심복사 대적광전

020

고려
B-2
경상북도 예천군 청룡사 대웅전

021

근대
B-2
경상북도 포항시 오어사 원효암 관음전

022

현대
B-2
강원도 동해시 삼화사 비로전

023

현대
B-2
경상북도 예천군 용문사 보광명전

024

통일신라 9c
B-3
서울특별시 국립중앙박물관

025

통일신라
B-3
경상북도 영주시 부석사 북지리 동불상

026

통일신라
B-3
경상북도 예천군 동악사 보광명전
『한국의 사찰문화재』「경상북도2-1」

027

통일신라 858
B-3
전라남도 장흥군 보림사 대적광전

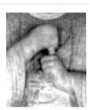

028

통일신라
863추정
B-3
대구광역시 동화사 비로암

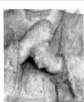

029

나말여초
B-3
경상북도 경주시 감산사 대적광전

030

나말여초
B-3
경상북도 김천시 청암사 수도암 대적광전

031

고려
B-3
경기도 안성시 운수암 비로전

032

고려 (高 36cm)
B-3
강원도 태백시 백단사
『한국의 사찰문화재』「강원도편」

033

고려
B-3
경상북도 군위군 석굴암
『한국의 사찰문화재』「대구광역시, 경상북도」

034

현대
B-3
경상남도 양산시 통도사 비로암

035

현대
B-3
서울특별시 봉원사 삼천불전

036

통일신라 / 조선 1490 중수
B-4
경상남도 합천군 해인사 비로전
『한국의 사찰문화재』「경상남도1-2편」

037

통일신라 / 조선 1490 중수
B-4
경상남도 합천군 해인사 법보전
『한국의 사찰문화재』「경상남도1-2편」

038

통일신라 865
B-4
강원도 철원군 도피안사 대적광전

039

고려 후기
B-4
서울특별시 국립중앙박물관

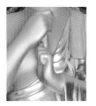

040

현대
B-4
경상남도 하동군 쌍계사 화엄전

041

고려
B-5
전라북도 정읍시 후지리탑동

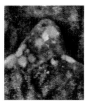

042

고려
B-5
경상북도 의성군 지장사 비로전(의성 월소동)
『한국의 사찰문화재』「경상북도2-2」

043

조선후기
B-5
강원도 삼척시 영은사 대웅보전

044

조선
B-5
경기도 화성시 홍법사 대웅전

045

조선
B-5
경상북도 경주시 기림사 대적광전

046

현대
B-6
경기도 수원시 봉녕사 대적광전

047

현대
B-7
부산광역시 범어사 청련암 대웅전

048

통일신라 9c
기타
경상북도 경주시 국립경주박물관
분황사 출토

049

통일신라 9c
기타
전라북도 임실군 용암리사지

050

통일신라 9~10c
기타
경상북도 경주시 국립경주박물관

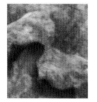

051

통일신라
기타
경상북도 김천시 갈항사
『한국의 사찰문화재』「전국1」

052

나말여초
기타
경기도 가평군 대원사 대웅전

053

나말여초
기타
강원도 원주시 원주역사박물관 일산동 석불1

054

나말여초
기타
강원도 원주시 원주역사박물관 일산동 석불2

055

고려
기타
충청남도 부여군 석목리

056

고려
기타
경상북도 군위군 법성사
『한국의 사찰문화재』「대구광역시, 경상북도」

057

조선전기
기타
경상북도 영천시 은해사 성보박물관
『한국의 사찰문화재』「대구광역시, 경상북도」

C 유형

도판	연번 / 연대 / 형상 / 소재지

001

여말선초
C-2
전라남도 나주시 불회사 대웅전

002

조선전기
C-1
충청남도 공주시 마곡사 대광보전

003

조선후기
C-2
경상남도 양산시 통도사 대광명전

004

조선후기
C-3
충청북도 고령시 반룡사 대적광전

005

조선
C-4
경상남도 합천군 해인사 국일암
『한국의 사찰문화재』「경상남도 1-2」

006

조선
C-2
경상북도 청도군 운문사 대적광전

007

조선 1628
C-5
경기도 남양주시 수종사 오층석탑 출토
불교중앙박물관소장
『한국의 사찰문화재』「경기도 1」

008

조선
1633
C-1
경상북도 김제시 귀신사 대적광전

009

현대
C-2
서울특별시 묘각사 대불보전

010

현대
C-1
충청남도 천안시 광덕사 보화루 2

C 세부 유형

C-1

왼손과 오른손의 검지가 위로 곧게 솟은 유형

C-2

왼손과 오른손의 검지가 아치형으로 맞닿은 유형

 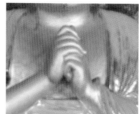

C-3

왼손과 오른손의 손가락을 서로 감싸 쥔 유형

C-4

왼손과 오른손의 검지를 서로 구부린 유형

C-5

오른손의 검지한 구부린 유형

도판	연번 / 연대 / 형상 / 소재지

001

조선전기
C-1
충청남도 공주시 마곡사 대광보전

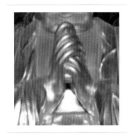

007

조선후기
C-3
충청북도 고령시 반룡사 대웅보전

002

조선
1633
C-1
경상북도 김제시 귀신사 대적광전

008

조선
C-4
경상남도 합천군 해인사 국일암
『한국의 사찰문화재』「경상남도 1-2」

003

현대
C-1
충청남도 천안시 광덕사 보화루 2

009

조선 1628
C-5
경기도 남양주 수종사 오층석탑 불교중앙박물관
『한국의 사찰문화재』「경기도 1」

004

조선후기
C-2
경상남도 양산시 통도사 대광명전

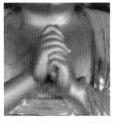

005

조선
C-2
경상북도 청도군 운문사 대적광전

006

현대
C-2
서울특별시 묘각사 대불보전

D 유형

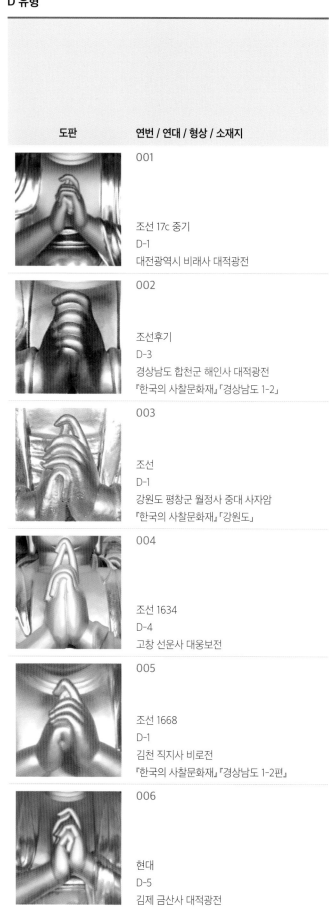

도판	연번 / 연대 / 형상 / 소재지
	001 조선 17c 중기 D-1 대전광역시 비래사 대적광전
	002 조선후기 D-3 경상남도 합천군 해인사 대적광전 『한국의 사찰문화재』「경상남도 1-2」
	003 조선 D-1 강원도 평창군 월정사 중대 사자암 『한국의 사찰문화재』「강원도」
	004 조선 1634 D-4 고창 선운사 대웅보전
	005 조선 1668 D-1 김천 직지사 비로전 『한국의 사찰문화재』『경상남도 1-2편』
	006 현대 D-5 김제 금산사 대적광전

D 세부 유형

D-1 오른손과 왼손의 검지가 서로 아치형으로 맞닿은 유형		
D-2 오른손과 왼손의 검지가 가로로 겹친 유형		
D-3 오른손과 왼손의 검지가 위로 곧게 솟은 유형		
D-4 왼손과 오른손의 검지의 굴곡진 형태가 큰 유형		

도판	연번 / 연대 / 형상 / 소재지

001

조선 17c 중기
D-1
대전광역시 비래사 대적광전

002

조선
D-1
강원도 평창군 월정사 중대 사자암
『한국의 사찰문화재』「강원도」

003

조선 1668
D-1
경상북도 김천시 직지사 비로전
『한국의 사찰문화재』「경상남도 1-2편」

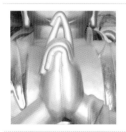

004

조선후기
D-2
경상남도 합천군 해인사 대적광전
『한국의 사찰문화재』「경상남도 1-2」

005

조선 1634
D-3
경상북도 고창군 선운사 대웅보전

006

현대
D-4
경상북도 김제시 금산사 대적광전

E 유형

도판	연번 / 연대 / 형상 / 소재지

001

조선 1626
E-1
충청북도 보은군 법주사 대웅보전

002

조선 1636
E-1
전라남도 구례군 화엄사 대웅전

003

조선 1684
E-1
전라남도 순천시 송광사 불조전
『한국의 사찰문화재』「광주광역시, 전라남도 1」

004

조선
E-2
충청남도 서산시 일락사 대적광전

005

조선 1736
E-1
전라남도 순천시 선암사 성보박물관
『한국의 사찰문화재』「광주광역시, 전라남도 1」

006

현대
E-2
충청북도 제천시 덕주사 대웅전

255

E 세부 유형

E-1

왼손을 오른손이 감싸 쥔 유형

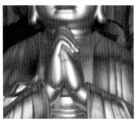 

E-2

왼손을 오른손이 위로 향하여 감싸 쥔 유형

 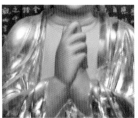

번호	연번 / 연대 / 형상 / 소재지
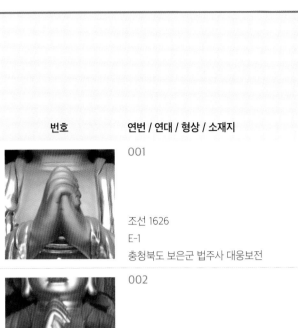	001 조선 1626 E-1 충청북도 보은군 법주사 대웅보전
	002 조선 1636 E-1 전라남도 구례군 화엄사 대웅전
	003 조선 1684 E-1 전라남도 순천시 송광사 불조전 『한국의 사찰문화재』「광주광역시, 전라남도 1」
	004 조선 1736 E-1 전라남도 순천시 선암사 성보박물관 『한국의 사찰문화재』「광주광역시, 전라남도 1」
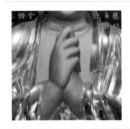	005 조선 E-2 충청남도 서산시 일락사 대적광전
	006 현대 E-2 충청북도 제천시 덕주사 대웅전

F 유형

번호	연번 / 연대 / 형상 / 소재지
	001 조선 F-1 충청남도 금산군 대원정사
	002 조선 F-2 경기도 남양주시 성보사 『한국의 사찰문화재』「경기도 1」

F 세부 유형

F-1

오른손, 왼손검지의 끝이 좌측으로 치우친 유형

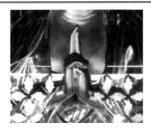

F-2

오른손, 왼손검지의 끝이 우측으로 치우친 유형

	연대	형상	소재지
1	조선	F-1	충청남도 금산군 대원정사
2	조선	F-2	경기도 남양주시 성보사 『한국의 사찰문화재』「경기도 1」

기타

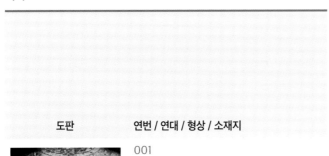

도판	연번 / 연대 / 형상 / 소재지

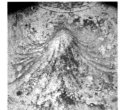

001

고려
전라남도 화순군 운주사 석조불감

002

근대 1922
일본식(日本式)
전라북도 군산시 동국사 범종각

A 유형

왼손 검지(食指)를 오른손으로 파지(把指)한 유형

B 유형

오른손 검지(食指)를 왼손으로 파지(把指)한 유형

C 유형

오른손 검지위에 왼손 검지를 올려놓은 유형

D 유형

왼손 위에 오른손을 감싸 쥔 유형

기타

훼손이 심해 지권인 형체를 알아보기 어려운 유형

A 유형

번호	연번 / 연대 / 형상 / 소재지

001
고려
A
경기도 안성시 장기로 91번길22 안성공원

002
고려
A
강원도 강릉시 구정면 학산리 603-1 굴산사지(3軀)

003
고려
A
충청남도 부여군 부여읍 계백로334-47 조왕사

004
고려
A
충청남도 논산시 관촉로 31번길 18-1

005
고려
A
충청북도 진천군 진천읍 연곡리사지

006
고려
A
충청북도 청주시 서원구 모충동 산36-4 청화사

007
고려
A
전라남도 해남군 마산면 은적사길 404 은적사

B 유형

번호	연번 / 연대 / 형상 / 소재지

001

통일신라
B
충청남도 국립공주박물관 서혈사지(佛頭×)

007

고려
B
강원도 횡성군 횡성읍 태기로 15 읍하리석불

002

나말여초
B
서울특별시 용산구 국립중앙박물관 소장)

008

고려
B
강원도 국립춘천박물관 소장

003

고려
B
서울특별시 성북구 성북로 102-11 간송미술관

009

고려
B
충청북도 청주시 청원구 정하동 산9-1

004

고려
B
서울특별시 용산구 국립중앙박물관 소장(佛頭×)

010

고려 1022
B
충청북도 제천시 빈신사지 4사자 9층석탑

005

고려
B
서울특별시 용산구 국립중앙박물관 소장

006

고려
B
강원도 강릉시 구정면 학산리 603-1 굴산사지(3軀)

C 유형

번호	연번 / 연대 / 형상 / 소재지
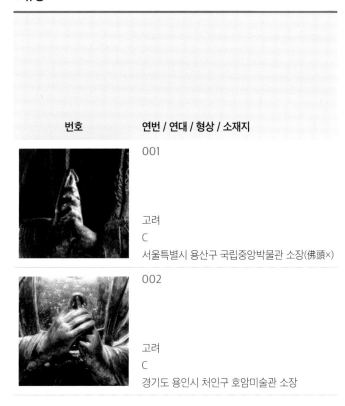	001 고려 C 서울특별시 용산구 국립중앙박물관 소장(佛頭×)
	002 고려 C 경기도 용인시 처인구 호암미술관 소장

D 유형

번호	연번 / 연대 / 형상 / 소재지
	001 조선 1622 D 서울특별시 종로구 낙산성곡동길 57-2 지장암

기타

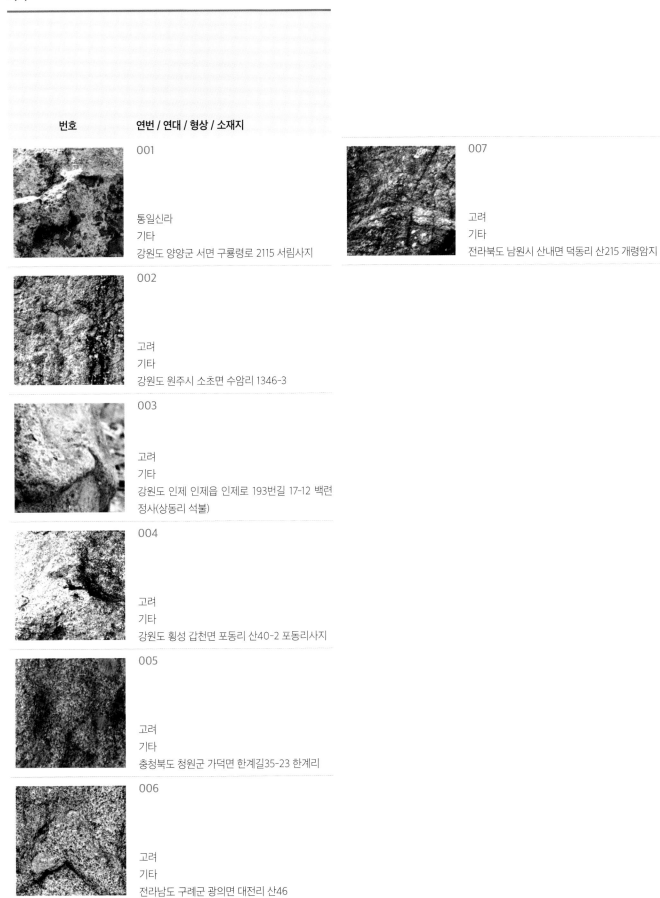

번호	연번 / 연대 / 형상 / 소재지

001
통일신라
기타
강원도 양양군 서면 구룡령로 2115 서림사지

002
고려
기타
강원도 원주시 소초면 수암리 1346-3

003
고려
기타
강원도 인제 인제읍 인제로 193번길 17-12 백련
정사(상동리 석불)

004
고려
기타
강원도 횡성 갑천면 포동리 산40-2 포동리사지

005
고려
기타
충청북도 청원군 가덕면 한계길35-23 한계리

006
고려
기타
전라남도 구례군 광의면 대전리 산46

007
고려
기타
전라북도 남원시 산내면 덕동리 산215 개령암지

A 유형

왼손 검지(食指)를 오른손으로 파지(把指)한 유형

B 유형

오른손 검지(食指)를 왼손으로 파지(把指)한 유형

C 유형

지물(持物)을 잡고 있는 유형

기타

훼손이 심해 지권인 형체를 알아보기 어려운 유형

A 유형

번호	연번 / 연대 / 형상 / 소재지
	001 통일신라 A 대구광역시 경북대학교박물관
	002 통일신라 A 대구광역시 경북대학교박물관(3軀)(佛頭×)
	003 통일신라 A 경상북도 경주시 국립경주박물관
	004 고려 A 대구광역시 경북대학교박물관
	005 고려 A 경상북도 경산시 영남대학교박물관
	006 고려 A 경상남도 합천군 적중면 죽고리 산101

B 유형

도판	연대 / 형상 / 소재지

001

통일신라 후기

B

경상북도 봉화군 물야면 월계길739 축서사

002

통일신라

B

경상북도 문경시 동로면 생달리사지

003

통일신라

B

경상북도 영천시 신녕면 화남리 499 한광사

004

통일신라

B

대구광역시 경북대학교박물관

005

통일신라

B

대구광역시 경북대학교박물관(3軀)(佛頭×)

006

통일신라

B

대구광역시 경북대학교박물관(3軀)(佛頭×)

007

통일신라

B

경상북도 경주시 국립경주박물관

008

통일신라 863

B

국립대구박물관(동화사 비로암 삼층석탑 금동사리함)

009

고려

B

경상북도 경주시 도지동1-2 이거사지

010

고려

B

경상북도 봉화군 재산면 동면리 산268

011

고려

B

경상북도 성주군 가천면 금봉1길67 금봉리

012

고려

B

경상북도 영양군 일월면 도곡리 705 선운사

013

고려

B

경상북도 경주시 국립경주박물관

014

고려

B

경상북도 김천시 대항면 직지사 성보박물관

C 유형

번호	연번 / 연대 / 형상 / 소재지
	001 고려 C 경상북도 구미시 도개면 문수사 선산 궁기동 석불

기타

번호	연번 / 연대 / 형상 / 소재지

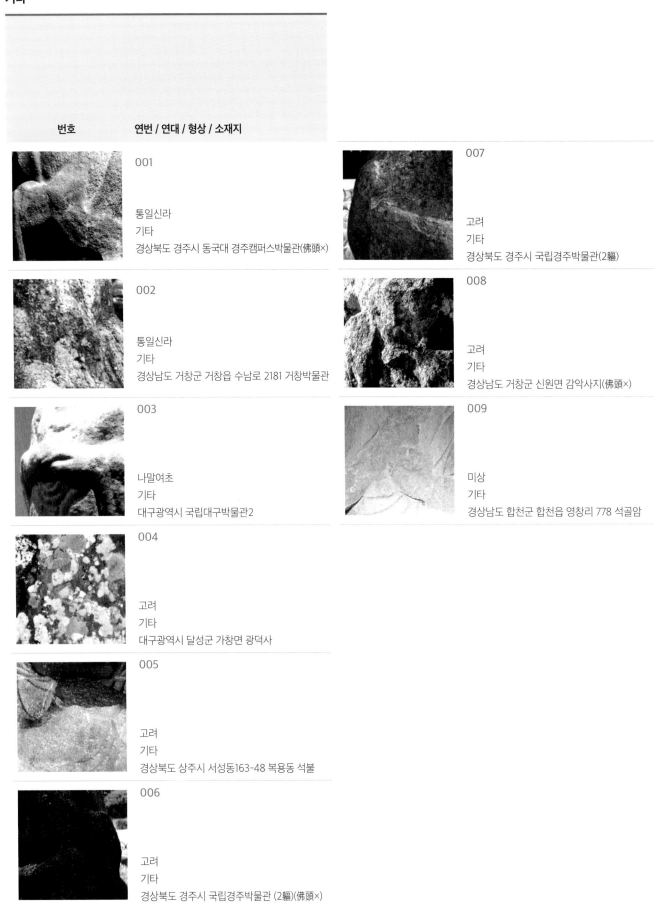

001
통일신라
기타
경상북도 경주시 동국대 경주캠퍼스박물관(佛頭×)

007
고려
기타
경상북도 경주시 국립경주박물관(2軀)

002
통일신라
기타
경상남도 거창군 거창읍 수남로 2181 거창박물관

008
고려
기타
경상남도 거창군 신원면 감악사지(佛頭×)

003
나말여초
기타
대구광역시 국립대구박물관2

009
미상
기타
경상남도 합천군 합천읍 영창리 778 석골암

004
고려
기타
대구광역시 달성군 가창면 광덕사

005
고려
기타
경상북도 상주시 서성동163-48 복용동 석불

006
고려
기타
경상북도 경주시 국립경주박물관 (2軀)(佛頭×)

2) 불두(佛頭)

A _ 유형

나발형(螺髮形)

B _ 유형

민 머리형(白頭形)

C _ 유형

보관형(寶冠形)

A 유형

도판	연대 / 형상 / 소재지

001

통일신라 8c
A-1/A-5/A-7
경상북도 경주시 불국사

008

통일신라
A-3/A-6/A-7
경상북도 영주시 비로사 적광전

002

통일신라 9c
A-1/A-6/A-8
경상북도 안동시 마애리

009

통일신라
A-1/A-6/A-7
경상북도 영주시 성혈사 나한전

003

통일신라 9c
A-1/A-6/A-8
광주광역시 증심사

010

통일신라
A-1/A-5/A-7
경상북도 봉화군 축서사 보광전

004

통일신라 9c
A-1/A-6/A-8
서울특별시 국립중앙박물관

011

통일신라
A-4/A-6/A-7
충청북도 괴산군 각연사 비로전

005

통일신라 9c
A-2/A-6/A-8
전라북도 임실군 용암리사지

012

통일신라
A-4/A-5/A-8
충청북도 청주시 청주대박물관(용암사)

006

통일신라
A-2/A-6/A-8
경상북도 영주시 부석사 북지리 동불상

013

통일신라
A-1/A-6/A-8
경상남도 양산시 통도사성보박물관
『한국의 사찰문화재』「경상남도3-1」

007

통일신라
A-2/A-6/A-8
경상북도 영주시 부석사 북지리 서불상

014

통일신라
A-1/A-6/A-8
경상남도 양산시 통도사성보박물관
『한국의 사찰문화재』「경상남도3-1」

015

통일신라
A-3/A-5/A-7
경상북도 예천군 동악사 보광명전
『한국의 사찰문화재』「경상북도2-1」

023

통일신라 863추정
A-1/A-6/A-8
대구광역시 동화사 비로암

016

통일신라
A-2/A-5/A-8
부산광역시 관음정사 감로당
『한국의 사찰문화재』「부산광역시, 울산광역시, 경상남도2-1」

024

통일신라 865
A-2/A-6/A-8
강원도 철원군 도피안사 대적광전

017

통일신라
A-1/A-6/A-8
경상남도 밀양시 천황사 대적광전
『한국의 사찰문화재』「부산광역시, 울산광역시, 경상남도2-2」

025

나말여초
A-2/A-6/A-8
경상북도 영천시 한광사 대적광전
『한국의 사찰문화재』「대구광역시, 경상북도」

018

통일신라
A-2/A-6/A-8
경상남도 창원시 불곡사 비로전
『한국의 사찰문화재』「부산광역시, 울산광역시, 경상남도2-2」

026

나말여초
A-2/A-6/A-8
경기도 가평군 대원사 대웅전

019

통일신라
A-2/A-6/A-8
경상북도 김천사 갈항사
『한국의 사찰문화재』「전국1」

027

나말여초
A-2/A-5/A-8
경상북도 경주 감산사 대적광전

020

통일신라 조선 1490 중수
A-3/A-6/A-8
경상남도 합천군 해인사 비로전
『한국의 사찰문화재』「경상남도1-2편」

028

고려전기
A-2/A-5/A-7
경상북도 상주시 남장사 보광전

021

통일신라 조선 1490 중수
A-3/A-6/A-8
경상남도 합천군 해인사 법보전
『한국의 사찰문화재』「경상남도1-2편」

029

고려전기
A-2/A-6/A-8
경상북도 의성군 장춘리

022

통일신라 858
A-1/A-6/A-8
전라남도 장흥군 보림사 대적광전

030

고려전기
A-2/A-6/A-8
강원도 원주시 용곡리 용운사지

031

고려전기
A-3/A-5/A-7
경상남도 진주시 한산사 고산암 대적광전
『한국의 사찰문화재』 「경상남도1-1」

032

고려전기
A-1/A-6/A-7
충청남도 청양군 장곡사
『한국의 사찰문화재』 「충청남도, 대전광역시」

033

고려후기
서울특별시 국립중앙박물관

034

고려 10c
경기도 평택시 심복사 대적광전

035

고려A-1/A-6/A-8
경기도 안성시 운수암 비로전

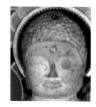

036

고려
A-2/A-5/A-8
경상북도 영양군 비로사 비로전

037

고려
A-1/A-6/A-7
경상북도 포항 보경사 적광전

038

고려
A-1/A-5/A-8
경상북도 예천군 청룡사 대웅전

039

고려
A-2/A-5/A-8
충청남도 부여군 석목리

040

고려
A-4/A-5/A-8
충청남도 당진시 영탑사 출처 문화재청

041

고려
A-2/A-6/A-8
경상남도 진주시 한산사
『한국의 사찰문화재』 「경상남도1-1」

042

고려
A-1/A-5/A-8
경상북도 군위군 석굴암
『한국의 사찰문화재』 「대구광역시, 경상북도」

043

고려
A-1/A-6/A-8
전라남도 순천시 송광사 성보박물관
『한국의 사찰문화재』 「광주광역시, 전라남도1」

044

여말선초
A-4/A-5/A-8
전라남도 나주시 불회사 대웅전

045

조선전기
A-1/A-6/A-8
경상북도 영천시 은해사 성보박물관
『한국의 사찰문화재』 「대구광역시, 경상북도」

046

조선전기
A-4/A-6/A-7
충청남도 공주시 마곡사 대광보전

047

조선후기
A-4/A-5/A-7
강원도 삼척시 영은사 대웅보전

048

조선후기
A-3/A-5/A-7
경상남도 양산시 통도사 대광명전

049

조선후기
A-3/A-6/A-7
경상북도 고령군 반룡사 대적광전

050

조선후기
A-3/A-6/A-7
부산광역시 범어사 비로전

051

조선후기
A-3/A-6/A-7
충청북도 보은군 법주사 능인전

052

조선후기
A-3/A-5/A-7
경상남도 합천군 해인사 대적광전
『한국의 사찰문화재』「경상남도1-2편」

053

조선 17c 중기
A-3/A-5/A-7
대전광역시 비래사 대적광전

054

조선
A-4/A-6/A-7
경기도 화성시 홍법사 대웅전

055

조선
A-4/A-6/A-7
충청남도 서산시 일락사 대적광전

056

조선
A-3/A-6
충청남도 금산군 대원정사

057

조선
A-3/A-5/A-7
경상북도 청도군 운문사 대적광전

058

조선
A-4/A-5/A-7
경상북도 경주시 기림사 대적광전

059

조선
A-4/A-6/A-7
강원도 평창군 월정사 중대 사자암
『한국의 사찰문화재』「강원도」

060

조선
A-3/A-6/A-7
경상남도 합천군 해인사 국일암
『한국의 사찰문화재』「경상남도1-2」

061

조선 1626
A-3/A-5/A-7
충청북도 보은군 법주사 대웅보전

062

조선 1628
A-3/A-5/A-8
경기도 남양주시 수종사 오층석탑 출토 불교중앙박물관
소장『한국의 사찰문화재』「경기도 1」

063

조선 1633
A-3/A-5/A-7
전라북도 김제시 귀신사 대적광전

064

조선 1634
A-3/A-5/A-7
전라북도 고창군 선운사 대웅보전

065

조선 1636
A-3/A-5/A-7
전라남도 구례군 화엄사 대웅전

066

조선 1668
A-3/A-6/A-7
경상북도 김천시 직지사 비로전
『한국의 사찰문화재』「경상남도1-2편」

067

조선 1684
A-3/A-5/A-7
전라남도 순천시 송광사 불조전
『한국의 사찰문화재』「광주광역시, 전라남도1」

068

조선 1736
A-3/A-5/A-7
전라남도 순천시 선암사 성보박물관
『한국의 사찰문화재』「광주광역시, 전라남도1」

069

근현대
A-1/A-5/A-7
강원도 홍천군 수타사 대적광전

070

현대
A-1/A-5/A-7
경상남도 양산시 통도사 비로암

071

현대
A-4/A-5/A-7
경기도 안양시 삼막사 천불전

072

현대
A-3/A-5/A-7
경기도 화성시 용주사 천불전

073

현대
A-4/A-5/A-7
강원도 동해시 삼화사 비로전

074

현대
A-1/A-6/A-7
경기도 수원시 봉녕사 대적광전

075

현대
A-1/A-6/A-7
경상남도 하동군 쌍계사 화엄전

076

현대
A-1/A-6/A-7
경상북도 예천군 용문사 보광명전

077

현대
A-1/A-6/A-7
부산광역시 범어사 청련암 대웅전

078

현대
A-3/A-5/A-7
서울특별시 묘각사 대불보전

079

현대
A-1/A-5/A-7
서울특별시 봉원사 삼천불전

080

현대
A-3/A-5/A-7
경상북도 김제시 금산사 대적광전

081

현대
A-3/A-6/A-7
충청남도 천안시 광덕사 보화루1

082

현대
A-3/A-5/A-7
충청남도 천안시 광덕사 보화루2

083

현대
A-1/A-5/A-8
충청북도 진천군 보탑사 목조다보탑

084

현대
A-4/A-5/A-7
충청북도 제천군 덕주사 대웅전

085

현대
A-1/A-5/A-7
경기도 남양주시 수종사 대웅보전

A 세부 유형

A-1 정상계주와 중앙계주가 없는 유형	
A-2 육계가 정면향으로 저의 보이지 않는 유형	
A-3 정상계주와 중앙계주가 있는 경우	
A-4 중앙계주는 있고 정상계주가 없는 유형	
A-5 상호가 방형(方形)에 가까운 유형	
A-6 상호가 원형(圓形) 또는 타원형(楕圓形)에 가까운 유형	
A-7 수염이 그려진 유형	

A-8

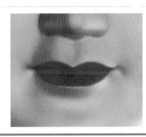

수염이 그려지지 않은 유형
※개금(改金)되지 않은 조각상은 제외

도판	연대 / 형상 / 소재지

001

통일신라 8c
A-1
경상북도 경주시 불국사

002

통일신라 9c
A-1
경상북도 안동시 마애리

003

통일신라 9c
A-1
광주광역시 증심사

004

통일신라 9c
A-1
서울특별시 국립중앙박물관

005

통일신라
A-1
경상북도 영주시 성혈사 나한전

006

통일신라
A-1
경상북도 봉화군 축서사 보광전

007

통일신라
A-1
경상남도 양산시 통도사성보박물관
『한국의 사찰문화재』「경상남도3-1」

008

통일신라
A-1
경상남도 양산시 통도사성보박물관
『한국의 사찰문화재』「경상남도3-1」

009
통일신라
A-1
경상남도 밀양시 천황사 대적광전
『한국의 사찰문화재』「부산광역시, 울산광역시, 경상남도2-2」

010

통일신라 858
A-1
전라남도 장흥군 보림사 대적광전

011

통일신라 863추정
A-1
대구광역시 동화사 비로암

012

고려전기
A-1
충청남도 청양군 장곡사
『한국의 사찰문화재』「충청남도, 대전광역시」

013

고려후기
A-1
서울특별시 국립중앙박물관

014

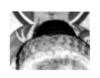
고려
A-1
경기도 안성시 운수암 비로전

015

고려

A-1

경상북도 포항 보경사 적광전

016

고려

A-1

경상북도 예천군 청룡사 대웅전

017

고려

A-1

경상북도 군위군 석굴암

『한국의 사찰문화재』「대구광역시, 경상북도」

018

고려

A-1

전라남도 순천시 송광사 성보박물관

『한국의 사찰문화재』「광주광역시, 전라남도1」

019

조선전기

A-1

경상북도 영천시 은해사 성보박물관

『한국의 사찰문화재』「대구광역시, 경상북도」

020

근현대

A-1

강원도 홍천군 수타사 대적광전

021

현대

A-1

경상남도 양산시 통도사 비로암

022

현대

A-1

경기도 수원시 봉녕사 대적광전

023

현대

A-1

경상남도 하동군 쌍계사 화엄전

024

현대

A-1

경상북도 예천군 용문사 보광명전

025

현대

A-1

부산광역시 범어사 청련암 대웅전

026

현대

A-1

서울특별시 봉원사 삼천불전

027

현대

A-1

충청북도 진천군 보탑사 목조다보탑

028

현대

A-1

경기도 남양주시 수종사 대웅보전

029

통일신라 9c

A-2

전라북도 임실군 용암리사지

030

통일신라

A-2

경상북도 영주시 부석사 북지리 동불상

031
통일신라
A-2
경상북도 영주시 부석사 북지리 서불상

032
통일신라
A-2
부산광역시 관음정사 감로당
『한국의 사찰문화재』「부산광역시, 울산광역시, 경상남도2-1」

033
통일신라
A-2
경상남도 창원시 불곡사 비로전
『한국의 사찰문화재』「부산광역시, 울산광역시, 경상남도2-2」

034
통일신라
A-2
경상북도 김천사 갈항사
『한국의 사찰문화재』「전국1」

035
통일신라 865
A-2
강원도 철원군 도피안사 대적광전

036
나말여초
A-2
경상북도 영천시 한광사 대적광전
『한국의 사찰문화재』「대구광역시, 경상북도」

037
나말여초
A-2
경기도 가평군 대원사 대웅전

038
나말여초
A-2
경상북도 경주 감산사 대적광전

039
고려전기
A-2
경상북도 상주시 남장사 보광전

040
고려전기
A-2
경상북도 의성군 장춘리

041
고려전기
A-2
강원도 원주시 용곡리 용운사지

042
고려 10c
A-2
경기도 평택시 심복사 대적광전

043
고려
A-2
경상북도 영양군 비로사 비로전

044
고려
A-2
충청남도 부여군 석목리

045
고려
A-2
경상남도 진주시 한산사
『한국의 사찰문화재』「경상남도1-1」

046
통일신라
A-3
경상북도 예천군 동악사 보광명전
『한국의 사찰문화재』「경상북도2-1」

047
통일신라
A-3
경상북도 영주시 비로사 적광전

048
통일신라조선 1490 중수
A-3
경상남도 합천군 해인사 비로전
『한국의 사찰문화재』「경상남도1-2편」

049
통일신라조선 1490 중수
A-3
경상남도 합천군 해인사 법보전
『한국의 사찰문화재』「경상남도1-2편」

050
고려전기
A-3
경상남도 진주사 한산사 고산암 대적광전
『한국의 사찰문화재』「경상남도1-1」

051
조선후기
A-3
경상남도 양산시 통도사 대광명전

052
조선후기
A-3
경상북도 고령군 반룡사 대웅보전

053
조선후기
A-3
부산광역시 범어사 비로전

054
조선후기
A-3
충청북도 보은군 법주사 능인전

055
조선후기
A-3
경상남도 합천군 해인사 대적광전
『한국의 사찰문화재』「경상남도1-2편」

056
조선 17c 중기
A-3
대전광역시 비래사 대적광전

057
조선
A-3
경상남도 합천군 해인사 국일암
『한국의 사찰문화재』「경상남도1-2」

058
조선
A-3
충청남도 금산군 대원정사

059
조선
A-3
경상북도 청도군 운문사 대적광전

060
조선 1626
A-3
충청북도 보은군 법주사 대웅보전

061
조선 1628
A-3
경기도 남양주시 수종사 오층석탑 출토 불교중앙박물
관소장『한국의 사찰문화재』「경기도 1」

062
조선 1633
A-3
전라북도 김제시 귀신사 대적광전

063
조선 1634
A-3
전라북도 고창군 선운사 대웅보전

064
조선 1636
A-3
전라남도 구례군 화엄사 대웅전

065
조선 1668
A-3
경상북도 김천시 직지사 비로전
『한국의 사찰문화재』「경상남도1-2편」

066
조선 1684
A-3
전라남도 순천시 송광사 불조전
『한국의 사찰문화재』「광주광역시, 전라남도1」

067
조선 1736
A-3
전라남도 순천시 선암사 성보박물관
『한국의 사찰문화재』「광주광역시, 전라남도1」

068
현대
A-3
경기도 화성시 용주사 천불전

069
현대
A-3
서울특별시 묘각사 대불보전

070
현대
A-3
경상북도 김제시 금산사 대적광전

071
현대
A-3
충청남도 천안시 광덕사 보화루1

072
현대
A-3
충청남도 천안시 광덕사 보화루2

073
통일신라
A-4
충청북도 괴산군 각연사 비로전

074
통일신라
A-4
충청북도 청주시 청주대박물관(용암사)

075
고려
A-4
충청남도 당진시 영탑사 출처 문화재청

076
여말선초
A-4
전라남도 나주시 불회사 대웅전

077
조선전기
A-4
충청남도 공주시 마곡사 대광보전

078|
조선후기
A-4
강원도 삼척시 영은사 대웅보전

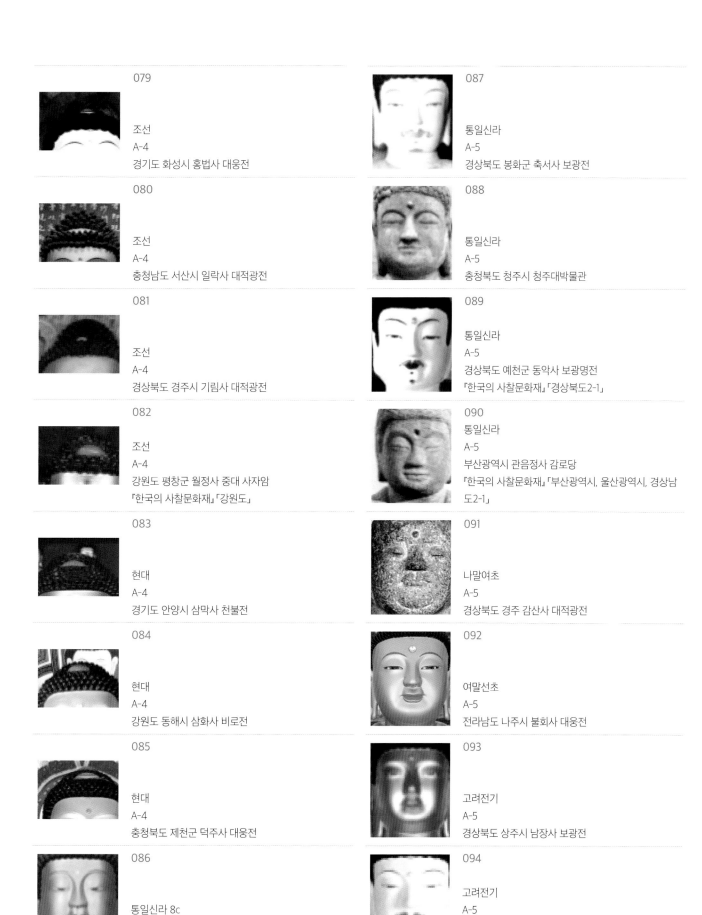

079
조선
A-4
경기도 화성시 홍법사 대웅전

080
조선
A-4
충청남도 서산시 일락사 대적광전

081
조선
A-4
경상북도 경주시 기림사 대적광전

082
조선
A-4
강원도 평창군 월정사 중대 사자암
『한국의 사찰문화재』「강원도」

083
현대
A-4
경기도 안양시 삼막사 천불전

084
현대
A-4
강원도 동해시 삼화사 비로전

085
현대
A-4
충청북도 제천군 덕주사 대웅전

086
통일신라 8c
A-5
경상북도 경주시 불국사

087
통일신라
A-5
경상북도 봉화군 축서사 보광전

088
통일신라
A-5
충청북도 청주시 청주대박물관

089
통일신라
A-5
경상북도 예천군 동악사 보광명전
『한국의 사찰문화재』「경상북도2-1」

090
통일신라
A-5
부산광역시 관음정사 감로당
『한국의 사찰문화재』「부산광역시, 울산광역시, 경상남도2-1」

091
나말여초
A-5
경상북도 경주 감산사 대적광전

092
여말선초
A-5
전라남도 나주시 불회사 대웅전

093
고려전기
A-5
경상북도 상주시 남장사 보광전

094
고려전기
A-5
경상남도 진주사 한산사 고산암 대적광전
『한국의 사찰문화재』「경상남도1-1」

095

고려후기
A-5
서울특별시 국립중앙박물관

096

고려
A-5
경상북도 영양군 비로사 비로전

097

고려
A-5
경상북도 예천군 청룡사 대웅전

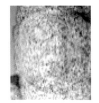

098

고려
A-5
충청남도 부여군 석목리

099

고려
A-5
충청남도 당진시 영탑사 출처 문화재청

100

고려
A-5
경상북도 군위군 석굴암
『한국의 사찰문화재』「대구광역시, 경상북도」

101

조선후기
A-5
강원도 삼척시 영은사 대웅보전

102

조선후기
A-5
경상남도 양산시 통도사 대광명전

103

조선후기
A-5
경상남도 합천군 해인사 대적광전
『한국의 사찰문화재』「경상남도1-2편」

104

조선 17c 중기
A-5
대전광역시 비래사 대적광전

105

조선
A-5
경상북도 청도군 운문사 대적광전

106

조선
A-5
경상북도 경주시 기림사 대적광전

107

조선 1626
A-5
충청북도 보은군 법주사 대웅보전

108

조선 1628
A-5
경기도 남양주시 수종사 오층석탑 출토 불교중앙박물
관소장 『한국의 사찰문화재』「경기도 1」

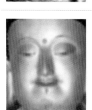

109

조선 1633
A-5
전라북도 김제시 귀신사 대적광전

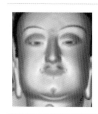

110

조선 1634
A-5
전라북도 고창군 선운사 대웅보전

111

조선 1636
A-5
전라남도 구례군 화엄사 대웅전

112

조선 1684
A-5
전라남도 순천시 송광사 불조전
『한국의 사찰문화재』「광주광역시, 전라남도1」

113

조선 1736
A-5
전라남도 순천시 선암사 성보박물관
『한국의 사찰문화재』「광주광역시, 전라남도1」

114

근현대
A-5
강원도 홍천군 수타사 대적광전

115

현대
A-5
경상남도 양산시 통도사 비로암

116

현대
A-5
경기도 안양시 삼막사 천불전

117

현대
A-5
경기도 화성시 용주사 천불전

118

현대
A-5
강원도 동해시 삼화사 비로전

119

현대
A-5
서울특별시 묘각사 대불보전

120

현대
A-5
서울특별시 봉원사 삼천불전

121

현대
A-5
경상북도 김제시 금산사 대적광전

122

현대
A-5
충청남도 천안시 광덕사 보화루2

123

현대
A-5
충청북도 진천군 보탑사 목조다보탑

124

현대
A-5
충청북도 제천군 덕주사 대웅전

125

현대
A-5
경기도 남양주시 수종사 대웅보전

126

통일신라 9c
A-6
경상북도 안동시 마애리

127

통일신라 9c
A-6
광주광역시 증심사

128

통일신라 9c
A-6
서울특별시 국립중앙박물관

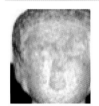

129

통일신라 9c
A-6
전라북도 임실군 용암리사지

130

통일신라
A-6
경상북도 영주시 부석사 북지리 동불상

131

통일신라
A-6
경상북도 영주시 부석사 북지리 서불상

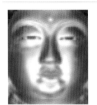

132

통일신라
A-6
경상북도 영주시 비로사 적광전

133

통일신라
A-6
경상북도 영주시 성혈사 나한전

134

통일신라
A-6
충청북도 괴산군 각연사 비로전

135

통일신라
A-6
경상남도 양산시 통도사성보박물관
『한국의 사찰문화재』「경상남도3-1」

136

통일신라
A-6
경상남도 양산시 통도사성보박물관
『한국의 사찰문화재』「경상남도3-1」

137

통일신라
A-6
경상남도 밀양시 천황사 대적광전
『한국의 사찰문화재』「부산광역시, 울산광역시, 경상남
도2-2」

138

통일신라
A-6
경상남도 창원시 불곡사 비로전
『한국의 사찰문화재』「부산광역시, 울산광역시, 경상남
도2-2」

139

통일신라
A-6
경상북도 김천사 갈항사
『한국의 사찰문화재』「전국1」

140

통일신라, 조선 1490 중수
A-6
경상남도 합천군 해인사 비로전
『한국의 사찰문화재』「경상남도1-2편」

141

통일신라, 조선 1490 중수
A-6
경상남도 합천군 해인사 비로전
『한국의 사찰문화재』「경상남도1-2편」

142

통일신라 858
A-6
전라남도 장흥군 보림사 대적광전

143

통일신라 863추정
A-6
대구광역시 동화사 비로암

144

통일신라 865
A-6
강원도 철원군 도피안사 대적광전

145

나말여초
A-6
경상북도 영천시 한광사 대적광전
『한국의 사찰문화재』「대구광역시, 경상북도」

146

나말여초
A-6
경기도 가평군 대원사 대웅전

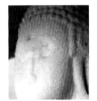

147

고려전기
A-6
경상북도 의성군 장춘리

148

고려전기
A-6
강원도 원주시 용곡리 용운사지

149

고려전기
A-6
충청남도 청양군 장곡사
『한국의 사찰문화재』「충청남도, 대전광역시」

150

고려 10c
A-6
경기도 평택시 심복사 대적광전

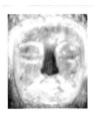

151

고려
A-6
경기도 안성시 운수암 비로전

152

고려
A-6
경상북도 포항 보경사 적광전

153

고려
A-6
경상남도 진주시 한산사
『한국의 사찰문화재』「경상남도1-1」

154

고려
A-6
전라남도 순천시 송광사 성보박물관
『한국의 사찰문화재』「광주광역시, 전라남도1」

155

조선전기
A-6
경상북도 영천시 은해사 성보박물관
『한국의 사찰문화재』「대구광역시, 경상북도」

156

조선전기
A-6
충청남도 공주시 마곡사 대광보전

157

조선후기
A-6
경상북도 고령군 반룡사 대웅보전

158

조선후기
A-6
부산광역시 범어사 비로전

159
조선후기
A-6
충청북도 보은군 법주사 능인전

160
조선
A-6
경기도 화성시 홍법사 대웅전

161
조선
A-6
충청남도 서산시 일락사 대적광전

162
조선
A-6
충청남도 금산군 대원정사

163
조선
A-6
강원도 평창군 월정사 중대 사자암
『한국의 사찰문화재』「강원도」

164
조선
A-6
경상남도 합천군 해인사 국일암
『한국의 사찰문화재』「경상남도1-2」

165
조선 1668
A-6
경상북도 김천시 직지사 비로전
『한국의 사찰문화재』「경상남도1-2편」

166
현대
A-6
경기도 수원시 봉녕사 대적광전

167
현대
A-6
경상남도 하동군 쌍계사 화엄전

168
현대
A-6
경상북도 예천군 용문사 보광명전

169
현대
A-6
부산광역시 범어사 청련암 대웅전

170
현대
A-6
충청남도 천안시 광덕사 보화루1

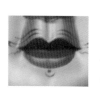

171
통일신라 8c
A-7
경상북도 경주시 불국사

172
통일신라
A-7
경상북도 영주시 비로사 적광전

173
통일신라
A-7
경상북도 영주시 성혈사 나한전

174
통일신라
A-7
경상북도 봉화군 축서사 보광전

175
통일신라
A-7
충청북도 괴산군 각연사 비로전

176
통일신라
A-7
경상북도 예천군 동악사 보광명전
『한국의 사찰문화재』「경상북도2-1」

177
고려
A-7
경상북도 포항 보경사 적광전

178
조선전기
A-7
충청남도 공주시 마곡사 대광보전

179
조선후기
A-7
강원도 삼척시 영은사 대웅보전

180
조선후기
A-7
경상남도 양산시 통도사 대광명전

181
조선후기
A-7
경상북도 고령군 반룡사 대적광전

182
조선후기
A-7
부산광역시 범어사 비로전

183
조선후기
A-7
충청북도 보은군 법주사 능인전

184
조선후기
A-7
경상남도 합천군 해인사 대적광전
『한국의 사찰문화재』「경상남도1-2편」

185
조선 17c 중기
A-7
대전광역시 비래사 대적광전

186
조선
A-7
경기도 화성시 홍법사 대웅전

187
조선
A-7
충청남도 서산시 일락사 대적광전

188
조선
A-7
경상북도 청도군 운문사 대적광전

189
조선
A-7
경상북도 경주시 기림사 대적광전

190
조선
A-7
강원도 평창군 월정사 중대 사자암
『한국의 사찰문화재』「강원도」

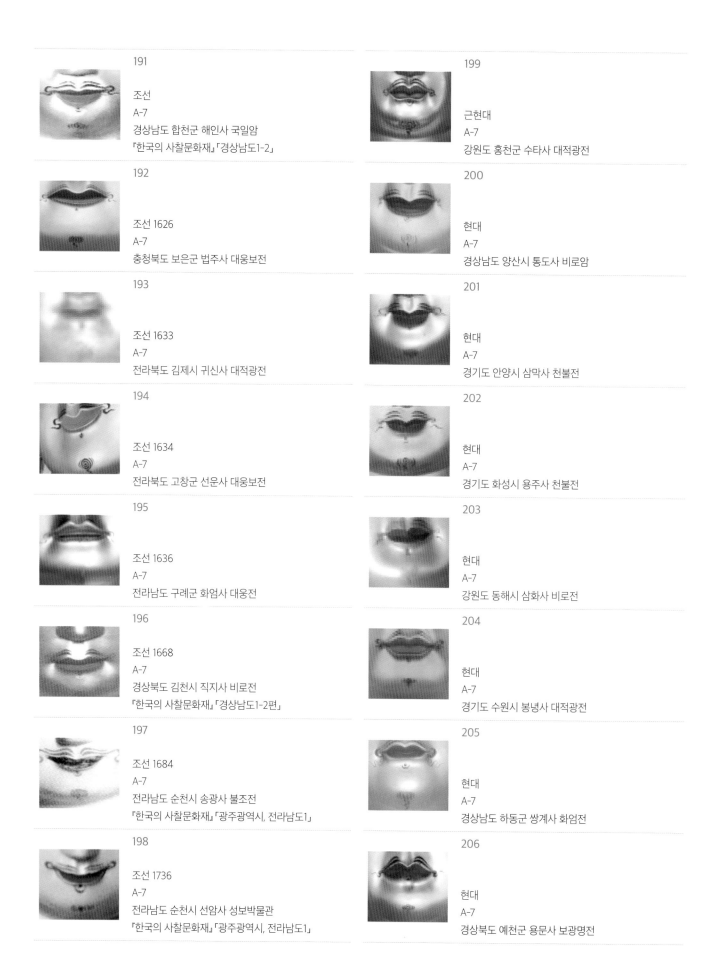

191
조선
A-7
경상남도 합천군 해인사 국일암
『한국의 사찰문화재』「경상남도1-2」

192
조선 1626
A-7
충청북도 보은군 법주사 대웅보전

193
조선 1633
A-7
전라북도 김제시 귀신사 대적광전

194
조선 1634
A-7
전라북도 고창군 선운사 대웅보전

195
조선 1636
A-7
전라남도 구례군 화엄사 대웅전

196
조선 1668
A-7
경상북도 김천시 직지사 비로전
『한국의 사찰문화재』「경상남도1-2편」

197
조선 1684
A-7
전라남도 순천시 송광사 불조전
『한국의 사찰문화재』「광주광역시, 전라남도1」

198
조선 1736
A-7
전라남도 순천시 선암사 성보박물관
『한국의 사찰문화재』「광주광역시, 전라남도1」

199
근현대
A-7
강원도 홍천군 수타사 대적광전

200
현대
A-7
경상남도 양산시 통도사 비로암

201
현대
A-7
경기도 안양시 삼막사 천불전

202
현대
A-7
경기도 화성시 용주사 천불전

203
현대
A-7
강원도 동해시 삼화사 비로전

204
현대
A-7
경기도 수원시 봉녕사 대적광전

205
현대
A-7
경상남도 하동군 쌍계사 화엄전

206
현대
A-7
경상북도 예천군 용문사 보광명전

207

현대
A-7
부산광역시 범어사 청련암 대웅전

208

현대
A-7
서울특별시 묘각사 대불보전

209

현대
A-7
서울특별시 봉원사 삼천불전

210

현대
A-7
경상북도 김제시 금산사 대적광전

211

현대
A-7
충청남도 천안시 광덕사 보화루1

212

현대
A-7
충청남도 천안시 광덕사 보화루2

213

현대
A-7
충청북도 제천군 덕주사 대웅전

214

현대
A-7
경기도 남양주시 수종사 대웅보전

215

여말선초
A-8
전라남도 나주시 불회사 대웅전

216

현대
A-8
충청북도 진천군 보탑사 목조다보탑

B 유형

도판	연번 / 연대 / 형상 / 소재지

001

통일신라 8c 후기
B-1/B-4
경상북도 경주시 국립경주박물관

007

통일신라 766
B-1/B-4
경상남도 산청군 내원사
『한국의 사찰문화재』「경상남도1-2」

002

통일신라 9c 전기
B-1/B-3
경상북도 경주시 국립경주박물관

008

나말여초
B-1/B-3
경상북도 김천시 청암사 수도암 대적광전

003

통일신라 9c 후기
B-1/B-3
경상북도 경주시 국립경주박물관

009

나말여초
B-2/B-4
충청북도 청주시 동화사 대적광전

004

통일신라 9c
B-2/B-4
경상북도 경주시 국립경주박물관 분황사 출토

010

고려전기
B-2/B-4
충청남도 서산시 용현리사지(도난)
『한국의 사찰문화재』「충청남도, 대전광역시」

005

통일신라
B-2/B-3
경상남도 양산시 통도사성보박물관

011

고려후기
B-1/B-4
전라남도 구례군 천은사
『한국의 사찰문화재』「전라남도2」

006

통일신라
B-1/B-3
경상북도 예천군 한천사 대적광전

012

고려
B-2/B-3
경상북도 영주시 부석사성보박물관

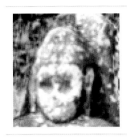

013

고려
B-1/B-4
경상북도 군위군 법성사
『한국의 사찰문화재』「대구광역시, 경상북도」

014

고려 (高 36cm)
B-2/B-4
강원도 태백시 백단사
『한국의 사찰문화재』「강원도편」

015

연대미상
B-1/B-3
경상북도 경주시 감산사

B 세부 유형

B-1 육계의 형태가 높은 유형	
B-2 육계의 형태가 낮은 유형	
B-3 상호가 방형(方形)에 가까운 유형	
B-4 상호가 원형(圓形) 또는 타원형(楕圓形)에 가까운 유형	

도판	연대 / 형상 / 소재지

001

통일신라 8c 후기
B-1
경상북도 경주시 국립경주박물관

008

고려
B-1
경상북도 군위군 법성사
『한국의 사찰문화재』「대구광역시, 경상북도」

002

통일신라 9c 전기
B-1
경상북도 경주시 국립경주박물관

009

연대미상
B-1
경상북도 경주시 감산사

003

통일신라 9c 후기
B-1
경상북도 경주시 국립경주박물관

010

통일신라 9c
B-2
경상북도 경주시 국립경주박물관 분황사 출토

004

통일신라
B-1
경상북도 예천군 한천사 대적광전

011

통일신라
B-2
경상남도 양산시 통도사성보박물관

005

통일신라 766
B-1
경상남도 산청군 내원사
『한국의 사찰문화재』「경상남도1-2」

012

나말여초
B-2
충청북도 청주시 동화사 대적광전

006

나말여초
B-1
경상북도 김천시 청암사 수도암 대적광전

013

고려전기
B-2
충청남도 서산시 용현리사지(도난)
『한국의 사찰문화재』「충청남도, 대전광역시」

007

고려후기
B-1
전라남도 구례군 천은사
『한국의 사찰문화재』「전라남도2」

014

고려
B-2
경상북도 영주시 부석사성보박물관

015
고려 (高 36cm)
B-2
강원도 태백시 백단사
『한국의 사찰문화재』「강원도편」

023
통일신라 8c 후기
B-4
경상북도 경주시 국립경주박물관

016
통일신라 9c 전기
B-3
경상북도 경주시 국립경주박물관

024
통일신라 9c
B-4
경상북도 경주시 국립경주박물관 분황사 출토

017
통일신라 9c 후기
B-3
경상북도 경주시 국립경주박물관

025
통일신라 766
B-4
경상남도 산청군 내원사
『한국의 사찰문화재』「경상남도1-2」

018
통일신라
B-3
경상남도 양산시 통도사성보박물관

026
나말여초
B-4
충청북도 청주시 동화사 대적광전

019
통일신라
B-3
경상북도 예천군 한천사 대적광전

027
고려전기
B-4
충청남도 서산시 용현리사지(도난)
『한국의 사찰문화재』「충청남도, 대전광역시」

020
나말여초
B-3
경상북도 김천시 청암사 수도암 대적광전

028
고려후기
B-4
전라남도 구례군 천은사
『한국의 사찰문화재』「전라남도2」

021
고려
B-3
경상북도 영주시 부석사성보박물관

029
고려
B-4
경상북도 군위군 법성사
『한국의 사찰문화재』「대구광역시, 경상북도」

022
연대미상
B-3
경상북도 경주시 감산사

030
고려 (高 36cm)
B-4
강원도 태백시 백단사
『한국의 사찰문화재』「강원도편」

C 유형

번호	연번 / 연대 / 형상 / 소재지
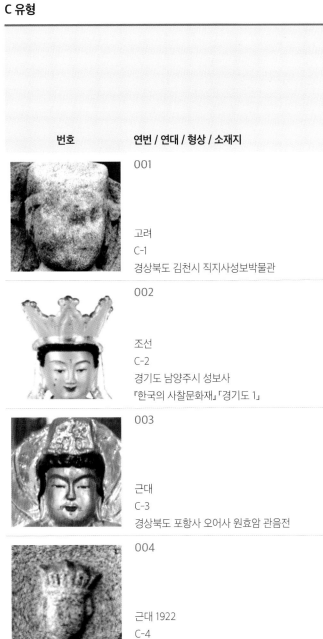 001	001 고려 C-1 경상북도 김천시 직지사성보박물관

001

고려
C-1
경상북도 김천시 직지사성보박물관

002

조선
C-2
경기도 남양주시 성보사
『한국의 사찰문화재』「경기도 1」

003

근대
C-3
경상북도 포항사 오어사 원효암 관음전

004

근대 1922
C-4
전라북도 군산시 동국사 범종각

A 유형

나발형(螺髮形)

B 유형

민 머리형(白頭形)
훼손이 심해 나발이 보이지 않음

C 유형

두건형(頭巾形) 또는 보관형(寶冠形)

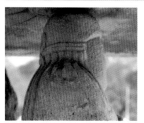

A 유형

도판	연번 / 연대 / 형상 / 소재지

001

나말여초
A
서울특별시 용산구 국립중앙박물관 소장

007

고려
A
충청남도 부여군 부여읍 계백로334-47 조왕사

002

고려
A
서울특별시 성북구 성북로 102-11 간송미술관

008

고려
A
충청남도 논산시 관촉로 31번길 18-1

003

고려
A
서울특별시 용산구 국립중앙박물관 소장

009

고려
A
전라남도 구례군 광의면 대전리 산46

004

고려
A
경기도 용인시 처인구 호암미술관 소장

010

고려
A
전라남도 해남군 마산면 은적사길 404 은적사

005

고려
A
강원도 인제 인제읍 인제로 193번길 17-12 백련
정사(상동리 석불)

011

조선
1622
A
서울특별시 종로구 낙산성곽동길 57-2 지장암

006

고려
A
강원도 국립춘천박물관 소장

도판	연번 / 연대 / 형상 / 소재지

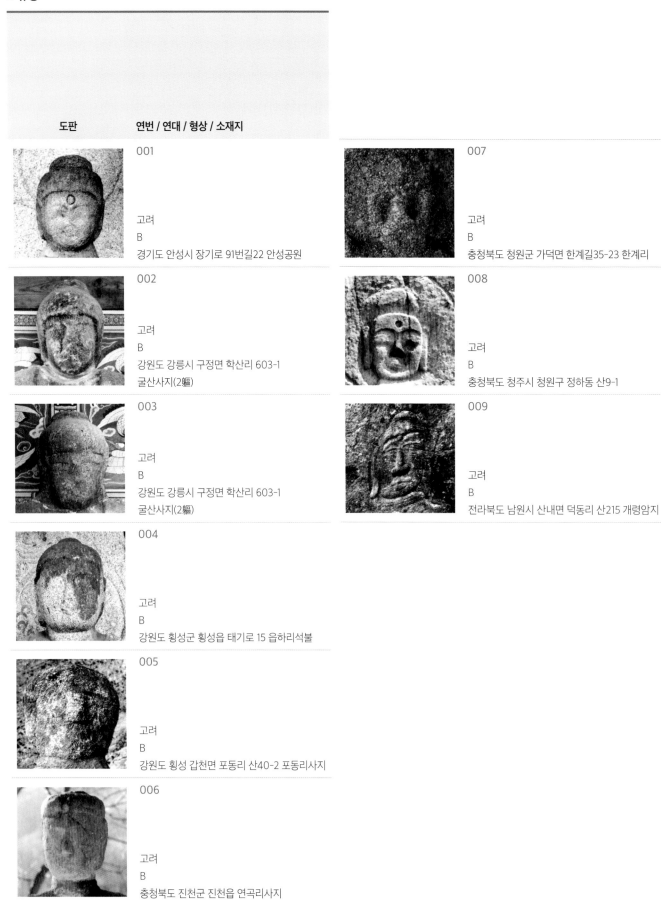

001

고려
B
경기도 안성시 장기로 91번길22 안성공원

007

고려
B
충청북도 청원군 가덕면 한계길35-23 한계리

002

고려
B
강원도 강릉시 구정면 학산리 603-1
굴산사지(2軀)

008

고려
B
충청북도 청주시 청원구 정하동 산9-1

003

고려
B
강원도 강릉시 구정면 학산리 603-1
굴산사지(2軀)

009

고려
B
전라북도 남원시 산내면 덕동리 산215 개령암지

004

고려
B
강원도 횡성군 횡성읍 태기로 15 읍하리석불

005

고려
B
강원도 횡성 갑천면 포동리 산40-2 포동리사지

006

고려
B
충청북도 진천군 진천읍 연곡리사지

C 유형

도판	연번 / 연대 / 형상 / 소재지
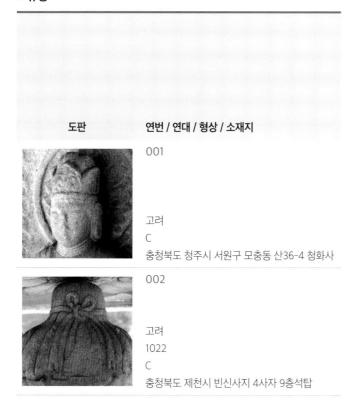	001 고려 C 충청북도 청주시 서원구 모충동 산36-4 청화사
	002 고려 1022 C 충청북도 제천시 빈신사지 4사자 9층석탑

A 유형

나발형(螺髮形)

B 유형

민 머리형(白頭形)
훼손이 심해 나발이 보이지 않음

C 유형

보관형(寶冠形)

A 유형

도판	연번 / 연대 / 형상 / 소재지

001

통일신라 후기
(佛頭는
현대작품)
A
경상북도 봉화군 물야면 월계길739 축서사

007

고려
A
대구광역시 경북대학교박물관

002

통일신라
A
경상북도 영천시 신녕면 화남리 499 한광사

008

고려
A
경상남도 합천군 적중면 죽고리 산101

003

통일신라
A
대구광역시 경북대학교박물관

009

조선
A
경상북도 김천시 대항면 직지사 성보박물관

004

통일신라
A
대구광역시 경북대학교박물관

010

미상
A
경상남도 합천군 합천읍 영창리 778 석골암

005

고려
A
경상북도 상주시 서성동163-48 복용동 석불(우
측편에 螺髮形이 남아있음)

006

고려
A
경상북도 성주군 가천면 금봉1길67 금봉리

B 유형

도판	연번 / 연대 / 형상 / 소재지

001

통일신라
(佛頭는
현대작품)
B
경상북도 문경시 동로면 생달리사지

007

고려
B
경상북도 봉화군 재산면 동면리 산268

002

통일신라
B
경상북도 경주시 국립경주박물관

008

고려
B
경상북도 구미시 도개면 문수사 선산 궁기동 석불

003

B

009

고려
B
경상북도 영양군 일월면 도곡리 705 선운사

004

통일신라
B
경상남도 거창군 거창읍 수남로 2181 거창박물관

010

고려
B
경상북도 경주시 국립경주박물관

005

나말여초
B
대구광역시 국립대구박물관

011

고려
B
경상북도 경주시 국립경주박물관(2軀)

006

고려
B
대구광역시 달성군 가창면 광덕사

012

고려
B
경상북도 경산시 영남대학교박물관

C 유형

도판	연번 / 연대 / 형상 / 소재지
	001 통일신라 863 C 국립대구박물관 (동화사 비로암 삼층석탑 금동사리함)

3) 법의(法衣)

A _ 유형

좌상(坐像)의 우견편단(右肩偏袒)

B _ 유형

좌상(坐像)의 통견(通肩)

C _ 유형

입상(立像)의 통견(通肩)

D _ 유형

보살형(菩薩形) 통견(通肩) 및 승형(僧形) 법의(法衣)

기타

마모로 인해 법의(法衣) 유형을 구분하기가 어려움

A 유형

도판	연번 / 연대 / 형상 / 소재지

001

통일신라 8c
A-1/A-2/A-3
경상북도 경주시 불국사

007

통일신라
A-1/A-2/A-3
경상남도 합천군 해인사 비로전
『한국의 사찰문화재』「경상남도1-2편」
조선 1490 중수

002

통일신라 8c 후기
A-1/A-2/A-3
경상북도 국립경주박물관

008

통일신라
A-1/A-2/A-3
경상남도 합천군 해인사 법보전
『한국의 사찰문화재』「경상남도1-2편」
조선 1490 중수

003

통일신라
A-1/A-2/A-3
경상북도 예천군 한천사 대적광전

009

고려전기
A-1/A-2/A-3
경상북도 의성군 장춘리

004

통일신라
A-1/A-2/A-3
충청북도 괴산군 각연사 비로전

010

고려전기
A-1/A-2/A-3
경상남도 진주시 한산사 고산암 대적광전
『한국의 사찰문화재』「경상남도1-1」

005

통일신라
A-1/A-2/A-3
경상북도 예천군 동악사 보광명전
『한국의 사찰문화재』「경상북도2-1」

011

고려전기
A-1/A-2/A-3
충청남도 청양군 장곡사
『한국의 사찰문화재』「충청남도, 대전광역시」

006

통일신라
A-1/A-2/A-3
경상남도 밀양시 천황사 대적광전
『한국의 사찰문화재』「부산광역시, 울산광역시,
경상남도2-2」

012

고려
A-1/A-2/A-3
경상북도 영양군 비로사 비로전

013
조선후기
A-1/A-2/A-3
충청북도 보은군 법주사 능인전

014
조선
A-1/A-2/A-3
경기도 화성시 흥법사 대웅전

015
조선
1668
A-1/A-2/A-3
경상북도 김천시 직지사 비로전
『한국의 사찰문화재』「경상남도1-2편」

016
근현대
A-1/A-2/A-3
강원도 홍천군 수타사 대적광전

017
현대
A-1/A-2/A-3
강원도 동해시 삼화사 비로전

018
현대
A-1/A-2/A-3
경상남도 하동군 쌍계사 화엄전

019
현대
A-1/A-2/A-3
부산광역시 범어사 청련암 대웅전

020
현대
A-1/A-2/A-3
충청북도 진천군 보탑사 목조다보탑

021
현대
A-1/A-2/A-3
경기도 남양주시 수종사 대웅보전

A 세부 유형

A-1 승기지(僧祇支, 裙衣)의 주름표현	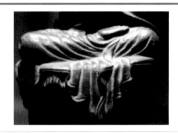	
A-2 승가리(僧伽梨, 大衣)의 주름표현		
A-3 결가부좌(結跏趺坐)	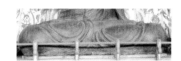	

번호	연번 / 연대 / 형상 / 소재지

001

통일신라 8c
A-1
경상북도 경주시 불국사

007

통일신라
A-1
경상남도 합천군 해인사 비로전
『한국의 사찰문화재』「경상남도1-2편」
조선 1490 중수

002

통일신라 8c 후기
A-1
경상북도 국립경주박물관

008

통일신라
A-1
경상남도 합천군 해인사 법보전
『한국의 사찰문화재』「경상남도1-2편」
조선 1490 중수

003

통일신라
A-1
경상북도 예천군 한천사 대적광전

009

고려전기
A-1
경상북도 의성군 장춘리

004

통일신라
A-1
충청북도 괴산군 각연사 비로전

010

고려전기
A-1
경상남도 진주시 한산사 고산암 대적광전
『한국의 사찰문화재』「경상남도1-1」

005

통일신라
A-1
경상북도 예천군 동악사 보광명전
『한국의 사찰문화재』「경상북도2-1」

011

고려전기
A-1
충청남도 청양군 장곡사
『한국의 사찰문화재』「충청남도, 대전광역시」

006

통일신라
A-1
경상남도 밀양시 천황사 대적광전
『한국의 사찰문화재』「부산광역시, 울산광역시,
경상남도2-2」

012

고려
A-1
경상북도 영양군 비로사 비로전

013
조선후기
A-1
충청북도 보은군 법주사 능인전

020
현대
A-1
충청북도 진천군 보탑사 목조다보탑

014
조선
A-1
경기도 화성시 홍법사 대웅전

021
현대
A-1
경기도 남양주시 수종사 대웅보전

015
조선 1668
A-1
경상북도 김천시 직지사 비로전
『한국의 사찰문화재』「경상남도1-2편」

022
통일신라 8c
A-2
경상북도 경주시 불국사

016
근현대
A-1
강원도 홍천군 수타사 대적광전

023
통일신라 8c 후기
A-2
경상북도 국립경주박물관

017
현대
A-1
강원도 동해시 삼화사 비로전

024
통일신라
A-2
경상북도 예천군 한천사 대적광전

018
현대
A-1
경상남도 하동군 쌍계사 화엄전

025
통일신라
A-2
충청북도 괴산군 각연사 비로전

019
현대
A-1
부산광역시 범어사 청련암 대웅전

026
통일신라
A-2
경상북도 예천군 동악사 보광명전
『한국의 사찰문화재』「경상북도2-1」

027

통일신라
A-2
경상남도 밀양시 천황사 대적광전
『한국의 사찰문화재』「부산광역시, 울산광역시,
경상남도2-2」

034

조선후기
A-2
충청북도 보은군 법주사 능인전

028

통일신라
A-2
경상남도 합천군 해인사 비로전
『한국의 사찰문화재』「경상남도1-2편」
조선 1490 중수

035

조선
A-2
경기도 화성시 홍법사 대웅전

029

통일신라
A-2
경상남도 합천군 해인사 법보전
『한국의 사찰문화재』「경상남도1-2편」
조선 1490 중수

036

조선 1668
A-2
경상북도 김천시 직지사 비로전
『한국의 사찰문화재』「경상남도1-2편」

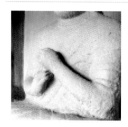

030

고려전기
A-2
경상북도 의성군 장춘리

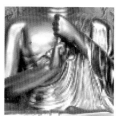

037

근현대
A-2
강원도 홍천군 수타사 대적광전

031

고려전기
A-2
경상남도 진주시 한산사 고산암 대적광전
『한국의 사찰문화재』「경상남도1-1」

038

현대
A-2
강원도 동해시 삼화사 비로전

032

고려전기
A-2
충청남도 청양군 장곡사
『한국의 사찰문화재』「충청남도, 대전광역시」

039

현대
A-2
경상남도 하동군 쌍계사 화엄전

033

고려
A-2
경상북도 영양군 비로사 비로전

040

현대
A-2
부산광역시 범어사 청련암 대웅전

041
현대
A-2
충청북도 진천군 보탑사 목조다보탑

042
현대
A-2
경기도 남양주시 수종사 대웅보전

043
통일신라 8c
A-3
경상북도 경주시 불국사

044
통일신라 8c 후기
A-3
경상북도 국립경주박물관

045
통일신라
A-3
경상북도 예천군 한천사 대적광전

046
통일신라
A-3
충청북도 괴산군 각연사 비로전

047
통일신라
A-3
경상북도 예천군 동악사 보광명전
『한국의 사찰문화재』「경상북도2-1」

048
통일신라
A-3
경상남도 밀양시 천황사 대적광전
『한국의 사찰문화재』「부산광역시, 울산광역시,
경상남도2-2」

049
통일신라
A-3
경상남도 합천군 해인사 비로전
『한국의 사찰문화재』「경상남도1-2편」
조선 1490 중수

050
통일신라
A-3
경상남도 합천군 해인사 법보전
『한국의 사찰문화재』「경상남도1-2편」
조선 1490 중수

051
고려전기
A-3
경상북도 의성군 장춘리

052
고려전기
A-3
경상남도 진주시 한산사 고산암 대적광전
『한국의 사찰문화재』「경상남도1-1」

053
A-3
충청남도 청양군 장곡사
『한국의 사찰문화재』「충청남도, 대전광역시」

054
고려
A-3
경상북도 영양군 비로사 비로전

055		062	
	조선후기 A-3 충청북도 보은군 법주사 능인전		현대 A-3 충청북도 진천군 보탑사 목조다보탑

056		063	
	조선 A-3 경기도 화성시 홍법사 대웅전		현대 A-3 경기도 남양주시 수종사 대웅보전

057

조선 1668
A-3
경상북도 김천시 직지사 비로전
『한국의 사찰문화재』「경상남도1-2편」

058

근현대
A-3
강원도 홍천군 수타사 대적광전

059

현대
A-3
강원도 동해시 삼화사 비로전

060

현대
A-3
경상남도 하동군 쌍계사 화엄전

061

현대
A-3
부산광역시 범어사 청련암 대웅전

B 유형

도판	연번 / 연대 / 형상 / 소재지

001

통일신라 9c
B-1/B-2/B-4/B-5
경상북도 안동시 마애리

002

통일신라 9c
B-1/B-2/B-4/B-5
경상북도 경주시 국립경주박물관
창림사지 출토

003

통일신라 9c
B-1/B-2/B-4/B-5
경상북도 경주시 국립경주박물관

004

통일신라 9c
B-1/B-2/B-4/B-5
경상북도 경주시 국립경주박물관
분황사 출토

005

통일신라 9c
B-1/B-2/B-4/B-5
광주광역시 증심사

006

통일신라 9c
B-1/B-2/B-4/B-5
서울특별시 국립중앙박물관

007

통일신라 9c
B-1/B-2/B-4/B-5
전라북도 임실군 용암리사지

008

통일신라
B-1/B-2/B-4/B-5
경상남도 양산시 통도사성보박물관

009

통일신라
B-1/B-2/B-4/B-5
경상북도 영주시 부석사 북지리 동불상

010

통일신라
B-1/B-2/B-4/B-5
경상북도 영주시 부석사 북지리 서불상

011

통일신라
B-1/B-2/B-4/B-5
경상북도 영주시 비로사 적광전

012

통일신라
B-1/B-2/B-4/B-5
경상북도 영주시 성혈사 나한전

013

통일신라
B-1/B-2/B-4/B-5
경상북도 봉화군 축서사 보광전

014

통일신라
B-1/B-2/B-4/B-5
충청북도 청주시 청주대박물관(청주 용암사지)

015

통일신라
B-1/B-2/B-5
경상남도 양산시 통도사성보박물관
『한국의 사찰문화재』「경상남도3-1」

016

통일신라
B-1/B-2/B-5
부산광역시 관음정사 감로당
『한국의 사찰문화재』「부산광역시, 울산광역시,
경상남도2-1」

017

통일신라
B-1/B-2/B-4/B-5
경상남도 창원시 불곡사 비로전
『한국의 사찰문화재』「부산광역시, 울산광역시,
경상남도2-2」

018

통일신라
B-1/B-2/B-4/B-5
경상북도 김천시 갈항사
『한국의 사찰문화재』「전국1」

019

통일신라 766
B-1/B-2/B-4/B-5
경상남도 산청군 내원사
『한국의 사찰문화재』「경상남도1-2」

020

통일신라 858
B-1/B-2/B-4/B-5
전라남도 장흥군 보림사 대적광전

021

통일신라 863추정
B-1/B-2/B-4/B-5
대구광역시 동화사 비로암

022

통일신라 865
B-1/B-2/B-4/B-5
강원도 철원군 도피안사 대적광전

023

나말여초
B-1/B-2/B-4/B-5
경기도 가평군 대원사 대웅전

024

나말여초
B-1/B-2/B-4/B-5
경상북도 경주시 감산사 대적광전

025

나말여초
B-1/B-3/B-4/B-5
경상북도 김천 청암사 수도암 대적광전

026

나말여초
B-1/B-2/B-4/B-5
충청북도 청주시 동화사 대적광전

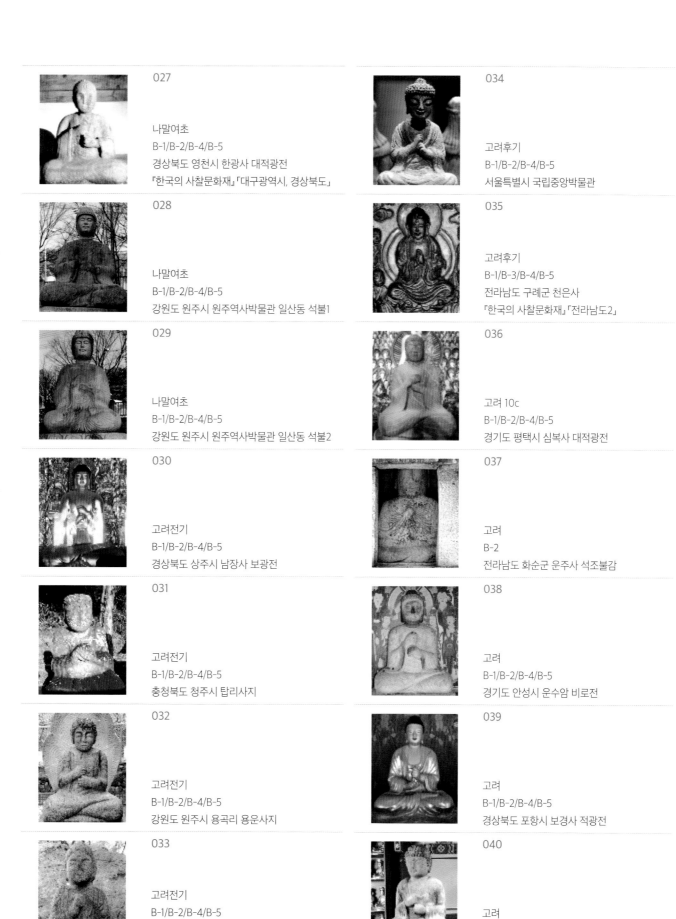

027
나말여초
B-1/B-2/B-4/B-5
경상북도 영천시 한광사 대적광전
『한국의 사찰문화재』「대구광역시, 경상북도」

028
나말여초
B-1/B-2/B-4/B-5
강원도 원주시 원주역사박물관 일산동 석불1

029
나말여초
B-1/B-2/B-4/B-5
강원도 원주시 원주역사박물관 일산동 석불2

030
고려전기
B-1/B-2/B-4/B-5
경상북도 상주시 남장사 보광전

031
고려전기
B-1/B-2/B-4/B-5
충청북도 청주시 탑리사지

032
고려전기
B-1/B-2/B-4/B-5
강원도 원주시 용곡리 용운사지

033
고려전기
B-1/B-2/B-4/B-5
충청남도 서산시 용현리사지(도난)
『한국의 사찰문화재』「충청남도, 대전광역시」

034
고려후기
B-1/B-2/B-4/B-5
서울특별시 국립중앙박물관

035
고려후기
B-1/B-3/B-4/B-5
전라남도 구례군 천은사
『한국의 사찰문화재』「전라남도2」

036
고려 10c
B-1/B-2/B-4/B-5
경기도 평택시 심복사 대적광전

037
고려
B-2
전라남도 화순군 운주사 석조불감

038
고려
B-1/B-2/B-4/B-5
경기도 안성시 운수암 비로전

039
고려
B-1/B-2/B-4/B-5
경상북도 포항시 보경사 적광전

040
고려
B-1/B-2/B-4/B-5
경상북도 예천군 청룡사 대웅전

041
고려
B-1/B-2/B-5
경상북도 김천시 직지사성보박물관

048
고려
B-1/B-3/B-5
전라남도 순천시 송광사 성보박물관
『한국의 사찰문화재』「광주광역시, 전라남도1」

042
고려
B-1/B-2/B-5
충청남도 부여군 석목리

049
여말선초
B-1/B-2/B-4/B-5
전라남도 나주시 불회사 대웅전

043
고려
B-1/B-2/B-4/B-5
전라북도 정읍시 후지리탑동

050
조선전기
B-1/B-2/B-5
경상북도 영천시 은해사 성보박물관
『한국의 사찰문화재』「대구광역시, 경상북도」

044
고려
B-1/B-2/B-4/B-5
충청남도 당진군 영탑사 출처 문화재청

051
조선전기
B-1/B-3/B-4/B-5
충청남도 공주시 마곡사 대광보전

045
고려
B-1/B-2/B-5
경상남도 진주시 한산사
『한국의 사찰문화재』「경상남도1-1」

052
조선후기
B-1/B-3/B-4/B-5
강원도 삼척시 영은사 대웅보전

046
고려
B-1/B-2/B-4/B-5
경상북도 군위군 석굴암
『한국의 사찰문화재』「대구광역시, 경상북도」

053
조선후기
B-1/B-3/B-4/B-5
경상남도 양산시 통도사 대광명전

047
고려
B-1/B-2/B-5
경상북도 의성군 지장사 비로전(의성 월소동)
『한국의 사찰문화재』「경상북도2-2」

054
조선후기
B-1/B-3/B-4/B-5
경상북도 고령군 반룡사 대적광전

055

조선후기
B-1/B-3/B-4/B-5
부산광역시 범어사 비로전

056

조선후기
B-1/B-3/B-4/B-5
경상남도 합천 해인사 대적광전
『한국의 사찰문화재』「경상남도1-2편」

057

조선 17c 중기
B-1/B-3/B-4/B-5
대전광역시 비래사 대적광전

058

조선
B-1/B-3/B-4/B-5
충청남도 서산시 일락사 대적광전

059

조선
B-1/B-3/B-4/B-5
충청남도 금산군 대원정사

060

조선
B-1/B-3/B-4/B-5
경상북도 청도군 운문사 대적광전

061

조선
B-1/B-3/B-4/B-5
경상북도 경주시 기림사 대적광전

062

조선
B-1/B-3/B-4/B-5
강원도 평창군 월정사 중대 사자암
『한국의 사찰문화재』「강원도」

063

조선
B-1/B-3/B-4/B-5
경상남도 합천군 해인사 국일암
『한국의 사찰문화재』「경상남도1-2」

064

조선 1626
B-1/B-3/B-4/B-5
충청남도 보은군 법주사 대웅보전

065

조선 1628
B-1/B-3/B-4/B-5
경기도 남양주시 수종사 오층석탑 출토 불교중
앙박물관소장
『한국의 사찰문화재』「경기도 1」

066

조선 1633
B-1/B-3/B-4/B-5
전라북도 김제시 귀신사 대적광전

067

조선 1634
B-1/B-3/B-4/B-5
전라북도 고창군 선운사 대웅보전

068

조선 1636
B-1/B-3/B-4/B-5
전라남도 구례군 화엄사 대웅전

069

조선 1684
B-1/B-3/B-5
전라남도 순천시 송광사 불조전
『한국의 사찰문화재』 『광주광역시, 전라남도1』

070

조선 1736
B-1/B-3/B-4/B-5
전라남도 순천시 선암사 성보박물관
『한국의 사찰문화재』 『광주광역시, 전라남도1』

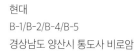

071

현대
B-1/B-2/B-4/B-5
경상남도 양산시 통도사 비로암

072

현대
B-1/B-3/B-4/B-5
경기도 안양시 삼막사 천불전

073

현대
B-1/B-3/B-4/B-5
경기도 화성시 용주사 천불전

074

현대
B-1/B-3/B-4/B-5
경기도 수원시 봉녕사 대적광전

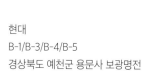

075

현대
B-1/B-3/B-4/B-5
경상북도 예천군 용문사 보광명전

076

현대
B-1/B-3/B-4/B-5
서울특별시 묘각사 대불보전

077

현대
B-1/B-3/B-4/B-5
서울특별시 봉원사 삼천불전

078

현대
B-1/B-3/B-4/B-5
전라북도 김제시 금산사 대적광전

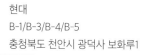

079

현대
B-1/B-3/B-4/B-5
충청북도 천안시 광덕사 보화루1

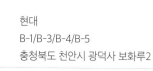

080

현대
B-1/B-3/B-4/B-5
충청북도 천안시 광덕사 보화루2

081

현대
B-1/B-3/B-4/B-5
충청북도 제천시 덕주사 대웅전

B 세부 유형

B-1 승기지(僧祇支, 裙衣)의 주름표현	
B-2 승가리(僧伽梨, 大衣)의 주름표현 ※ 통견식(通肩式)	 
B-3 승가리(僧伽梨, 大衣)의 주름표현 ※ 변형통견식(變形通肩式) 편삼위에 대의를 두르는 유형	 
B-4 승기지(僧祇支, 裙衣)의 매듭표현	 
B-5 결가부좌(結跏趺坐)	

번호	연번 / 연대 / 형상 / 소재지

001

통일신라 9c
B-1
경상북도 안동시 마애리

007

통일신라 9c
B-1
전라북도 임실군 용암리사지

002

통일신라 9c
B-1
경상북도 경주시 국립경주박물관 창림사지 출토

008

통일신라
B-1
경상남도 양산시 통도사성보박물관

003

통일신라 9c
B-1
경상북도 경주시 국립경주박물관

009

통일신라
B-1
경상북도 영주시 부석사 북지리 동불상

004

통일신라 9c
B-1
경상북도 경주시 국립경주박물관 분황사 출토

010

통일신라
B-1
경상북도 영주시 부석사 북지리 서불상

005

통일신라 9c
B-1
광주광역시 증심사

011

통일신라
B-1
경상북도 영주시 비로사 적광전

006

통일신라 9c
B-1
서울특별시 국립중앙박물관

012

통일신라
B-1
경상북도 영주시 성혈사 나한전

013
통일신라
B-1
경상북도 봉화군 축서사 보광전

014
통일신라
B-1
충청북도 청주시 청주대박물관(청주 용암사지)

015
통일신라
B-1
경상남도 양산시 통도사성보박물관
『한국의 사찰문화재』「경상남도3-1」

016
통일신라
B-1
부산광역시 관음정사 감로당
『한국의 사찰문화재』「부산광역시, 울산광역시,
경상남도2-1」

017
통일신라
B-1
경상남도 창원시 불곡사 비로전
『한국의 사찰문화재』「부산광역시, 울산광역시,
경상남도2-2」

018
통일신라
B-1
경상북도 김천시 갈항사
『한국의 사찰문화재』「전국1」

019
통일신라 766
B-1
경상남도 산청군 내원사
『한국의 사찰문화재』「경상남도1-2」

020
통일신라 858
B-1
전라남도 장흥군 보림사 대적광전

021
통일신라 863
B-1
대구광역시 동화사 비로암

022
통일신라 865
B-1
강원도 철원군 도피안사 대적광전

023
나말여초
B-1
경기도 가평군 대원사 대웅전

024
나말여초
B-1
경상북도 경주시 감산사 대적광전

025
나말여초
B-1
경상북도 김천 청암사 수도암 대적광전

026
나말여초
B-1
충청북도 청주시 동화사 대적광전

325

027
나말여초
B-1
경상북도 영천시 한광사 대적광전
『한국의 사찰문화재』「대구광역시, 경상북도」

028
나말여초
B-1
강원도 원주시 원주역사박물관 일산동 석불1

029
나말여초
B-1
강원도 원주시 원주역사박물관 일산동 석불2

030
고려전기
B-1
경상북도 상주시 남장사 보광전

031
고려전기
B-1
충청북도 청주시 탑리사지

032
고려전기
B-1
강원도 원주시 용곡리 용운사지

033
고려전기
B-1
충청남도 서산시 용현리사지(도난)
『한국의 사찰문화재』「충청남도, 대전광역시」

034
고려후기
B-1
서울특별시 국립중앙박물관

035
고려후기
B-1
전라남도 구례군 천은사
『한국의 사찰문화재』「전라남도2」

036
고려 10c
B-1
경기도 평택시 심복사 대적광전

037
고려
B-1
경기도 안성시 운수암 비로전

038
고려
B-1
경상북도 포항시 보경사 적광전

039
고려
B-1
경상북도 예천군 청룡사 대웅전

040
고려
B-1
경상북도 김천시 직지사성보박물관

041
고려
B-1
충청남도 부여군 석목리

042
고려
B-1
전라북도 정읍시 후지리탑동

043
고려
B-1
충청남도 당진군 영탑사 출처 문화재청

044
고려
B-1
경상남도 진주시 한산사
『한국의 사찰문화재』「경상남도1-1」

045
고려
B-1
경상북도 군위군 석굴암
『한국의 사찰문화재』「대구광역시, 경상북도」

046
고려
B-1
경상북도 의성군 지장사 비로전(의성 월소동)
『한국의 사찰문화재』「경상북도2-2」

047
고려
B-1
전라남도 순천시 송광사 성보박물관
『한국의 사찰문화재』「광주광역시, 전라남도1」

048
여말선초
B-1
전라남도 나주시 불회사 대웅전

049
조선전기
B-1
경상북도 영천시 은해사 성보박물관
『한국의 사찰문화재』「대구광역시, 경상북도」

050
조선전기
B-1
충청남도 공주시 마곡사 대광보전

051
조선후기
B-1
강원도 삼척시 영은사 대웅보전

052
조선후기
B-1
경상남도 양산시 통도사 대광명전

053
조선후기
B-1
경상북도 고령군 반룡사 대적광전

054
조선후기
B-1
부산광역시 범어사 비로전

055
조선후기
B-1
경상남도 합천 해인사 대적광전
『한국의 사찰문화재』「경상남도1-2편」

062
조선
B-1
경상남도 합천군 해인사 국일암
『한국의 사찰문화재』「경상남도1-2」

056
조선 17c 중기
B-1
대전광역시 비래사 대적광전

063
조선 1626
B-1
충청남도 보은군 법주사 대웅보전

057
조선
B-1
충청남도 서산시 일락사 대적광전

064
조선 1628
B-1
경기도 남양주시 수종사 오층석탑 출토 불교중앙박물관소장
『한국의 사찰문화재』「경기도 1」

058
조선
B-1
충청남도 금산군 대원정사

065
조선 1633
B-1
전라북도 김제시 귀신사 대적광전

059
조선
B-1
경상북도 청도군 운문사 대적광전

066
조선 1634
B-1
전라북도 고창군 선운사 대웅보전

060
조선
B-1
경상북도 경주시 기림사 대적광전

067
조선 1636
B-1
전라남도 구례군 화엄사 대웅전

061
조선
B-1
강원도 평창군 월정사 중대 사자암
『한국의 사찰문화재』「강원도」

068
조선 1684
B-1
전라남도 순천시 송광사 불조전
『한국의 사찰문화재』「광주광역시, 전라남도1」

069

조선 1736
B-1
전라남도 순천시 선암사 성보박물관
『한국의 사찰문화재』「광주광역시, 전라남도1」

070

현대
B-1
경상남도 양산시 통도사 비로암

071

현대
B-1
경기도 안양시 삼막사 천불전

072

현대
B-1
경기도 화성시 용주사 천불전

073

현대
B-1
경기도 수원시 봉녕사 대적광전

074

현대
B-1
경상북도 예천군 용문사 보광명전

075

현대
B-1
서울특별시 묘각사 대불보전

076

현대
B-1
서울특별시 봉원사 삼천불전

077

현대
B-1
전라북도 김제시 금산사 대적광전

078

현대
B-1
충청북도 천안시 광덕사 보화루1

079

현대
B-1
충청북도 천안시 광덕사 보화루2

080

현대
B-1
충청북도 제천시 덕주사 대웅전

081

통일신라 9c
B-2
경상북도 안동시 마애리

082

통일신라 9c
B-2
경상북도 경주시 국립경주박물관 창림사지 출토

083

통일신라 9c
B-2
경상북도 경주시 국립경주박물관

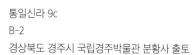

084

통일신라 9c
B-2
경상북도 경주시 국립경주박물관 분황사 출토

085

통일신라 9c
B-2
광주광역시 증심사

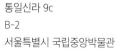

086

통일신라 9c
B-2
서울특별시 국립중앙박물관

087

통일신라 9c
B-2
전라북도 임실군 용암리사지

088

통일신라
B-2
경상남도 양산시 통도사성보박물관

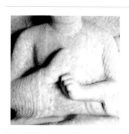

089

통일신라
B-2
경상북도 영주시 부석사 북지리 동불상

090

통일신라
B-2
경상북도 영주시 부석사 북지리 서불상

091

통일신라
B-2
경상북도 영주시 비로사 적광전

092

통일신라
B-2
경상북도 영주시 성혈사 나한전

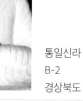

093

통일신라
B-2
경상북도 봉화군 축서사 보광전

094

통일신라
B-2
충청북도 청주시 청주대박물관(청주 용암사지)

095

통일신라
B-2
경상남도 양산시 통도사성보박물관
『한국의 사찰문화재』「경상남도3-1」

096

통일신라
B-2
부산광역시 관음정사 감로당
『한국의 사찰문화재』「부산광역시, 울산광역시,
경상남도2-1」

097

통일신라
B-2
경상남도 창원시 불곡사 비로전
『한국의 사찰문화재』「부산광역시, 울산광역시,
경상남도2-2」

104

나말여초
B-2
경상북도 경주시 감산사 대적광전

098

통일신라
B-2
경상북도 김천시 갈항사
『한국의 사찰문화재』「전국1」

105

나말여초
B-2
충청북도 청주시 동화사 대적광전

099

통일신라 766
B-2
경상남도 산청군 내원사
『한국의 사찰문화재』「경상남도1-2」

106

나말여초
B-2
경상북도 영천시 한광사 대적광전
『한국의 사찰문화재』「대구광역시, 경상북도」

100

통일신라 858
B-2
전라남도 장흥군 보림사 대적광전

107

나말여초
B-2
강원도 원주시 원주역사박물관 일산동 석불1

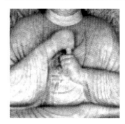

101

통일신라 863 추정
B-2
대구광역시 동화사 비로암

108

나말여초
B-2
강원도 원주시 원주역사박물관 일산동 석불2

102

통일신라 865
B-2
강원도 철원군 도피안사 대적광전

109

고려전기
B-2
경상북도 상주시 남장사 보광전

103

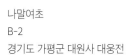

나말여초
B-2
경기도 가평군 대원사 대웅전

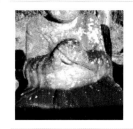

110

고려전기
B-2
충청북도 청주시 탑리사지

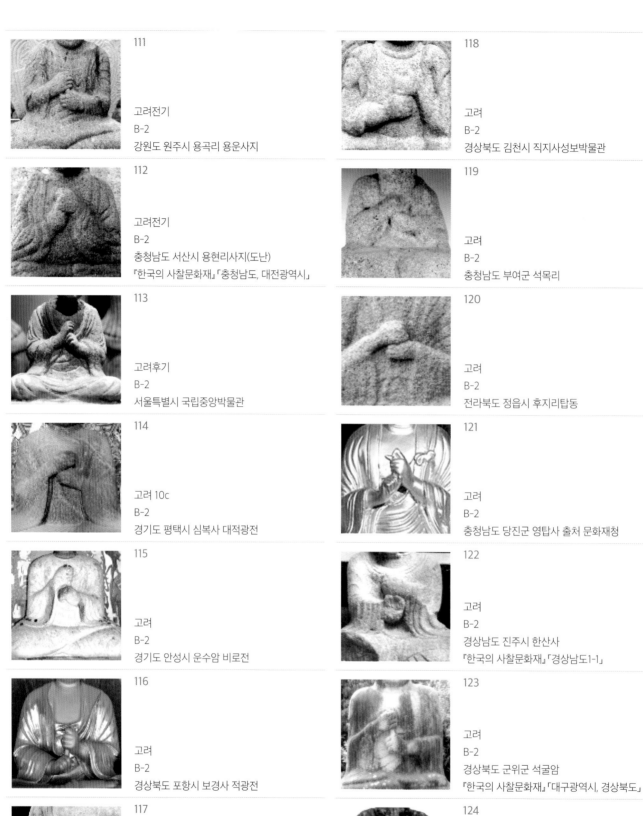

111
고려전기
B-2
강원도 원주시 용곡리 용운사지

112
고려전기
B-2
충청남도 서산시 용현리사지(도난)
『한국의 사찰문화재』「충청남도, 대전광역시」

113
고려후기
B-2
서울특별시 국립중앙박물관

114
고려 10c
B-2
경기도 평택시 심복사 대적광전

115
고려
B-2
경기도 안성시 운수암 비로전

116
고려
B-2
경상북도 포항시 보경사 적광전

117
고려
B-2
경상북도 예천군 청룡사 대웅전

118
고려
B-2
경상북도 김천시 직지사성보박물관

119
고려
B-2
충청남도 부여군 석목리

120
고려
B-2
전라북도 정읍시 후지리탑동

121
고려
B-2
충청남도 당진군 영탑사 출처 문화재청

122
고려
B-2
경상남도 진주시 한산사
『한국의 사찰문화재』「경상남도1-1」

123
고려
B-2
경상북도 군위군 석굴암
『한국의 사찰문화재』「대구광역시, 경상북도」

124
고려
B-2
경상북도 의성군 지장사 비로전(의성 월소동)
『한국의 사찰문화재』「경상북도2-2」

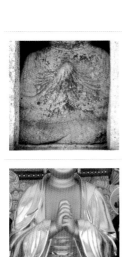

125
고려
B-2
전라남도 화순군 운주사 석조불감

126
여말선초
B-2
전라남도 나주시 불회사 대웅전

127
조선전기
B-2
경상북도 영천시 은해사 성보박물관
『한국의 사찰문화재』「대구광역시, 경상북도」

128
현대
B-2
경상남도 양산시 통도사 비로암

129
나말여초
B-3
경상북도 김천시 청암사 수도암 대적광전

130
고려후기
B-3
전라남도 구례군 천은사
『한국의 사찰문화재』「전라남도2」

131
고려
B-3
전라남도 순천시 송광사 성보박물관
『한국의 사찰문화재』「광주광역시, 전라남도1」

132
조선전기
B-3
충청남도 공주시 마곡사 대광보전

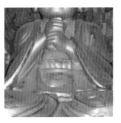

133
조선후기
B-3
강원도 삼척시 영은사 대웅보전

134
조선후기
B-3
경상남도 양산시 통도사 대광명전

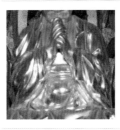

135
조선후기
B-3
경상북도 고령군 반룡사 대웅보전

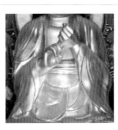

136
조선후기
B-3
부산광역시 범어사 비로전

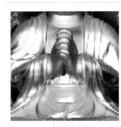

137
조선후기
B-3
경상남도 합천군 해인사 대적광전
『한국의 사찰문화재』「경상남도1-2편」

138
조선 17c 중기
B-3
대전광역시 비래사 대적광전

139

조선
B-3
충청남도 서산시 일락사 대적광전

140

조선
B-3
충청남도 금산군 대원정사

141

조선
B-3
경상북도 청도군 운문사 대적광전

142

조선
B-3
경상북도 경주시 기림사 대적광전

143

조선
B-3
강원도 평창군 월정사 중대 사자암
『한국의 사찰문화재』「강원도」

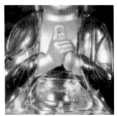

144

조선
B-3
경상남도 합천군 해인사 국일암
『한국의 사찰문화재』「경상남도1-2」

145

조선 1626
B-3
충청북도 보은군 법주사 대웅보전

146

조선 1628
B-3
경기도 남양주시 수종사 오층석탑 출토 불교중
앙박물관소장
『한국의 사찰문화재』「경기도 1」

147

조선 1633
B-3
전라북도 김제시 귀신사 대적광전

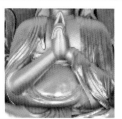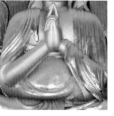

148

조선 1634
B-3
전라북도 고창군 선운사 대웅보전

149

조선 1636
B-3
전라남도 구례군 화엄사 대웅전

150

조선 1684
B-3
전라남도 순천시 송광사 불조전
『한국의 사찰문화재』「광주광역시, 전라남도1」

151

조선 1736
B-3
전라남도 순천시 선암사 성보박물관
『한국의 사찰문화재』「광주광역시, 전라남도1」

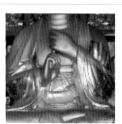

152

현대
B-3
경기도 안양시 삼막사 천불전

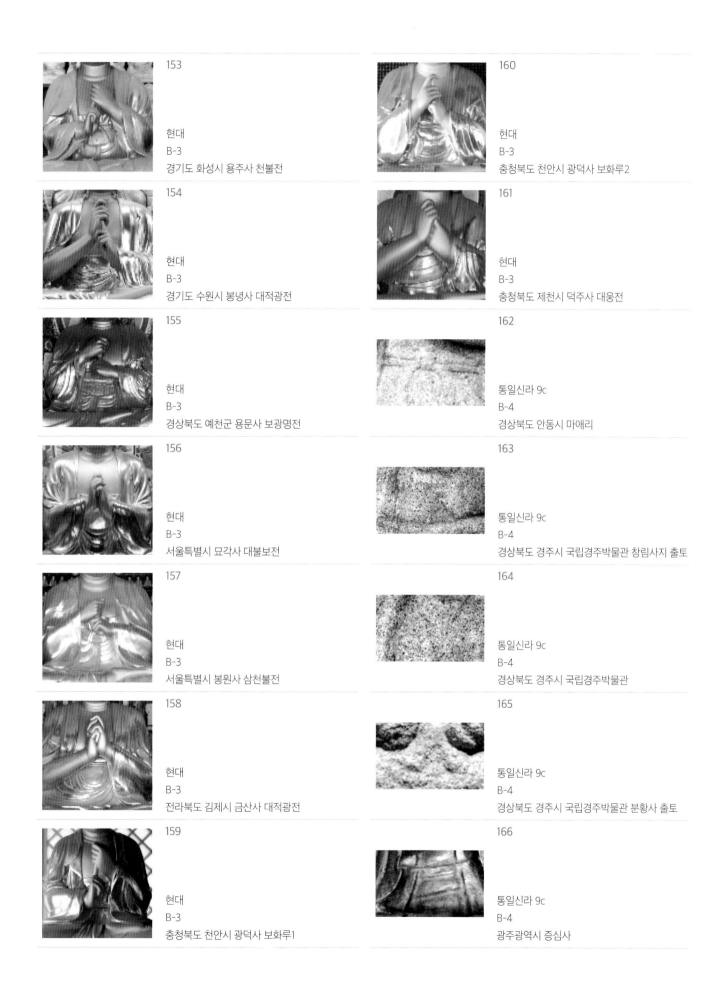

153 현대 B-3 경기도 화성시 용주사 천불전	160 현대 B-3 충청북도 천안시 광덕사 보화루2
154 현대 B-3 경기도 수원시 봉녕사 대적광전	161 현대 B-3 충청북도 제천시 덕주사 대웅전
155 현대 B-3 경상북도 예천군 용문사 보광명전	162 통일신라 9c B-4 경상북도 안동시 마애리
156 현대 B-3 서울특별시 묘각사 대불보전	163 통일신라 9c B-4 경상북도 경주시 국립경주박물관 창림사지 출토
157 현대 B-3 서울특별시 봉원사 삼천불전	164 통일신라 9c B-4 경상북도 경주시 국립경주박물관
158 현대 B-3 전라북도 김제시 금산사 대적광전	165 통일신라 9c B-4 경상북도 경주시 국립경주박물관 분황사 출토
159 현대 B-3 충청북도 천안시 광덕사 보화루1	166 통일신라 9c B-4 광주광역시 증심사

167
통일신라 9c
B-4
서울특별시 국립중앙박물관

168
통일신라 9c
B-4
전라북도 임실군 용암리사지

169
통일신라
B-4
경상남도 양산시 통도사성보박물관

170
통일신라
B-4
경상북도 영주시 부석사 북지리 동불상

171
통일신라
B-4
경상북도 영주시 부석사 북지리 서불상

172
통일신라
B-4
경상북도 영주시 비로사 적광전

173
통일신라
B-4
경상북도 영주시 성혈사 나한전

174
통일신라
B-4
경상북도 봉화군 축서사 보광전

175
통일신라
B-4
충청북도 청주시 청주대박물관(청주 용암사지)

176
통일신라
B-4
경상남도 창원시 불곡사 비로전
『한국의 사찰문화재』「부산광역시, 울산광역시,
경상남도2-2」

177
통일신라
B-4
경상북도 김천시 갈항사
『한국의 사찰문화재』「전국1」

178
통일신라 766
B-4
경상남도 산청군 내원사
『한국의 사찰문화재』「경상남도1-2」

179
통일신라 858
B-4
전라남도 장흥군 보림사 대적광전

180
통일신라 863
B-4
대구광역시 동화사 비로암

181

통일신라 865
B-4
강원도 철원군 도피안사 대적광전

182

나말여초
B-4
경기도 가평군 대원사 대웅전

183

나말여초
B-4
경상북도 경주시 감산사 대적광전

184

나말여초
B-4
경상북도 김천 청암사 수도암 대적광전

185

나말여초
B-4
충청북도 청주시 동화사 대적광전

186

나말여초
B-4
경상북도 영천시 한광사 대적광전
『한국의 사찰문화재』「대구광역시, 경상북도」

187

나말여초
B-4
강원도 원주시 원주역사박물관 일산동 석불1

188

나말여초
B-4
강원도 원주시 원주역사박물관 일산동 석불2

189

고려전기
B-4
경상북도 상주시 남장사 보광전

190

고려전기
B-4
충청북도 청주시 탑리사지

191

고려전기
B-4
강원도 원주시 용곡리 용운사지

192

고려전기
B-4
충청남도 서산시 용현리사지(도난)
『한국의 사찰문화재』「충청남도, 대전광역시」

193

고려후기
B-4
서울특별시 국립중앙박물관

194

고려후기
B-4
전라남도 구례군 천은사
『한국의 사찰문화재』「전라남도2」

195
고려 10c
B-4
경기도 평택시 심복사 대적광전

196
고려
B-4
경기도 안성시 운수암 비로전

197
고려
B-4
경상북도 포항시 보경사 적광전

198
고려
B-4
경상북도 예천군 청룡사 대웅전

199
고려
B-4
전라북도 정읍시 후지리탑동

200
고려
B-4
충청남도 당진군 영탑사 출처 문화재청

201
고려
B-4
경상북도 군위군 석굴암
『한국의 사찰문화재』「대구광역시, 경상북도」

202
여말선초
B-4
전라남도 나주시 불회사 대웅전

203
조선전기
B-4
충청남도 공주시 마곡사 대광보전

204
조선후기
B-4
강원도 삼척시 영은사 대웅보전

205
조선후기
B-4
경상남도 양산시 통도사 대광명전

206
조선후기
B-4
경상북도 고령군 반룡사 대적광전

207
조선후기
B-4
부산광역시 범어사 비로전

208
조선후기
B-4
경상남도 합천 해인사 대적광전
『한국의 사찰문화재』「경상남도1-2편」

209
조선 17c 중기
B-4
대전광역시 비래사 대적광전

210
조선
B-4
충청남도 서산시 일락사 대적광전

211
조선
B-4
충청남도 금산군 대원정사

212
조선
B-4
경상북도 청도군 운문사 대적광전

213
조선
B-4
경상북도 경주시 기림사 대적광전

214
조선
B-4
강원도 평창군 월정사 중대 사자암
『한국의 사찰문화재』「강원도」

215
조선
B-4
경상남도 합천군 해인사 국일암
『한국의 사찰문화재』「경상남도1-2」

216
조선 1626
B-4
충청남도 보은군 법주사 대웅보전

217
조선 1628
B-4
경기도 남양주시 수종사 오층석탑 출토 불교중
앙박물관소장
『한국의 사찰문화재』「경기도 1」

218
조선 1633
B-4
전라북도 김제시 귀신사 대적광전

219
조선 1634
B-4
전라북도 고창군 선운사 대웅보전

220
조선 1636
B-4
전라남도 구례군 화엄사 대웅전

221
조선 1736
B-4
전라남도 순천시 선암사 성보박물관
『한국의 사찰문화재』「광주광역시, 전라남도1」

222
현대
B-4
경상남도 양산시 통도사 비로암

223

현대

B-4

경기도 안양시 삼막사 천불전

224

현대

B-4

경기도 화성시 용주사 천불전

225

현대

B-4

경기도 수원시 봉녕사 대적광전

226

현대

B-4

경상북도 예천군 용문사 보광명전

227

현대

B-4

서울특별시 묘각사 대불보전

228

현대

B-4

서울특별시 봉원사 삼천불전

229

현대

B-4

전라북도 김제시 금산사 대적광전

230

현대

B-4

충청북도 천안시 광덕사 보화루1

231

현대

B-4

충청북도 천안시 광덕사 보화루2

232

현대

B-4

충청북도 제천시 덕주사 대웅전

233

통일신라 9c

B-5

경상북도 안동시 마애리

234

통일신라 9c

B-5

경상북도 경주시 국립경주박물관 창림사지 출토

235

통일신라 9c

B-5

경상북도 경주시 국립경주박물관

236

통일신라 9c

B-5

경상북도 경주시 국립경주박물관 분황사 출토

237
통일신라 9c
B-5
광주광역시 증심사

238
통일신라 9c
B-5
서울특별시 국립중앙박물관

239
통일신라 9c
B-5
전라북도 임실군 용암리사지

240
통일신라
B-5
경상남도 양산시 통도사성보박물관

241
통일신라
B-5
경상북도 영주시 부석사 북지리 동불상

242
통일신라
B-5
경상북도 영주시 부석사 북지리 서불상

243
통일신라
B-5
경상북도 영주시 비로사 적광전

244
통일신라
B-5
경상북도 영주시 성혈사 나한전

245
통일신라
B-5
경상북도 봉화군 축서사 보광전

246
통일신라
B-5
충청북도 청주시 청주대박물관(청주 용암사지)

247
통일신라
B-5
경상남도 양산시 통도사성보박물관
『한국의 사찰문화재』「경상남도3-1」

248
통일신라
B-5
부산광역시 관음정사 감로당
『한국의 사찰문화재』「부산광역시, 울산광역시, 경상남도2-1」

249
통일신라
B-5
경상남도 창원시 불곡사 비로전
『한국의 사찰문화재』「부산광역시, 울산광역시, 경상남도2-2」

250
통일신라
B-5
경상북도 김천시 갈항사
『한국의 사찰문화재』「전국1」

251

통일신라 766
B-5
경상남도 산청군 내원사
『한국의 사찰문화재』「경상남도1-2」

252

통일신라 858
B-5
전라남도 장흥군 보림사 대적광전

253

통일신라 863
B-5
대구광역시 동화사 비로암

254

통일신라 865
B-5
강원도 철원군 도피안사 대적광전

255

나말여초
B-5
경기도 가평군 대원사 대웅전

256

나말여초
B-5
경상북도 경주시 감산사 대적광전

257

나말여초
B-5
경상북도 김천 청암사 수도암 내적광선

258

나말여초
B-5
충청북도 청주시 동화사 대적광전

259

나말여초
B-5
경상북도 영천시 한광사 대적광전
『한국의 사찰문화재』「대구광역시, 경상북도」

260

나말여초
B-5
강원도 원주시 원주역사박물관 일산동 석불1

261

나말여초
B-5
강원도 원주시 원주역사박물관 일산동 석불2

262

고려전기
B-5
경상북도 상주시 남장사 보광전

263

고려전기
B-5
충청북도 청주시 탑리사지

264

고려전기
B-5
강원도 원주시 용곡리 용운사지

265
고려전기
B-5
충청남도 서산시 용현리사지(도난)
『한국의 사찰문화재』「충청남도, 대전광역시」

266
고려후기
B-5
서울특별시 국립중앙박물관

267
고려후기
B-5
전라남도 구례군 천은사
『한국의 사찰문화재』「전라남도2」

268
고려 10c
B-5
경기도 평택시 심복사 대적광전

269
고려
B-5
경기도 안성시 운수암 비로전

270
고려
B-5
경상북도 포항시 보경사 적광전

271
고려
B-5
경상북도 예천군 청룡사 대웅전

272
고려
B-5
경상북도 김천시 직지사성보박물관

273
고려
B-5
충청남도 부여군 석목리

274
고려
B-5
전라북도 정읍시 후지리탑동

275
고려
B-5
충청남도 당진군 영탑사 출처 문화재청

276
고려
B-5
경상남도 진주시 한산사
『한국의 사찰문화재』「경상남도1-1」

277
고려
B-5
경상북도 군위군 석굴암
『한국의 사찰문화재』「대구광역시, 경상북도」

278
고려
B-5
경상북도 의성군 지장사 비로전(의성 월소동)
『한국의 사찰문화재』「경상북도2-2」

279

고려

B-5

전라남도 순천시 송광사 성보박물관

『한국의 사찰문화재』「광주광역시, 전라남도1」

286

조선후기

B-5

부산광역시 범어사 비로전

280

여말선초

B-5

전라남도 나주시 불회사 대웅전

287

조선후기

B-5

경상남도 합천 해인사 대적광전

『한국의 사찰문화재』「경상남도1-2편」

281

조선전기

B-5

경상북도 영천시 은해사 성보박물관

『한국의 사찰문화재』「대구광역시, 경상북도」

288

조선 17c 중기

B-5

대전광역시 비래사 대적광전

282

조선전기

B-5

충청남도 공주시 마곡사 대광보전

289

조선

B-5

충청남도 서산시 일락사 대적광전

283

조선후기

B-5

강원도 삼척시 영은사 대웅보전

290

조선

B-5

충청남도 금산군 대원정사

284

조선후기

B-5

경상남도 양산시 통도사 대광명전

291

조선

B-5

경상북도 청도군 운문사 대적광전

285

조선후기

B-5

경상북도 고령군 반룡사 대적광전

292

조선

B-5

경상북도 경주시 기림사 대적광전

293

조선
B-5
강원도 평창군 월정사 중대 사자암
『한국의 사찰문화재』「강원도」

294

조선
B-5
경상남도 합천군 해인사 국일암
『한국의 사찰문화재』「경상남도1-2」

295

조선 1626
B-5
충청남도 보은군 법주사 대웅보전

296

조선 1628
B-5
경기도 남양주시 수종사 오층석탑 출토 불교중
앙박물관소장
『한국의 사찰문화재』「경기도 1」

297

조선 1633
B-5
전라북도 김제시 귀신사 대적광전

298

조선 1634
B-5
전라북도 고창군 선운사 대웅보전

299

조선 1636
B-5
전라남도 구례군 화엄사 대웅전

300

조선 1684
B-5
전라남도 순천시 송광사 불조전
『한국의 사찰문화재』「광주광역시, 전라남도1」

301

조선 1736
B-5
전라남도 순천시 선암사 성보박물관
『한국의 사찰문화재』「광주광역시, 전라남도1」

302

현대
B-5
경상남도 양산시 통도사 비로암

303

현대
B-5
경기도 안양시 삼막사 천불전

304

현대
B-5
경기도 화성시 용주사 천불전

305

현대
B-5
경기도 수원시 봉녕사 대적광전

306

현대
B-5
경상북도 예천군 용문사 보광명전

307

현대
B-5
서울특별시 묘각사 대불보전

308

현대
B-5
서울특별시 봉원사 삼천불전

309

현대
B-5
전라북도 김제시 금산사 대적광전

310

현대
B-5
충청북도 천안시 광덕사 보화루1

311

현대
B-5
충청북도 천안시 광덕사 보화루2

312

현대
B-5
충청북도 제천시 덕주사 대웅전

C 유형

도판	연번 / 연대 / 형상 / 소재지
	001 통일신라 9c 전기 경상북도 경주시 국립경주박물관
	002 통일신라 9c 후기 경상북도 경주시 국립경주박물관
	003 통일신라 경기도 여주시 신륵사 대웅전
	004 고려 경상북도 영주시 부석사성보박물관
	005 고려 경상북도 군위군 법성사 『한국의 사찰문화재』「대구광역시, 경상북도」

D 유형

도판	연번 / 연대 / 형상 / 소재지
	001 조선 경기도 남양주시 성보사 『한국의 사찰문화재』「경기도 1」
	002 근대 경상북도 포항시 오어사 원효암 관음전
	003 근대 1922 전라북도 군산시 동국사 범종각

기타

도판	연번 / 연대 / 형상 / 소재지
	001 통일신라 9~10c 경상북도 경주시 국립경주박물관
	002 통일신라 경상남도 양산시 통도사성보박물관 『한국의 사찰문화재』「경상남도3-1」
	003 고려 (高 36cm) 강원도 태백시 백단사 『한국의 사찰문화재』「강원도편」
	004 고려 경상남도 합천군 상홍사 『한국의 사찰문화재』「경상남도1-2」
	005 연대미상 경상북도 경주시 감산사

-법의(法衣)-『깨달음의 빛 비로자나불 上, 2017』

A 유형

좌상(坐像)의 우견편단(右肩偏袒)

B 유형

좌상(坐像)의 통견(通肩)

C 유형

입상(立像)의 통견(通肩)

A 유형

도판	연번 / 연대 / 형상 / 소재지
	001 나말여초 A 서울특별시 용산구 국립중앙박물관 소장
	002 고려 A 경기도 안성시 장기로 91번길22 안성공원
	003 고려 A 충청남도 부여군 부여읍 계백로334-47 조왕사

B 유형

도판	연번 / 연대 / 형상 / 소재지

001

통일신라
B
충청남도 국립공주박물관 서혈사지(佛頭×)

007

고려
B
강원도 강릉시 구정면 학산리 603-1 굴산사지(2軀)

002

고려
B
서울특별시 성북구 성북로 102-11 간송미술관

008

고려
B
강원도 강릉시 구정면 학산리 603-1 굴산사지(2軀)

003

고려
B
서울특별시 용산구 국립중앙박물관 소장(佛頭×)

009

고려
B
강원도 횡성군 횡성읍 태기로 15 읍하리석불

004

고려
B
서울특별시 용산구 국립중앙박물관 소장(佛頭×)

010

고려
B
강원도 국립춘천박물관 소장

005

고려
B
서울특별시 용산구 국립중앙박물관 소장

011

고려
B
충청북도 진천군 진천읍 연곡리사지

006

고려
B
경기도 용인시 처인구 호암미술관 소장

012

고려
B
충청북도 청원군 가덕면 한계길35-23 한계리

013

고려
B
충청북도 청주시 청원구 정하동 산9-1

014

고려
B
충청북도 청주시 서원구 모충동 산36-4 청화사

015

고려
B
전라북도 남원시 산내면 덕동리 산215 개령암지

016

고려
B
전라남도 해남군 마산면 은적사길 404 은적사

017

고려 1022
B
충청북도 제천시 빈신사지 4사자 9층석탑

018

조선 1622
B
서울특별시 종로구 낙산성곽동길 57-2 지장암

C 유형

도판	연번 / 연대 / 형상 / 소재지
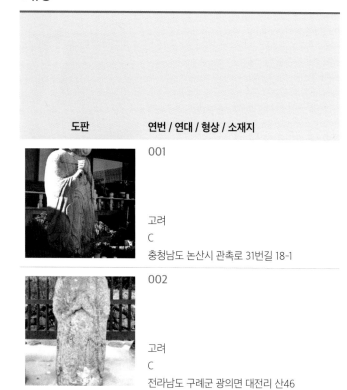	001 고려 C 충청남도 논산시 관촉로 31번길 18-1
	002 고려 C 전라남도 구례군 광의면 대전리 산46

A 유형

좌상(坐像)의 우견편단(右肩偏袒)

B 유형

좌상(坐像)의 통견(通肩)

C 유형

입상(立像)의 통견(通肩)

D 유형

입상(立像)의 우견편단(右肩偏袒)

A 유형

도판	연번 / 연대 / 형상 / 소재지
	001 통일신라 A 대구광역시 경북대학교박물관
	002 통일신라 A 경상북도 경주시 국립경주박물관
	003 고려 A 경상북도 경주시 국립경주박물관
	004 고려 A 경상북도 경산시 영남대학교박물관
	005 고려 A 경상남도 합천군 적중면 죽고리 산101
	006 미상 A 경상남도 합천군 합천읍 영창리 778 석골암

B 유형

도판	연번 / 연대 / 형상 / 소재지

001

통일신라 후기
B
경상북도 봉화군 물야면 월계길739 축서사

002

통일신라
B
경상북도 문경시 동로면 생달리사지

003

통일신라
B
경상북도 영천시 신녕면 화남리 499 한광사

004

통일신라
B
대구광역시 경북대학교박물관

005

통일신라
B
대구광역시 경북대학교박물관(3軀)(佛頭×)

006

통일신라
B
대구광역시 경북대학교박물관(3軀)(佛頭×)

007

통일신라
B
대구광역시 경북대학교박물관(3軀)(佛頭×)

008

통일신라
B
경상북도 경주시 동국대 경주캠퍼스박물관(佛頭×)

009

통일신라 863
B
국립대구박물관(동화사 비로암 삼층석탑 금동사리함)

010

고려
B
경상북도 상주시 서성동163-48
복용동 석불

011

고려
B
경상북도 성주군 가천면 금봉1길67 금봉리

012

고려
B
경상북도 영양군 일월면 도곡리 705 선운사

013

고려
B
대구광역시 경북대학교박물관

C 유형

도판	연번 / 연대 / 형상 / 소재지
	001 통일신라 C 경상북도 경주시 국립경주박물관
	002 나말여초 C 대구광역시 국립대구박물관
	003 고려 C 대구광역시 달성군 가창면 광덕사
	004 고려 C 경상북도 봉화군 재산면 동면리 산268

D 유형

도판	연번 / 연대 / 형상 / 소재지
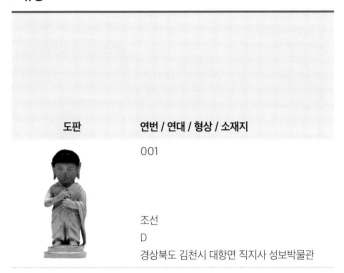	001 조선 D 경상북도 김천시 대항면 직지사 성보박물관

4) 광배(光背)

A _ 유형

거신광(擧身光)의 테두리가 굴곡진 유형

B _ 유형

거신광(擧身光)의 테두리가 하나인 유형

C _ 유형

거신광(擧身光)의 테두리가 화염(火焰)인 유형

A 유형

도판	연번 / 연대 / 형상 / 소재지

001

통일신라 9c
A-1/A-3
서울특별시 국립중앙박물관

002

통일신라
A-1/A-2/A-3
경상북도 영주시 부석사 북지리 동불상

003

통일신라
A-1/A-2/A-3
경상북도 영주시 부석사 북지리 서불상

004

통일신라
A-1/A-2/A-3
충청북도 괴산군 각연사 비로전

005

통일신라 863 추정
A-1/A-2/A-3
대구광역시 동화사 비로암

006

고려전기
A-1/A-3
강원도 원주시 용곡리 용운사지

007

고려후기
A-4
전라남도 구례군 천은사
『한국의 사찰문화재』「전라남도2」

A 세부 유형

A-1 화문(花文)		
A-2 화불(化佛)		
A-3 화염문(火焰文)		
A-4 두광(頭光)과 신광(身光)만 있는 유형		

도판	연번 / 연대 / 형상 / 소재지

001
통일신라 9c
A-1
서울특별시 국립중앙박물관

002
통일신라
A-1
경상북도 영주시 부석사 북지리 동불상

003
통일신라
A-1
경상북도 영주시 부석사 북지리 서불상

004
통일신라
A-1
충청북도 괴산군 각연사 비로전

005
통일신라 863추정
A-1
대구광역시 동화사 비로암

006
고려전기
A-1
강원도 원주시 용곡리 용운사지

007
통일신라
A-2
경상북도 영주시 부석사 북지리 동불상

008
통일신라
A-2
경상북도 영주시 부석사 북지리 서불상

009
통일신라
A-2
충청북도 괴산군 각연사 비로전

 015

통일신라 863추정
A-3
대구광역시 동화사 비로암

 010

통일신라 863추정
A-2
대구광역시 동화사 비로암

 016

고려전기
A-3
강원도 원주시 용곡리 용운사지

 017

고려후기
A-4
전라남도 구례군 천은사
『한국의 사찰문화재』「전라남도2」

 011

통일신라 9c
A-3
서울특별시 국립중앙박물관

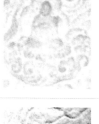 012

통일신라
A-3
경상북도 영주시 부석사 북지리 동불상

 013

통일신라
A-3
경상북도 영주시 부석사 북지리 서불상

 014

통일신라
A-3
충청북도 괴산군 각연사 비로전

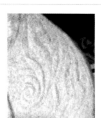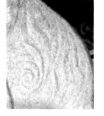

B 유형

도판	연번 / 연대 / 형상 / 소재지
	001 통일신라 9c B-3 경상북도 경주시 국립경주박물관 분황사 출토
	002 나말여초 B-2 경상북도 경주시 감산사 대적광전
	003 고려전기 B-1/B-2 충청남도 청양군 장곡사 『한국의 사찰문화재』「충청남도, 대전광역시」
	004 고려 (高 36cm) B-3 강원도 태백시 백단사 『한국의 사찰문화재』「강원도편」
	005 고려 B-3 경상남도 합천군 상홍사 『한국의 사찰문화재』「경상남도1-2」
	006 근대 1922 B-3 전라북도 군산시 동국사 범종각

B 세부 유형

B-1

화문(花文)

B-2

화염문(火焰文)

B-3

두광(頭光)과 신광(身光)만 있는 유형

도판	연번 / 연대 / 형상 / 소재지

001

고려전기
B-1
충청남도 청양군 장곡사
『한국의 사찰문화재』「충청남도, 대전광역시」

002

나말여초
B-2
경상북도 경주시 감산사 대적광전

003

고려전기
B-2
충청남도 청양군 장곡사
『한국의 사찰문화재』「충청남도, 대전광역시」

004

통일신라 9c
B-3
경상북도 경주시 국립경주박물관 분황사 출토

005

고려 (高36cm)
B-3
강원도 태백시 백단사
『한국의 사찰문화재』「강원도편」

006

고려
B-3
경상남도 합천군 상홍사
『한국의 사찰문화재』「경상남도1-2」

007

근대 1922
B-3
전라북도 군산시 동국사 범종각

C 유형

도판	연번 / 연대 / 형상 / 소재지
	001 통일신라 ※광배는 조선후기제작 C-1/C-2/C-3 경상북도 봉화군 축서사 보광전
	002 고려 C-2 전라남도 순천시 송광사 성보박물관 『한국의 사찰문화재』「광주광역시, 전라남도1」
	003 현대 C-1/C-2 경기도 수원시 봉녕사 대적광전
	004 현대 C-1/C-2 충청북도 진천군 보탑사 목조다보탑

C 세부 유형

C-1 화문(花文)		
C-2 화불(化佛)		
C-3 화염문(火焰文)		
C-4 진언(眞言)		

도판	연번 / 연대 / 형상 / 소재지

001

통일신라
※광배는 조선후기제작
C-1
경상북도 봉화군 축서사 보광전

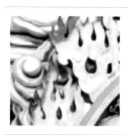

007

현대
C-3
경기도 수원시 봉녕사 대적광전

002

현대
C-1
경기도 수원시 봉녕사 대적광전

008

현대
C-3
충청북도 진천군 보탑사 목조다보탑

003

현대
C-1
충청북도 진천군 보탑사 목조다보탑

009

통일신라
※광배는 조선후기제작
C-4
경상북도 봉화군 축서사 보광전

004

현대
C-2
충청북도 진천군 보탑사 목조다보탑

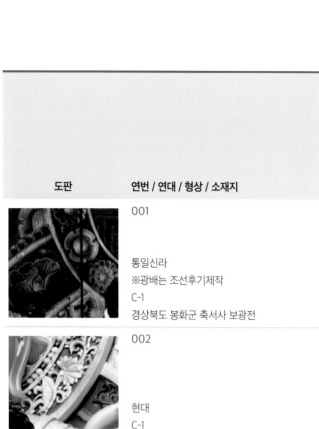

005

통일신라
※광배는 조선후기제작
C-3
경상북도 봉화군 축서사 보광전

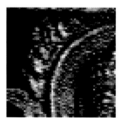

006

고려
C-3
전라남도 순천시 송광사 성보박물관
『한국의 사찰문화재』「광주광역시, 전라남도1」

A 유형

거신광(擧身光)에당초문(唐草文), 화문(花文),
화염문(火焰文)이 있는 유형

B 유형

거신광(擧身光)에 당초문(唐草文), 화염문(火焰文),
화불(化佛)이 있는 유형

C 유형

두광(頭光)과 거신광(擧身光)에 문양이 없는 유형

A 유형

도판	연번 / 연대 / 형상 / 소재지
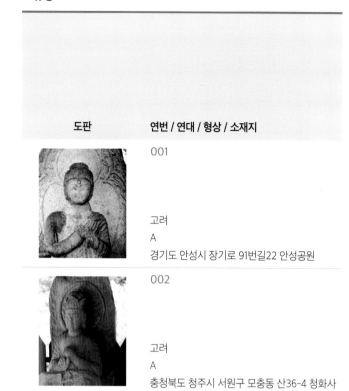	001 고려 A 경기도 안성시 장기로 91번길22 안성공원
	002 고려 A 충청북도 청주시 서원구 모충동 산36-4 청화사

B 유형

도판	연번 / 연대 / 형상 / 소재지
	001 고려 B 강원도 횡성군 횡성읍 태기로 15 읍하리석불

C 유형

도판	연번 / 연대 / 형상 / 소재지
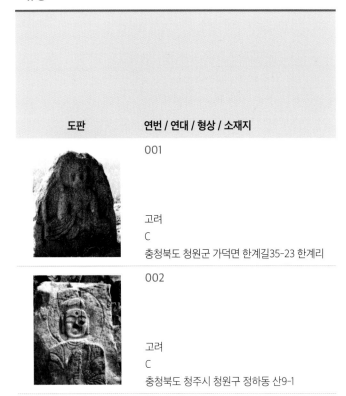	001 고려 C 충청북도 청원군 가덕면 한계길35-23 한계리
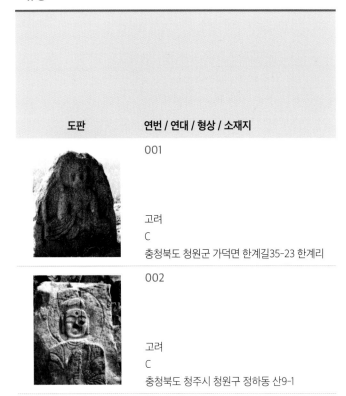	002 고려 C 충청북도 청주시 청원구 정하동 산9-1

A 유형

거신광(擧身光)에 당초문(唐草文), 화염문(火焰文)이
있는 유형

B 유형

거신광(擧身光)에 당초문(唐草文), 화염문(火焰文),
화불(化佛)이 있는 유형

C 유형

거신광(擧身光)에 화염문(火焰文)이 있고
두광(頭光)과 거신광(擧身光)이 원형(圓形) 유형

D 유형

두광(頭光)과 거신광(擧身光)에 문양이 없는 유형

A 유형

도판	연번 / 연대 / 형상 / 소재지
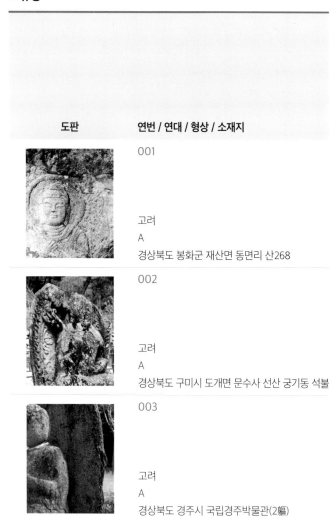	001 고려 A 경상북도 봉화군 재산면 동면리 산268
	002 고려 A 경상북도 구미시 도개면 문수사 선산 궁기동 석불
	003 고려 A 경상북도 경주시 국립경주박물관(2軀)

B 유형

도판	연번 / 연대 / 형상 / 소재지
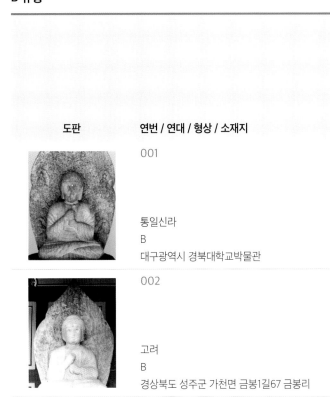	001 통일신라 B 대구광역시 경북대학교박물관
	002 고려 B 경상북도 성주군 가천면 금봉1길67 금봉리

C 유형

도판	연번 / 연대 / 형상 / 소재지
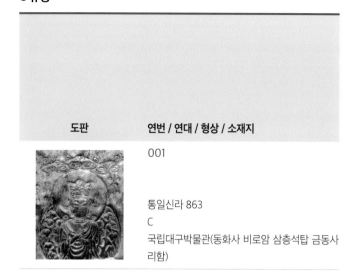	001 통일신라 863 C 국립대구박물관(동화사 비로암 삼층석탑 금동사리함)

D 유형

도판	연번 / 연대 / 형상 / 소재지
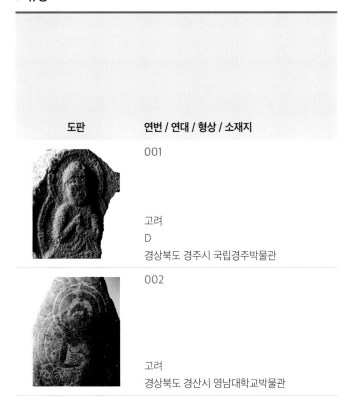	001 고려 D 경상북도 경주시 국립경주박물관
	002 고려 경상북도 경산시 영남대학교박물관

5) 좌대(座臺)

A _ 유형

상대(上臺), 중대(中臺), 하대(下臺)가 있는 유형

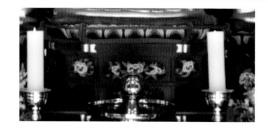

B _ 유형

연화대(蓮花臺)와 계자난간(鷄子欄干)이 있는 유형

C _ 유형

앙련(仰蓮)과 복련(伏蓮)만 있거나 중대가 거의 없이
매우 낮은 유형

D _ 유형

일체형좌대(一體形座臺)

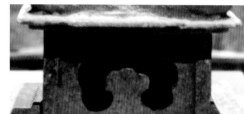

A 유형

도판	연번 / 연대 / 형상 / 소재지

001

통일신라 9c
A-1/A-2/A-3/A-6
경상북도 안동시 마애리

002

통일신라 9c
A-1/A-2/A-3/A-6
서울특별시 국립중앙박물관

003

통일신라 9c
A-1/A-2/A-3/A-6
전라북도 임실군 용암리사지

004

통일신라
A-1/A-6
경상남도 양산시 통도사성보박물관

005

통일신라
A-1/A-3/A-4/A-6
경상북도 영주시 부석사 북지리 동불상

006

통일신라
A-1/A-2/A-3/A-6
경상북도 영주시 부석사 북지리 서불상

007

통일신라
A-1/A-2/A-6
경상북도 봉화군 축서사 보광전

008

통일신라
A-1/A-3/A-4/A-6A-7
충청북도 괴산군 각연사 비로전

009

통일신라
A-1/A-2/A-4/A-6
충청북도 청주시 청주대박물관

010

통일신라
A-1/A-3/A-6
경상남도 밀양시 천황사 대적광전
『한국의 사찰문화재』「부산광역시, 울산광역시, 경상남도2-2」

011

통일신라
A-1/A-2/A-3/A-6
경상남도 창원시 불곡사 비로전
『한국의 사찰문화재』「부산광역시, 울산광역시, 경상남도2-2」

012

통일신라 766
A-1/A-6
경상남도 산청군 내원사
『한국의 사찰문화재』「경상남도1-2」

013
통일신라 863추정
A-1/A-3/A-6
대구광역시 동화사 비로암

020
고려전기
A-1/A-5/A-6
강원도 원주시 용곡리 용운사지

014
나말여초
A-1/A-6
경상북도 김천시 청암사 수도암 대적광전

021
고려전기
A-2
경상남도 진주시 한산사 고산암 대적광전
『한국의 사찰문화재』「경상남도1-1」

015
나말여초
A-1/A-2/A-3/A-4/A-6
충청북도 청주시 동화사 대적광전

022
고려
A-1/A-5
경상북도 예천군 청룡사 대웅전

016
나말여초
A-1/A-2
경상북도 영천시 한광사 대적광전
『한국의 사찰문화재』「대구광역시, 경상북도」

023
현대
A-1/A-5/A-6
경기도 화성시 홍법사 대웅전
※ 불상(佛像)은 조선시대

017
나말여초
A-1/A-2/A-3/A-6
강원도 원주시 원주역사박물관 일산동 석불1

024
현대
A-1/A-5/A-6
충청남도 서산시 일락사 대적광전
※ 불상(佛像)은 조선시대

018
나말여초
A-1/A-2/A-3/A-6
강원도 원주시 원주역사박물관 일산동 석불2

025
현대
A-1/A-5/A-6
경기도 안양시 삼막사 천불전

019
고려전기
A-1/A-6
경상북도 의성군 장춘리

026
현대
A-1/A-5/A-6
경기도 화성시 용주사 천불전

027

현대
A-1/A-5/A-6
강원도 동해시 삼화사 비로전

028

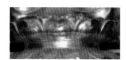

현대
A-1/A-6
경상남도 하동군 쌍계사 화엄전

029

현대
A-1
경상북도 예천군 용문사 보광명전

030

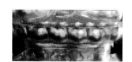

현대
A-1/A-5
충청북도 진천군 보탑사 목조다보탑

A 세부 유형

A-1 앙련(仰蓮)	
A-2 불, 보살상(佛, 菩薩像)	
A-3 사자상(獅子像), 안상(眼象) 내(內) 사자상(獅子像)	
A-4 향로(香爐)	
A-5 안상(眼象) 또는 화문(花文),당초문(唐草文)	
A-6 복련(伏蓮)	
A-7 안상(眼象) 내(內) 가루다(迦嘍茶)	

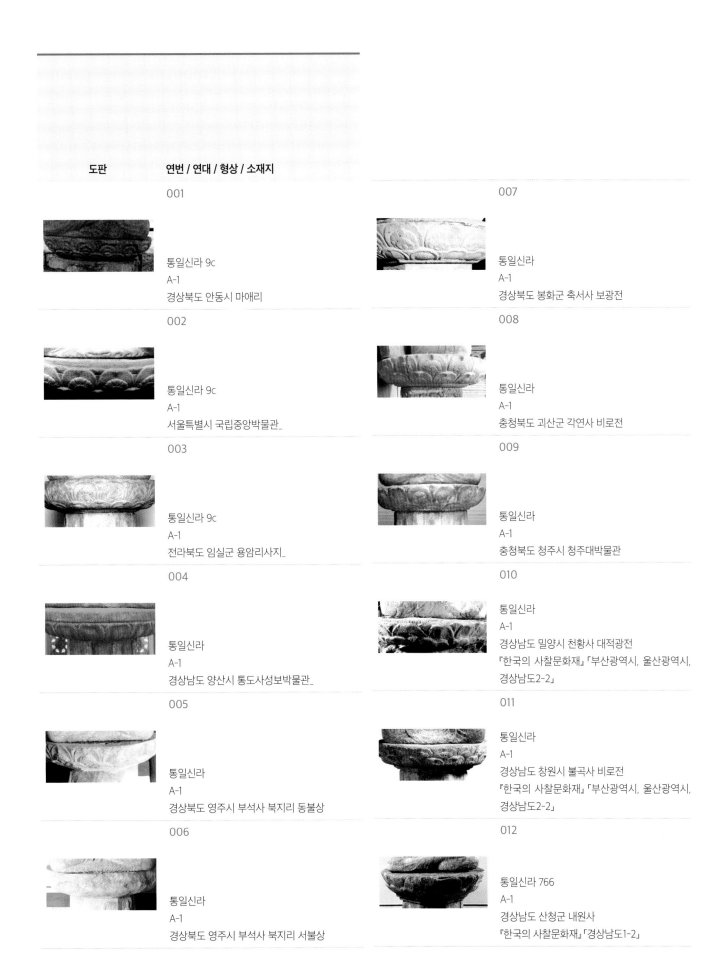

도판	연번 / 연대 / 형상 / 소재지

001

통일신라 9c
A-1
경상북도 안동시 마애리

002

통일신라 9c
A-1
서울특별시 국립중앙박물관_

003

통일신라 9c
A-1
전라북도 임실군 용암리사지_

004

통일신라
A-1
경상남도 양산시 통도사성보박물관_

005

통일신라
A-1
경상북도 영주시 부석사 북지리 동불상

006

통일신라
A-1
경상북도 영주시 부석사 북지리 서불상

007

통일신라
A-1
경상북도 봉화군 축서사 보광전

008

통일신라
A-1
충청북도 괴산군 각연사 비로전

009

통일신라
A-1
충청북도 청주시 청주대박물관

010

통일신라
A-1
경상남도 밀양시 천황사 대적광전
『한국의 사찰문화재』「부산광역시, 울산광역시,
경상남도2-2」

011

통일신라
A-1
경상남도 창원시 불곡사 비로전
『한국의 사찰문화재』「부산광역시, 울산광역시,
경상남도2-2」

012

통일신라 766
A-1
경상남도 산청군 내원사
『한국의 사찰문화재』「경상남도1-2」

013
통일신라 863추정
A-1
대구광역시 동화사 비로암

014
나말여초
A-1
경상북도 김천시 청암사 수도암 대적광전

015
나말여초
A-1
충청북도 청주시 동화사 대적광전

016
나말여초
A-1
경상북도 영천시 한광사 대적광전
『한국의 사찰문화재』「대구광역시, 경상북도」

017
나말여초
A-1
강원도 원주시 원주역사박물관 일산동 석불1

018
나말여초
A-1
강원도 원주시 원주역사박물관 일산동 석불2

019
고려전기
A-1
경상북도 의성군 장춘리

020
고려전기
A-1
강원도 원주시 용곡리 용운사지

021
고려
A-1
경상북도 예천군 청룡사 대웅전

022
현대
A-1
화성시 홍법사 대웅전
※ 불상(佛像)은 조선시대

023
현대
A-1
충청남도 서산시 일락사 대적광전
※ 불상(佛像)은 조선시대

024
현대
A-1
경시도 안양시 삼막사 천불전

025
현대
A-1
경기도 화성시 용주사 천불전

026
현대
A-1
강원도 동해시 삼화사 비로전

027

현대
A-1
경상남도 하동군 쌍계사 화엄전

028

현대
A-1
경상북도 예천군 용문사 보광명전

029

현대
A-1
충청북도 진천군 보탑사 목조다보탑

030

통일신라 9c
A-2
경상북도 안동시 마애리
(총 7cut)

031

통일신라 9c
A-2
서울특별시 국립중앙박물관
(총 3cut)

032

통일신라 9c
A-2
전라북도 임실군 용암리사지
(총 3cut)

033

통일신라
A-2
경상북도 영주시 부석사 북지리 서불상
(총 5cut)

034

통일신라
A-2
경상북도 봉화군 축서사 보광전
(총 7cut)

035

통일신라
A-2
충청북도 청주시 청주대박물관
(총 2cut)

036

통일신라
A-2
경상남도 창원시 불곡사 비로전
『한국의 사찰문화재』「부산광역시, 울산광역시, 경상남도2-2」

037

나말여초
A-2
충청북도 청주시 동화사 대적광전
(총 3cut)

038

나말여초
A-2
경상북도 영천시 한광사 대적광전
『한국의 사찰문화재』「대구광역시, 경상북도」
(총 1cut)

039

나말여초
A-2
강원도 원주시 원주역사박물관 일산동 석불1

040

나말여초
A-2
강원도 원주시 원주역사박물관 일산동 석불2

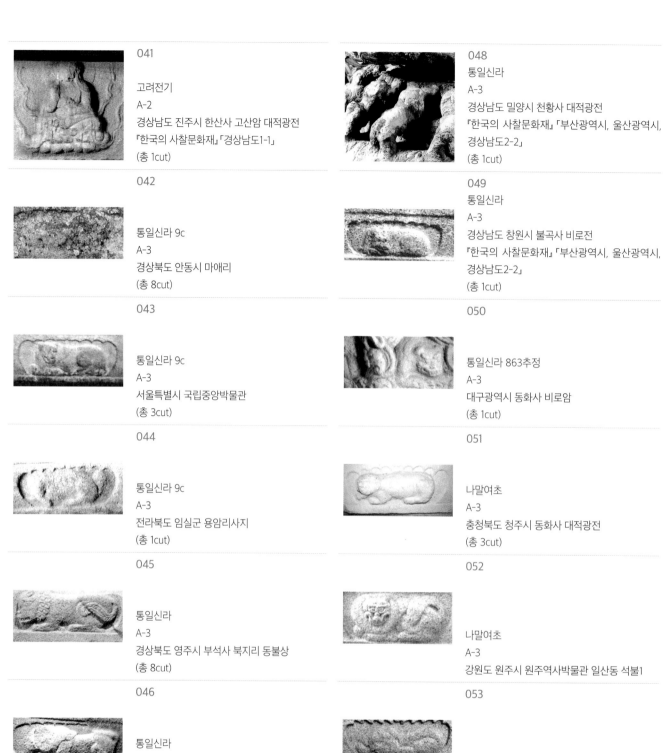

041
고려전기
A-2
경상남도 진주시 한산사 고산암 대적광전
『한국의 사찰문화재』「경상남도1-1」
(총 1cut)

042
통일신라 9c
A-3
경상북도 안동시 마애리
(총 8cut)

043
통일신라 9c
A-3
서울특별시 국립중앙박물관
(총 3cut)

044
통일신라 9c
A-3
전라북도 임실군 용암리사지
(총 1cut)

045
통일신라
A-3
경상북도 영주시 부석사 북지리 동불상
(총 8cut)

046
통일신라
A-3
경상북도 영주시 부석사 북지리 서불상
(총 3cut)

047
통일신라
A-3
충청북도 괴산군 각연사 비로전
(총 4cut)

048
통일신라
A-3
경상남도 밀양시 천황사 대적광전
『한국의 사찰문화재』「부산광역시, 울산광역시,
경상남도2-2」
(총 1cut)

049
통일신라
A-3
경상남도 창원시 불곡사 비로전
『한국의 사찰문화재』「부산광역시, 울산광역시,
경상남도2-2」
(총 1cut)

050
통일신라 863추정
A-3
대구광역시 동화사 비로암
(총 1cut)

051

나말여초
A-3
충청북도 청주시 동화사 대적광전
(총 3cut)

052

나말여초
A-3
강원도 원주시 원주역사박물관 일산동 석불1

053

나말여초
A-3
강원도 원주시 원주역사박물관 일산동 석불2

054

통일신라
A-4
경상북도 영주시 부석사 북지리 동불상

055

통일신라
A-4
충청북도 괴산군 각연사 비로전
(총 1cut)

056

통일신라
A-4
충청북도 청주시 청주대박물관
(총 1cut)

057

나말여초
A-4
충청북도 청주시 동화사 대적광전
(총 1cut)

058

고려전기
A-5
강원도 원주시 용곡리 용운사지

059

고려
A-5
경상북도 예천군 청룡사 대웅전

060

현대
A-5
경기도 화성시 홍법사 대웅전
※ 불상(佛像)은 조선시대

061

현대
A-5
충청남도 서산시 일락사 대적광전
※ 불상(佛像)은 조선시대

062

현대
A-5
경기도 안양시 삼막사 천불전

063

현대
A-5
경기도 화성시 용주사 천불전

064

현대
A-5
강원도 동해시 삼화사 비로전

065

현대
A-5
충청북도 진천군 보탑사 목조다보탑

066

통일신라 9c
A-6
경상북도 안동시 마애리

067

통일신라 9c
A-6
서울특별시 국립중앙박물관

068

통일신라 9c
A-6
전라북도 임실군 용암리사지

069

통일신라
A-6
경상남도 양산시 통도사성보박물관

070

통일신라
A-6
경상북도 영주시 부석사 북지리 동불상

071

통일신라
A-6
경상북도 영주시 부석사 북지리 서불상

072

통일신라
A-6
경상북도 봉화군 축서사 보광전

073

통일신라
A-6
충청북도 괴산군 각연사 비로전

074

통일신라
A-6
충청북도 청주시 청주대박물관_

075

통일신라
A-6
경상남도 밀양시 천황사 대적광전
『한국의 사찰문화재』「부산광역시, 울산광역시,
경상남도2-2」

076

통일신라
A-6
경상남도 창원시 불곡사 비로전
『한국의 사찰문화재』「부산광역시, 울산광역시,
경상남도2-2」

077

통일신라 766
A-6
경상남도 산청군 내원사
『한국의 사찰문화재』「경상남도1-2」

078

통일신라 863추정
A-6
대구광역시 동화사 비로암

079

나말여초
A-6
경상북도 김천시 청암사 수도암 대적광전

080

나말여초
A-6
충청북도 청주시 동화사 대적광전

081

고려전기
A-6
경상북도 의성군 장춘리

082

고려전기
A-6
강원도 원주시 용곡리 용운사지

083

현대
A-6
경기도 화성시 홍법사 대웅전
※ 불상(佛像)은 조선시대

084

현대
A-6
충청남도 서산시 일락사 대적광전
※ 불상(佛像)은 조선시대

085

현대
A-6
경기도 안양시 삼막사 천불전

086

현대
A-6
경기도 화성시 용주사 천불전

087

현대
A-6
강원도 동해시 삼화사 비로전

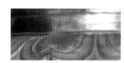

088

현대
A-6
경상남도 하동군 쌍계사 화엄전

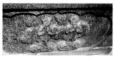

089

통일신라
A-7
충청북도 괴산군 각연사 비로전

B 유형

도판	연번 / 연대 / 형상 / 소재지

001

현대
B-1/B-2
경상북도 예천군 한천사 대적광전
※ 불상(佛像)은 통일신라

007

현대
B-1/B-2
경기도 수원시 봉녕사 대적광전

002

현대
B-1/B-2
경기도 가평군 대원사 대웅전
※ 불상(佛像)은 나말여초

008

현대
B-1/B-2
서울특별시 묘각사 대불보전

003

현대
B-1/B-2
충청남도 공주시 마곡사 대광보전
※ 불상(佛像)은 조선전기

009

현대
B-1/B-2
충청남도 천안시 광덕사 보화루1

004

현대
B-1/B-2/B-3/B-4/B-5
경상남도 양산시 통도사 대광명전
※ 불상(佛像)은 조선후기

010

현대
B-1/B-2
충청북도 제천시 덕주사 대웅전

005

현대
B-1/B-2
경상북도 고령군 반룡사 대웅보전
※ 불상(佛像)은 조선후기

006

현대
B-1/B-2
부산광역시 범어사 비로전
※ 불상(佛像)은 조선후기

B 세부 유형

B-1 계자난간(鷄子欄干) 유형	
B-2 화문(花文), 당초문(唐草文)	
B-3 용문(龍文),	
B-4 기린(麒麟)	
B-5 봉황문(鳳凰文)	

도판	연번 / 연대 / 형상 / 소재지

001

현대
B-1
경상북도 예천군 한천사 대적광전
※ 불상(佛像)은 통일신라

002

현대
B-1
경기도 가평군 대원사 대웅전
※ 불상(佛像)은 나말여초

003

현대
B-1
충청남도 공주시 마곡사 대광보전
※ 불상(佛像)은 조선전기

004

현대
B-1
경상남도 양산시 통도사 대광명전
※ 불상(佛像)은 조선후기

005

현대
B-1
경상북도 고령군 반룡사 대웅보전
※ 불상(佛像)은 조선후기

006

현대
B-1
부산광역시 범어사 비로전
※ 불상(佛像)은 조선후기

007

현대
B-1
경기도 수원시 봉녕사 대적광전

008

현대
B-1
서울특별시 묘각사 대불보전

009

현대
B-1
충청남도 천안시 광덕사 보화루1

010

현대
B-1
충청북도 제천시 덕주사 대웅전

011

현대
B-2
경상북도 예천군 한천사 대적광전
※ 불상(佛像)은 통일신라

012

현대
B-2
경기도 가평군 대원사 대웅전
※ 불상(佛像)은 나말여초

013

현대
B-2
경상북도 고령군 반룡사 대웅보전
※ 불상(佛像)은 조선후기

014

현대
B-2
부산광역시 범어사 비로전
※ 불상(佛像)은 조선후기

015

현대
B-2
경기도 수원시 봉녕사 대적광전

016

현대
B-2
서울특별시 묘각사 대불보전

017

현대
B-2
충청남도 천안시 광덕사 보화루1

018

현대
B-2
충청북도 제천시 덕주사 대웅전

019

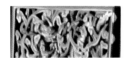

현대
B-3
경상남도 양산시 통도사 대광명전
※ 불상(佛像)은 조선후기

020

현대
B-4
경상남도 양산시 통도사 대광명전
※ 불상(佛像)은 조선후기

021

현대
B-5
경상남도 양산시 통도사 대광명전
※ 불상(佛像)은 조선후기

C 유형

도판	연번 / 연대 / 형상 / 소재지

001

통일신라
C-1
부산광역시 관음정사 감로당
『한국의 사찰문화재』「부산광역시, 울산광역시, 경상남도2-1」

002

통일신라
C-2
경상북도 김천시 갈항사
『한국의 사찰문화재』「전국1」

003

나말여초
C-1
경상북도 경주시 감산사 대적광전

004

고려전기
C-1
충청남도 청양군 장곡사
『한국의 사찰문화재』「충청남도, 대전광역시」

005

고려
C-2
충청남도 부여군 석목리

006

고려
C-1/C-2
경상북도 의성군 지장사 비로전(의성 월소동)
『한국의 사찰문화재』「경상북도2-2」

007

조선 1628
C-1/C-2
경기도 남양주시 수종사 오층석탑 출토 불교중앙박물관소장
『한국의 사찰문화재』「경기도 1」

008

현대
C-1
경상북도 군위군 석굴암
『한국의 사찰문화재』「대구광역시, 경상북도」
※ 불상(佛像)은 고려

009

현대
C-1
광주광역시 증심사
※ 불상(佛像)은 통일신라 9c

010

현대
C-1/C-2
전라남도 장흥군 보림사 대적광전
※ 불상(佛像)은 통일신라 858

011

고려
C-1/C-2
전라북도 정읍시 후지리탑동

012

현대
C-1
충청남도 금산군 대원정사
※ 불상(佛像)은 조선

013

현대
C-1
경상북도 청도군 운문사 대적광전
※ 불상(佛像)은 조선

014

현대
C-1/C-2
충청북도 보은군 법주사 대웅보전
※ 불상(佛像)은 조선 1626

015

현대
C-1/C-2
전라북도 고창군 선운사 대웅보전
※ 불상(佛像)은 조선 1634

016

현대
C-1/C-2
전라남도 구례군 화엄사 대웅전
※ 불상(佛像)은 조선 1636

017

현대
C-1/C-2
충청남도 천안시 광덕사 보화루2

018

현대
C-1/C-2
경기도 남양주시 수종사 대웅보전

019

현대
C-1/C-2
경상남도 양산시 통도사 비로암

C 세부 유형

C-1 앙련(仰蓮)	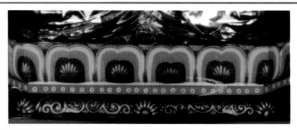
C-2 복련(伏蓮)	

도판	연번 / 연대 / 형상 / 소재지

001

통일신라
C-1
부산광역시 관음정사 감로당
『한국의 사찰문화재』「부산광역시, 울산광역시,
경상남도2-1」

002

나말여초
C-1
경상북도 경주시 감산사 대적광전

003

고려전기
C-1
충청남도 청양군 장곡사
『한국의 사찰문화재』「충청남도, 대전광역시」

004

고려
C-1
경상북도 의성군 지장사 비로전(의성 월소동)
『한국의 사찰문화재』「경상북도2-2」

005

조선 1628
C-1
경기도 남양주시 수종사 오층석탑 출토 불교중
앙박물관소장
『한국의 사찰문화재』「경기도 1」

006

현대
C-1
경상북도 군위군 석굴암
『한국의 사찰문화재』「대구광역시, 경상북도」
※ 불상(佛像)은 고려

007

현대
C-1
광주광역시 증심사
※ 불상(佛像)은 통일신라 9c

008

현대
C-1
전라남도 장흥군 보림사 대적광전
※ 불상(佛像)은 통일신라 858

009

고려
C-1
전라북도 정읍군 후지리탑동

010

현대
C-1
충청남도 금산군 대원정사
※ 불상(佛像)은 조선

011

현대
C-1
경상북도 청도군 운문사 대적광전
※ 불상(佛像)은 조선

012

현대
C-1
충청북도 보은군 법주사 대웅보전
※ 불상(佛像)은 조선 1626

013

현대
C-1
전라북도 고창군 선운사 대웅보전
※ 불상(佛像)은 조선 1634

014

현대
C-1
전라남도 구례군 화엄사 대웅전
※ 불상(佛像)은 조선 1636

015

현대
C-1
충청남도 천안시 광덕사 보화루2

016

현대
C-1
경기도 남양주시 수종사 대웅보전

017

현대
C-1
경상남도 양산시 통도사 비로암

018

통일신라
C-2
경상북도 김천시 갈항사
『한국의 사찰문화재』「전국1」

019

고려
C-2
충청남도 부여군 석목리

020

고려
C-2
경상북도 의성군 지장사 비로전(의성 월소동)
『한국의 사찰문화재』「경상북도2-2」

021

조선 1628
C-2
경기도 남양주시 수종사 오층석탑 출토 불교중
앙박물관소장
『한국의 사찰문화재』「경기도 1」

022

현대
C-2
전라남도 장흥군 보림사 대적광전
※ 불상(佛像)은 통일신라 858

023

고려
C-2
전라북도 정읍시 후지리탑동

024

현대
C-2
충청북도 보은군 법주사 대웅보전
※ 불상(佛像)은 조선 1626

025

현대
C-2
전라북도 고창군 선운사 대웅보전
※ 불상(佛像)은 조선 1634

026

현대
C-2
전라남도 구례군 화엄사 대웅전
※ 불상(佛像)은 조선 1636

027

현대
C-2
경기도 천안시 광덕사 보화루2

028

현대
C-2
경기도 남양주시 수종사 대웅보전

029

현대
C-2
경상남도 양산시 통도사 비로암

D 유형

도판	연번 / 연대 / 형상 / 소재지
	001
	통일신라 8c 후기 법의(法衣) 경상북도 경주시 국립경주박물관
	002
	통일신라 9c 마애(磨崖) 경상북도 경주시 국립경주박물관 분황사 출토
	003
	고려후기 운문(雲文) 서울특별시 국립중앙박물관
	004
	고려후기 난간(欄干) 전라남도 구례군 천은사 『한국의 사찰문화재』「전라남도2」
	005
	고려 연화(蓮花) 충청남도 당진군 영탑사 출처 문화재청
	006
	고려 연화(蓮花) 전라남도 순천시 송광사 성보박물관 『한국의 사찰문화재』「광주광역시, 전라남도1」

D 세부 유형

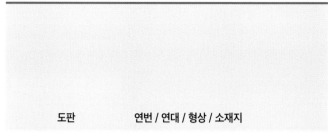

도판	연번 / 연대 / 형상 / 소재지
	001
	통일신라 8c 후기 法衣 경상북도 경주시 국립경주박물관
	002
	통일신라 9c 磨崖 경상북도 경주시 국립경주박물관 분황사 출토
	003
	고려후기 雲文 서울특별시 국립중앙박물관
	004
	고려후기 欄干 전라남도 구례군 천은사 『한국의 사찰문화재』「전라남도2」
	005
	고려 蓮花 충청남도 당진군 영탑사 출처 문화재청
	006
	고려 蓮花 전라남도 순천시 송광사 성보박물관 『한국의 사찰문화재』「광주광역시, 전라남도1」

A 유형

상대(上臺), 중대(中臺),하대(下臺)가 있고 사각형
좌대 유형

B 유형

상대(上臺), 중대(中臺), 하대(下臺)가 있고 팔각형
좌대 유형

C 유형

앙련(仰蓮)과 복련(伏蓮)만 있거나 중대가 거의 없이
매우 낮은 유형

A 유형

도판	연번 / 연대 / 형상 / 소재지
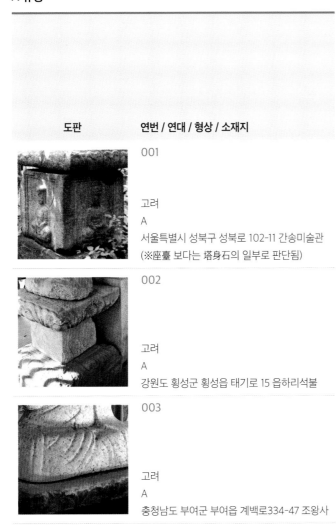	001 고려 A 서울특별시 성북구 성북로 102-11 간송미술관 (※座臺 보다는 塔身石의 일부로 판단됨)
	002 고려 A 강원도 횡성군 횡성읍 태기로 15 읍하리석불
	003 고려 A 충청남도 부여군 부여읍 계백로334-47 조왕사

B 유형

도판	연번 / 연대 / 형상 / 소재지
	001
	통일신라 B 강원도 양양군 서면 구룡령로 2115 서림사지
	002
	고려 B 강원도 국립춘천박물관 소장

406 한국 비로자나불 연구 上 - 불상편

C 유형

도판	연번 / 연대 / 형상 / 소재지
	001 고려 C 경기도 안성시 장기로 91번길22 안성공원
	002 고려 C 충청북도 청주시 청원구 정하동 산9-1
	003 고려 C 충청북도 청주시 서원구 모충동 산36-4 청화사

『깨달음의 빛 비로자나불 下, 2017』

A 유형

상대(上臺), 중대(中臺),하대(下臺)가 있고 사각형 좌대
유형

B 유형

상대(上臺), 중대(中臺),하대(下臺)가 있고 팔각형 좌대
유형

C 유형

앙련(仰蓮)과 복련(伏蓮)만 있거나 중대가 거의 없이
매우 낮은 유형

A 유형

도판	연번 / 연대 / 형상 / 소재지
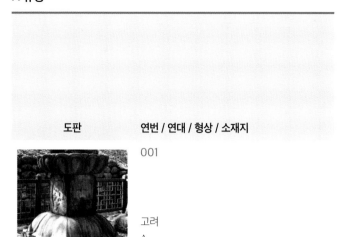	001 고려 A 경상남도 합천군 적중면 죽고리 산101

B 유형

도판	연번 / 연대 / 형상 / 소재지
	001 통일신라 B 경상북도 문경시 동로면 생달리사지
	002 통일신라 B 경상북도 영천시 신녕면 화남리 499 한광사
	003 통일신라 B 대구광역시 경북대학교박물관
	004 통일신라 B 경상남도 거창군 거창읍 수남로 2181 거창박물관
	005 고려 B 경상북도 성주군 가천면 금봉1길67 금봉리

C 유형

도판	연번 / 연대 / 형상 / 소재지
	001 통일신라 863 C 국립대구박물관(동화사 비로암 삼층석탑 금동사리함)
	002 나말여초 C 대구광역시 국립대구박물관
	003 고려 C 경상북도 경주시 국립경주박물관
	004 고려 C 경상북도 경산시 영남대학교박물관

한국밀교문화총람사업단 진언문화연구팀

연구팀장　　한진희(법경, 진각종 교무부장)
책임연구원　허일범(귀정, 진각대학원 교수)
연구원　　　최순혁(동국대학교 대학원 불교미술사 전공)

한국 비로자나불 연구 上 - 불상편

1판 1쇄 | 2019년 8월 23일

펴낸이 | 대한불교진각종 한국밀교문화총람사업단
지은이 | 한국밀교문화총람사업단 진언문화연구팀
펴낸곳 | 도서출판 진각종 해인행
펴낸곳 | 출판신고번호 제 307-2001-000026호
펴낸곳 | 서울특별시 성북구 화랑로13길 17
펴낸곳 | 대표전화 02-913-0751
디자인 | 올리브그린

Copyright ⓒ 대한불교진각종 한국밀교문화총람사업단
ISBN 978-89-89228-68-4 94220
ISBN 978-89-89228-39-4(세트)

비매품